KB160899

한·일 역사교과서, 왜곡과 인식의 공유

한·일 역사교과서, 왜곡과 인식의 공유

손승철 지음

景仁文化社

프롤로그

  21세기가 시작되는 2000년 1월, 한일양국에서는 한일관계의 새천년을 만들어 가기를 굳게 다짐했다. 그 첫 번째 사업으로 2002년에 월드컵을 공동 주최했고, 2005년에는 한일우정의 해를 약속하면서 새천년의 원년을 삼자고 했다. 그러나 그해 초에 일본 시마네현[島根縣]에서는 이른바 '다케시마의 날'을 제정했고, 문부과학성에서는 극우파의 역사교과서를 원안대로 검정 통과시켰다. 결국 '우정의 해'는 空約이 되고 그야말로 빛 좋은 개살구가 되어버렸다.

  더구나 한일수교 50주년이던 2015년에 양국정상은 회담도 제대로 하지 못하고, 두 나라 관계는 날이 갈수록 악화되고 있다. 하루 1만 명 이상이 오가는 시대에 한·일 두 나라의 역사시계는 거꾸로 가는 것은 아닐까. 이러한 불협화음은 두 나라가 지난 2천 년간 쌓아온 역사적 경험을 무의미하게 만드는 한심한 일이다. 모두 역사에 대해 무지하고 무관심해서 비롯되는 상황이다. 이제라도 지나 온 역사를 제대로 살펴봐야 하는 이유가 여기에 있다. 갈수록 악화되는 한일 관계를 개선할 실마리는 바로 역사 속에 정답이 있기 때문이다.

  2010년 '국권침탈 100년'을 맞아 KBS와 NHK에서는 지난 2천 년간 한일 관계의 일면들을 소재로 특집방송 '한국과 일본'을 제작했다. 아쉽게도 공동제작은 하지 못했지만. 이때 나는 마치 조선통신사가 된 기분으로 두 방송국을 오가며 프로그램 제작에 참여했다. 그 과정에서 두 방송사 제작진의 마음이 하나라는 것을 확인할 수 있었다. 신숙주가 유언한 것처럼 한국과 일본은 '공존'해야 한다. 그러나 한일 양국이 공존을 위해서는 역사인식의

‘공유’가 전제가 되어야 하고, 미래에 대한 ‘공생’의 비전을 갖지 않으면 안 된다. 그래서 양국은 어떤 경우라도 서로 소통해야 한다. 역사의 답은 조선시대의 한일관계에 있다고 나는 감히 선언하고 싶고, 이 책들을 발간하는 이유가 여기에 있다.

조선시대 5백년간의 한일관계를 돌아보면서 느끼는 바가 적지 않다. 무엇보다 ‘우호와 적대는 별개가 아닌 한 몸’이라는 사실이다. 그렇기 때문에 아무리 적대적인 상대라도 관계를 끊어서는 안 된다. 오히려 상대가 그런 나라로 느껴질수록 적극적, 능동적으로 관계해야 한다.

조선에서는 일본에 대해 적대를 적대로 되갚지 않고 조선이 주도하는 交隣 정책으로 약탈을 공존으로 바꾸고, 전쟁을 평화로 바꾸었다. 한국에게 일본은 여전히 ‘가깝고도 먼 나라’이며 ‘멀고도 가까운 나라’이다. 일본이 한국에게 멀게 느껴지는 때일수록 교린의 의미를 되새기며 먼저 나서보자.

이 책은 지난 30년간 한일관계사를 공부하면서, 그동안 썼던 글을 재구성하여 출간한 6권 중 한권이다. 여섯 권의 책은 세 그룹으로 구분했다. 한 권은 본인의 박사학위 논문이고, 세 권은 조선시대 한일관계사의 여러 모습을 조명한 것이며, 나머지 두 권은 현재 한일관계의 현안이 되고 있는 주제를 다루었다.

세분하면 한 권은 『조선시대 한일관계사 연구, 교린관계의 허와 실』이고 세 권은 『조선전기 한일관계, 약탈과 공존』, 『조선후기 한일관계, 전쟁과 평화』, 『조선통신사, 타자와의 소통』이다. 나머지 두 권은 『독도, 그 역사적 진실』, 『한·일 역사교과서, 왜곡과 인식의 공유』이다.

내용을 요약하면, 제1권은 박사학위논문 『조선후기 대일정책의 성격 연구』를 증보한 책이다. 이 책의 키워드는 ‘中華的 교린체제에서 脫中華로’이다. 조선의 대일정책의 기본 틀은 交隣이었는데, 교린의 구조와 성격을 밝힌 글이다. 누차 하는 이야기지만 한국과 일본의 숙명적 관계는 더 이상의 설명이 필요 없다. 두 나라의 관계는 역사 이래 그래왔고, 현재에도 그러하며 또한 미래에도 그럴 수밖에 없다. 그래서 어쩌면 두 민족의 역사는 서로가 서로의 '關係'를 어떻게 정립하는 가에 따라서 결정된다고 보아도 무리가 없다. 관계를 어떻게 설정할 것인가, 제1권에서는 조선이 일본에 대해 5백년간 취했던 관계의 형태를 交隣으로 되짚어 본 것이다.

제1권은 2006년에 '경인한일관계 연구총서'로 이미 발간하였다.

제2권은 조선전기의 한일관계인데 부제가 '약탈과 공존'이다. 부제를 이렇게 붙인 이유는 한일관계는 왜구의 약탈로부터 시작되었기 때문이다. 그리고 한일관계의 쟁점은 이 약탈의 문제를 어떻게 풀어 가느냐 였고, 그것은 공존이라는 공동의 목표를 지향하고 있었다.

제3권은 조선후기의 한일관계를 다루었다. 조선후기 한일관계는 임진왜란으로부터 시작되었다. 7년간의 전쟁이 끝난 후, 한일관계의 쟁점은 전쟁을 마무리 짓고 새로운 관계를 시작하는 것이었다. 결국 전쟁을 평화로 바꾸어 가는 것이었다. 평화를 추구하려는 여러 모습을 관계 속에서 투영하고자 했다.

제4권은 조선통신사를 키워드로 양국 간의 갈등을 소통과 통섭으로 풀어가려고 했던 노력을 살펴보았다. 조선통신사는 한일 양국이 함께 연출한 성숙한 국제인식의 표현이다. 그점에서 통신사의 개념과 연구사는 매우 중요하다. 아울러 조선인의 국가관과 대외인식을 통하여 조신인은 일본을 어떻게 이해하고 있었는가를 『海東諸國紀』와 각종 『使行錄』들을 통해 타자와의 소통과 교린관계의 실상과 허상을 그려보고자 했다.

제5권과 제6권은 한일관계의 현재적 관심이라는 측면에서 양국의 최대 현안인 '독도'와 '일본역사교과서'의 왜곡문제를 다루었다.

제5권에서는 조선시대 사람들은 독도에 대하여 어떻게 인식했고, 또 어떠한 영토인식을 가지고 있었는가를 살펴보았다. 신라장군 이사부와 우산국, 조선인의 도서인식과 경계인식, 안용복사건, 수토사문제 등을 통해 검토했다. 독도 영토주권 확립과 수호에는 여러 측면의 노력이 필요하다. 영토주권의 문제를 한일관계사 연구자로서 접근한 논문으로 매우 유효한 글들로 생각한다.

제6권에서는 일본 역사교과서의 왜곡 실상과 개선을 위한 노력을 살펴보았다. 먼저 2002년 역사왜곡문제의 기폭제였던 扶桑社발행 교과서와 自由社발행 교과서의 중·근세 분야의 왜곡 내용을 분석하였고, 이어 중·근세 분야 쟁점사항의 공통점과 차이점을 비교했다. 그리고 일본의 역사왜곡의 사적 전개과정과 양국의 교과서문제 개선을 위한 노력을 소개했다.

역사교과서의 서술은 한국에서도 아주 중요한 문제이다. 특히 한국의 대외관계사를 전쟁사나 국난극복사로 간주하는 범주에서 벗어나 세계화와 국제화에 부응하여 외부 세계와 교류하고 미래지향적으로 발전하는 역사상을 구현하는데 매우 필요한 분야이다. 그러한 문제의식에서 한국에서 사용되고 있는 현행 중·고등학교 검인정 역사교과서의 조선시대 대외관계 분야 서술을 분석하여 문제점과 개선책을 제시하였다. 이 논문들이 양국인의 올바른 역사인식과 역사교육을 위한 기본 자료로 활용되었으면 좋겠다.

물론 위의 6권이 조선시대 한일관계사의 전모를 밝힌다고는 생각지 않는다. 그러나 평소에 點의 역사가 線을 만들고, 線의 역사가 面을 만들어 역사의 實像을 그려간다는 생각으로 엮은 책들이다. 전적으로 나의 주관적인 생각에서 조선시대 한일관계의 주요한 키워드를 약탈, 교린, 공존, 전쟁, 평화, 통신, 배신 등으로 설정하고, 이것을 점으로 삼아 선을 만들고 면을 만들어 조선시대 韓日關係像을 그리고자 했다. 그러나 이 글들 만으로 조선시대 한일관계의 모습을 그려내는 건 아직 요원하다고 생각한다. 하지만 전연 불가능한 것만도 아니다. 비록 편린이기는 하지만 조직검사를 통해 몸의 상태와 병명을 밝혀내듯이 나름대로의 진단은 가능하지 않을까, 조심스럽게 말하고 싶다.

이 책은 제5권 『한·일 역사교과서, 왜곡과 인식의 공유』이다.

이 책에서는 모두 7개의 논문을 3편으로 나누어 편집했다.

제1편, '역사왜곡의 실상'에서는 일본의 역사왜곡 실태를 파악하기 위해, 2000년대 들어서 양국 사이에서 교과서 왜곡문제가 제기되기 시작한 2002년 당시의 일본의 교과서 편찬제도와 대표적인 중학교, 고등학교 교과서의 고려, 조선시대 서술현황을 파악했고, 특히 극우파의 교과서로 지목되었던 후소새[扶桑社] 교과서와 지유새[自由社] 교과서를 분석하였다.

제2편, '한·일 공동연구와 인식의 공유'에서는 한일 양국의 역사교과서를 비교 분석하여 공통점과 차이점을 열거하고, 교과서뿐만 아니라 역사관련 서적, 예를 들면 사전류, 개설서류에서는 어떻게 인식되고 서술되고 있는가를 비교 분석하였다. 나아가 해방 이후 양국간에 벌어지고 있는 역사왜곡 갈등의 현황과 그것을 해소하기 위한 노력을 필자가 참여했던 '한일역사공동연구위원회'의 성과와 한계점을 지적하였다.

제3편, '현행 검인정 교과서의 조선시대 대외관계 분야 서술'에서는 현재 일선 중·고등학교에서 사용되고 있는 검인정 교과서 총 17종(중학교 9종, 고등학교 8종)을 분석하여 현행 교과서의 문제점을 구체적으로 제시하였다. 조선시대 한일관계사 전공자로서 보다 좋은 교과서의 편찬을 염원하면서 작성한 글이다. 이 2편의 글은 2016년 국사편찬위원회 한국사지원 공동연구의 대외관계사부분만을 발췌하여 수록하였다.

이 책에 실린 논문들은 이미 각종 학술지에 수록된 글들을 재구성한 것이다. 뿐만 아니라 이들 논문이 처음부터 한권의 저서로 기획된 것도 아니다. 그래서 수록된 논문들이 자연스럽게 연결되지 않는 점이 있고, 또한 중복 서술된 부분도 있으나 각 논문의 이해를 위해 그대로 수록했음을 양해해 주기 바란다.

　이 책들을 내기까지 많은 분들의 은혜를 입었다. 故 백종기 선생님과 부모님, 각종 자료와 답사를 가능하게 해주신 여러분들, 故 田中健夫, 北島万次, 村井章介 선생 등 일일이 열거하기도 힘들다. 한일관계사학회 여러 동학, 東京大學과 九州大學의 朝鮮王朝實錄輪讀會 회원들, 강원대학교의 선배 동료 교수님들, 그리고 제자들, 특히 '처음처럼 영원히 -長毋相忘-'에 글을 써준 분들께 감사드린다. 무엇보다 40년을 뒷바라지 해주는 아내 선옥, 아들 민규, 손녀딸 시아, 아우 승구와 승태를 비롯한 가족들에게 고마움을 전한다.
　끝으로 학회논문집『한일관계사연구』,『한일관계사료집성』,『경인한일관계연구총서』 100권을 발간해주고 있는 경인문화사 한정희 대표에게 진심으로 감사드린다. 그는 부친 한상하 회장님과 더불어 한국학과 한일관계사의 출판을 위해 태어난 사람이다.

　앞의 모든 분들과 함께 한국과 일본이 교린의 새 천년을 열어갈 것을 기원한다.

2017년 8월 일
손 승 철 謹識

목　차

제1편
역사왜곡의 실상

제1장
일본 중학교 역사교과서(扶桑社)의 왜곡실상

1. 머리말

한국과 일본의 숙명적 관계는 더 이상의 설명이 필요없다. 두 나라의 관계는 역사 이래 그래왔고, 현재에도 그러하며 미래에도 그럴 수밖에 없다. 어쩌면 두 민족의 역사는 서로가 서로의 '관계'를 어떻게 정립해 나가는가에 따라서 결정된다고 보아도 지나친 표현이 아닐 것이다. 이러한 점에서 「관계」에 대한 양국인의 역사인식은 선린우호의 동반자관계를 지속해 가는데에 가장 기본적인 관건이 된다고 본다.

일본은 1982년 「역사교과서 왜곡파동」을 계기로 「인근 아시아제국과의 관계에 관한 근대의 역사적 사실에는 국제이해와 국제협조의 견지에서 필요한 배려가 있어야 할 것」이라는 近隣條項을 교과서 검정규정에 첨가하였고, 이후 식민지 지배의 실태나 침략전쟁의 사실, 종군위안부 등 전쟁범죄와 침략전쟁의 진실 등이 모든 교과서에 기술될 정도로 상당히 개선하여 왔다.

그러나 21세기에 들어서면서 입으로는 동반자로서의 공존·공생을 부르짖으며, 극우파의 압력이나 일본정부의 정치적 개입에 의해, 그동안의 개선노력이 수포로 돌아가고 있고, 그 대표적인 사례가 후소사(扶桑社)의 「새로운 역사교과서」(新しい歷史敎科書)의 출현이다.

교과서란 국민국가의 국민통합에 결정적인 역할을 하는 교육매체로서 그 내용 여하에 따라 국민의식의 흐름에 결정적인 영향을 미친다. 특히 역사교과서에서 역사적 성찰이 결여된 과거사의 학습은 한민족이나 국가의 미래를 잘못된 길로 인도할 뿐만 아니라, 그 악영향이 인접국과 세계에도 미치기 때문에 역사왜곡 문제는 당사국의 국민은 물론이고, 다른 나라 사람도 함께 풀어가야 할 공동의 숙제이다. 한국과 일본간에 역사교과서의 왜곡된 내용을 바로 잡는 것은 한일간의 불행은 물론이고, 아시아 나아가서는 세계의 불행을 막는 길이기도 하다. 이점에 일본 역사교과서 왜곡의 심각성과 본질적인 문제가 내재되어 있는 것이다.

이 글은 이러한 문제의식 속에서 2006년부터 새로 사용될 일본중학교 역사교과서 검정통과본 중 특히 왜곡정도가 가장 심한 후소샤판 교과서의 왜곡실상을 분석하여 그 특징을 밝히고, 그에 대한 대응책을 모색해 보고자 작성하였다. 현재 정부에서는 중국의 고구려사 왜곡, 일본의 역사교과서 왜곡 및 독도 영유권 주장에 대응하기 위해 가칭 '동북아역사재단'의 설립하였다. 재단의 기능과 관련하여 참고가 되었으면 좋겠다.[1]

2. 일본의 교과서 제도

일반적으로 교과서 발행방법에는 자유발행·자유선택, 검정, 국정의 세종류가 있으나, 일본은 검정제도를, 우리나라는 국정제도를 택하고 있다. 일본의 경우 문부성이 검정제도를 채용하고, 검정권은 법적으로 문부성 또는 都道府縣에 신설되는 公選制 敎育委員會로 되어 있으나 현실적으로는 문부성이 전적으로 검정권을 행사하고 있다. 그러면 일본의 경우 교과서의 편찬·편집·검정과정을 보자.[2]

---

1) 이글의 작성을 위해 2005년 4월 11일, 아시아평화와역사교육연대·역사문제연구소·한국역사연구회가 공동주최한 『교과서분석심포지엄』(서울역사박물관 강당)과 4월 22일, 역사연구단체협의회가 주관한 『일본 중학교 교과서의 역사서술과 역사인식』에서 발표한 논문들을 다수 인용·참고하였음을 밝혀둔다.
2) 일본교과서바로잡기 운동본부편, 『일본교과서 역사왜곡』, 역사비평사, 2002. 29~30쪽.

일본교과서의 편찬·검정과정

① 교과서회사의 기획회의   ┌ 역사학자·교육학자·현직교사
                편집·집필자 선정 │ 학습지도요령의 편집협력자
(사용개시 3~4년 전)   └ 민간교육단체 회원
(소학교·중학교는 4년마다 검정을 실시한다)

② 편집회의   편집방침 작성·집필 ┌ 본문은 주로 역사학자가 집필
                원고심의 └ 칼럼·학습은 현장교사가 집필

③ 문부과학성에 검정신청 신청본(백표지본) 제출

④ 검정조사심의회의 심사
  • 「교과서검정과」 교과서조사관(사회과 15명) 대학원수료자·강사·조교수
    (전임)
  • 교과용도서검정조사심의회(사회과 25명) 대학교수·소중학교장·전직 외
    교관(겸임)

⑤ 검정의견 통지 (결정유보인 채로) 교과서심사관
    → 교과서회사로 문서교부·설명

⑥ 수정표(修正表) 제출 교과서회사 → 문부과학성
    → 검정조사심의회(반론서제출)

⑦ 검정조사심의회의 재심사 → 합격·불합격 결정 → 교과서회사로 문서교부

⑧ 견본책 작성 제출용·전시회용·납본용으로 1만 부 인쇄

⑨ 교과서전시회 전국 약 500여 곳의 채택구마다 전시회를 개최

⑩ 교과서채택 소·중학교는 4년마다, 전국에서 약 500곳의 채택구단위로 채택

⑪ 교과서(공급본)의 사용개시

일본에서의 교과서 발행과정을 보면, 먼저 교과를 출판하고자 하는 회사가 사용개시 3~4년 전에 기획회의를 열어 역사학자·교육학자·현직교사 중에서 편집·집필자를 선정한다. 교과서회사에는 노동조합이 강한 회사와 약한 회사가 있고, 편집담당자도 조합운동을 열심히 하는 사람과 그렇지 않은 사람이 있다. 그것이 편집·집필자의 선정에 영향을 준다. 편집·집필자는 학습지도요령의 편집협력자·官製研究會 회원과 민간교육단체 회원 중에서 선정된다.

교과서가 집필되면 회사는 문부과학성에 검정을 신청하고, 검정을 신청한 교과서는 教科用圖書檢定調査審議會에서 심사를 받는다. 검정조사심의회 위원(사회과 25명)은 대학교수, 소·중학교장, 전직 외교관(겸임) 중에서 선임된다. 심의회의조사자료를 작성하여 검정결과를 교과서회사에 전달하는 것은 教科書檢定課에 소속된 전임 교과서심사관(사회과 15명)들이 맡고 있다.

심의회 심의 결과는 검정의견을 일람표로 만들고, 합격여부는 결정 보류인 상태로 교과서심사관으로부터 교과서회사에 문서로 통지된다. 이 때 교과서회사의 사원과 함께 편집집필자도 문부과학성에 가서 설명을 듣는다. 그후 교과서회사는 검정의견에 따라서 수정표를 작성하여 문부과학성에 제출한다. 검정조사심의회는 재심사를 하여 합격·불합격을 결정한다.

검정에 합격한 교과서는 문부과학성제출용·전시회용·납본용으로 견본본을 1만 부 인쇄하여 교과서 전시회를 개최한다. 교과서전시회는 47개 都道府縣에서 약 500여 곳의 채택구별로 열린 후, 도도부현교육위원회에서는 전문적 지식을 가진 학교의 교장, 교원, 교육위원회관계자, 학식경험자로 구성된 교과용도서선정심의회를 설치하여 교과서를 선정하게 된다.

2002년에 일본 중학교에서 사용될 역사교과서의 검정도 위의 과정을 그대로 밟았다. 문제가 된 '새로운 역사교과서를 만드는 모임'(이하 '새역모'로 줄임)에서 집필한 후소샤 교과서는 무려 137군데의 검정의견을 받았고, 후소샤는 문부과학성 지시대로 수정하여 최종적으로 검정합격 통지를 받았다. 그런데 7개 출판사가 교과서전시회를 대비해 견본용 도서를 준비하는 동안 후소샤는 관행을 어기고 교과서를 단행본으로 출판하였는데, 교과서 채택을 위한 공정한 룰을 벗어나 여론몰이를 통해 채택과정에 부당한 압력을 넣겠다는 술책이었다. 실제로 후소샤의 단행본 교과서는 50만 부 이상이나 팔렸고, 회원용 기증본으로 위장되어 200만부 이상 보급된 것으로 알려져 있다. 그러나 결과적으로 문제가 되었던 후소샤 교과서는 0.04%라는 미미한 채택률을 기록하게 되었고, 새역모에서는 다음 검정시기인 4년 후에 재도전을 하여 복수를 다짐하고 있다.

2002년부터 사용되고 있는 중학교 교과서의 종류와 채택율은 다음과 같다.

2002년도 중학교 역사교과서 채택률

순위	출판사	교과서명, 저자	2002년	2000년
①	東京書籍	新しい 社會 歷史 田邊裕 외 37명	51.2%	40.4%
②	大阪書籍	中學社會 熱田公 외 12명	14.0%	18.8%
③	敎育出版	中學社會 歷史 笹山晴生 외 41명	13.0%	18.0%
④	帝國書院	中學生の歷史 黑田目出男 외 7명	10.9%	1.9%
⑤	日本書籍	中學社會「歷史的分野」 兒玉幸多 외 15명	5.9%	13.7%
⑥	淸水書院	新 中學校 歷史 大口勇次郎 외12명	2.5%	3.9%
⑦	日本文敎出版	中學生の社會科·歷史 大濱徹也 외 11명	2.3%	3.3%
⑧	扶桑社	新しい 歷史敎科書, 西尾幹二 외 13명	0.04%	-

한편 고등학교의 역사교과서는 日本史와 世界史로 구분되어 있는데, 일본사와 세계사는 다시 각기 분야별로 A(근현대사중심)·B(통사)로 나누어져 있다. 현재 고등학교에서 사용되고 있는 역사교과서는 일본사 26종(일본사 A-7종, 일본사B-19종)에 세계사 29종(세계사A-10종, 세계사B-19종)이며, 이 중 2002년 검정합격본이 일본사 6종(A-4종, B-2종)과 세계사 13종(A-6종, B-7종)이다. 나머지는 앞으로 3년에 걸쳐 연차적으로 계속된다.

2002년 고등학교 역사교과서 현황

□ 일본사 A (현행 7종, 검정합격본 4종)

發行者	현행본				2002년 합격본			
	敎科書의 記號·番號	書 名	檢定濟年	著作者	敎科書의 記號·番號	書 名	檢定濟年	著作者
東書	日A578	日本史A 現代からの 歷史	平9	田中彰 ほか7名	日A001	日本史A 現代からの 歷史	平14	田中彰 ほか9名
實敎	日A618	高校 日本史A	平10	宮原武夫, 石山久男ほか 10名	日A002	高校日本史A	平14	宮原 武夫, 石山 久男 ほか14名
三省堂	日A579	明解日本史 A 改訂版	平9	淸木美智男, 深谷克己, 鈴木 正幸, 木村茂光 ほか 10名				
淸水	日A580	新日本史 A 改訂版	平9	黛弘道,佐佐木 寬司ほか 7名	日A003	高等學校 日本史A	平14	佐?木 寬司 ほか7名
山川	日A619	現代の日本 史 改訂版	平10	鳥海靖, 野呂 肖生, 三谷博, 渡辺昭夫	日A004	現代の日本史	平14	鳥海 靖, 三谷 博, 渡變 昭夫
山川	日A581	日本史A	平9	石井進, 笹山 晴生, 高村直助				
桐原	日A620	新日本史A	平10	宮地正人 ほか 6名				

□ 일본사 B (현행 19종, 검정합격 2종)

發行者	현행본				2002년 합격본			
	教科書의 記號·番號	書　名	檢定 濟年	著作者	教科書의 記號·番號	書　名	檢定 濟年	著作者
日書	日B621	新版高校日本史B 二訂版	平10	中村政則 외 7名				
東書	日B622	日本史B	平10	尾藤正英 외11名				
東書	日B623	新選日本史B	平10	尾藤正英 외 10名				
實敎	日B624	高校日本史B 新訂版	平10	宮原武夫,石山久男 외14名				
實敎	日B582	日本史B 新訂版	平 9	直木孝次郞 외11名				
三省堂	日B625	詳解日本史B 改訂版	平10	淸木美智男, 深谷克己, 鈴木正幸, 木村茂光 외 9名				
三省堂	日B558	新日本史 B	平6	家永三郞 외 5名				
淸水	日B626	詳解 日本史B 改訂版	平10	黛弘道 외 13名				
淸水	日B583	要解 日本史B	平9	村井章介, 佐佐木寬司 외 10名				
山川	日B627	新日本史 改訂版	平10	石井進, 笠原一男, 兒玉幸多, 笹山晴生				
山川	日B628	高校日本史 改訂版	平10	石井進, 笠原一男, 兒玉幸多, 笹山晴生				
山川	日B584	詳說日本史 改訂版	平9	石井進, 笠原一男, 兒玉幸多, 笹山晴生	日B 001	詳說 日本史	平14	石井 進, 五味 文彦, 笹山 晴生, 高埜 利彦
山川	日B585	日本の歷史 改訂版	平9	兒玉幸多, 五味文彦, 鳥海靖, 平野邦雄				
第一	日B629	高等學校改訂版精選日本史B	平10	福田豊彦,岩崎宏之 외 14名				
第一	日B586	高等學校改訂版新日本史B	平9	坂本賞三 외 12名				
第一	日B564	高等學校 日本史B	平6	坂本賞三, 賴祺一 외 14名				
桐原	日B630	ワイド日本の歷史 改訂版	平10	江坂輝弥 외 6名				
桐原	日B587	高等學校新日本史B 改訂版	平9	江坂輝弥 외 6名				
國書	日B566	高等學校 最新日本史	平6	朝比奈正幸, 小堀桂一郞, 村松剛 외 9名	日B 002	高等學校 最新日本史	平14	村尾大郞, 小堀桂一郞, 朝比奈正幸 외 28名

□ 세계사 A (현행 10종, 검정합격본 6종), 세계사 B(현행 19종, 검정합격본 7종)

發行者	현행본				2002년 검정합격본			
	記號·番號	書 名	檢定濟年	著作者	記號·番號	書 名	檢定濟年	著作者
東書書籍	世A602	世界史A -歷史と現代-	平成 10	加藤晴康 외 5名				
實教出版	世A603	世界史A 新訂版	平成 10	中村義, 松村赴 외 8名	世A001	世界史A	平14	中村 義 외 10名
三省堂	世A567	明解世界史A 改訂版	平成 9	增谷英樹, 土井正興 외 6名	世A002	世界史A	平14	增谷 英樹 외 6名
淸水書院	世A568	新世界史A 改訂版	平成 9	城戸一夫 외 9名	世A003	高等學校 世界史A	平14	木下 康彥 외 7名
帝國書院	世A604	明解世界史A 初訂版	平成 10	岡崎勝世 외 5名				
山川出版	世A605	要說世界史 改訂版	平成 10	江上波夫, 山本達郎, 林健太郎, 成瀨治	世A004	要說 世界史	平14	木村 靖二, 佐藤 次高, 岸本 美緒
山川出版	世A569	現代の世界史 改訂版	平成 9	柴田三千雄, 佐藤次高, 近藤和彥, 岸本美緒	世A005	現代の 世界史	平14	岸田 三千雄, 佐藤 次高, 近藤 和彥, 岸本 美緒
一橋書籍	世A570	世界史A 新訂版	平成 9	二谷貞夫, 笠原十九司, 油井大三郎 외 11名				
第一學習	世A606	高等學校 改訂版世界史A	平成 10	永井滋郎, 藤井千之助 외 8名	世A006	高等學校 世界史A	平14	向山 宏 ほか 11名
桐原書店	世A607	新世界史A	平成 10	齊藤孝 외 3名				
東書書籍	世B571	世界史B	平成 9	尾形勇 외7名	世B002	世界史B	平14	尾形 勇 외7名
東書書籍	世B572	新選世界史B	平成 9	中村英勝 외6名	世B001	新選 世界史B	平14	相良匡俊 외6名
實教出版	世B608	高校世界史B 新訂版	平成 10	鶴見尙弘,遲塚忠躬 외 11名				
實教出版	世B573	世界史B 新訂版	平成 9	鶴見尙弘,遲塚忠躬 외 12名	世B003	世界史B	平14	鶴見 尙弘, 遲塚 忠躬 외 12名
三省堂	世B609	詳解世界史B 改訂版	平成 10	荒井信一, 五井直弘, 浜林正夫, 中村平治 외 16名				
三省堂	世B610	三省堂世界史B 改訂版	平成 10	栗原純 외3名				
三省堂	世B574	世界史B 改訂版	平成 9	西川正雄,矢澤康祐외 11名				
淸水書院	世B611	新世界史B 改訂版	平成 10	奧保喜 외3名				
淸水書院	世B612	要解 世界史B	平成 10	池田溫 외12名				

淸水書院	世B547	詳解 世界史B	平成6	池田溫 외 13名				
帝國書院	世B613	新編高等世界史B最新版	平成10	川北稔 외10名	世B004	新編高等世界史B新訂版	平14	川北稔 외 11名
山川出版	世B614	高校世界史改訂版	平成10	江上波夫, 山本達郎, 林健太郎, 成瀬治	世B006	高校世界史	平14	佐藤次高, 木村靖二, 岸本美緒
山川出版	世B615	新世界史改訂版	平成10	柴田三千雄, 弓削達, 辛島昇, 斯波義信, 木谷勤				
山川出版	世B575	詳說世界史改訂版	平成9	江上波夫, 山本達郎, 林健太郎, 成瀬治	世B005	詳說世界史	平14	佐藤次高, 木村靖二, 岸本美緒
山川出版	世B576	世界の歷史改訂版	平成9	神田信夫, 柴田三千雄				
一橋書籍	世B616	世界史B新訂版	平成10	二谷貞夫, 笠原十九司, 油井大三郎 외46名				
第一學習	世B617	高等學校改訂版精選世界史B	平成10	越智武臣 외16名				
第一學習	世B577	高等學校改訂版新世界史B	平成9	向山宏, 藤井千之助 외 8名	世B007	高等學校世界史B人,暮らしがあふれる歷史	平14	向山 宏 외11名
第一學習	世B551	高等學校世界史B	平成6	谷川道雄 외16名				
東書書籍	世B571	世界史B	平成9	尾形勇 외7名	世B002	世界史B	平14	尾形 勇 외7名
東書書籍	世B572	新選世界史B	平成9	中村英勝 외6名	世B001	新選世界史B	平14	相良匡俊 외6名
實敎出版	世B608	高校世界史B新訂版	平成10	鶴見尙弘, 遲塚忠躬 외11名				
實敎出版	世B573	世界史B 新訂版	平成9	鶴見尙弘, 遲塚忠躬외12名	世B003	世界史B	平14	鶴見 尙弘, 遲塚 忠躬 외12名
三省堂	世B609	詳解世界史B改訂版	平成10	荒井信一, 五井直弘, 浜林正夫, 中村平治 외16名				
三省堂	世B610	三省堂世界史B改訂版	平成10	栗原純 외 3名				
三省堂	世B574	世界史B 改訂版	平成9	西川正雄,矢澤康祐외11名				
淸水書院	世B611	新世界史B改訂版	平成10	奧保喜 외3名				
淸水書院	世B612	要解 世界史B	平成10	池田溫 외 12名				
淸水書院	世B547	詳解 世界史B	平成6	池田溫 외 13名				

帝國書院	世B613	新編高等世界史 B 最新版	平成10	川北稔 외 10名	世B004	新編高等世界史 B 新訂版	平14	川北稔 외11名
山川出版	世B614	高校世界史 改訂版	平成10	江上波夫, 山本達郎, 林健太郎, 成瀬治	世B006	高校世界史	平14	佐藤 次高, 木村 靖二, 岸本美緒
山川出版	世B615	新世界史 改訂版	平成10	柴田三千雄, 弓削達, 辛島昇, 斯波義信, 木谷勤				
山川出版	世B575	詳說世界史 改訂版	平成9	江上波夫, 山本達郎, 林健太郎, 成瀬治	世B005	詳說世界史	平14	佐藤次高, 木村靖二, 岸本美緒
山川出版	世B576	世界の歴史 改訂版	平成9	神田信夫, 柴田三千雄				
一橋書籍	世B616	世界史B 新訂版	平成10	二谷貞夫, 笠原十九司, 油井大三郎 외 46名				
第一學習	世B617	高等學校改訂版 精選世界史B	平成10	越智武臣 외16名				
第一學習	世B577	高等學校改訂版 新世界史B	平成9	向山宏, 藤井千之助 외8名	世B007	高等學校 世界史B 人, 暮らしがあふれる歴史	平14	向山 宏 외11名
第一學習	世B551	高等學校 世界史B	平成6	谷川道雄 외16名				

3. 왜곡실상

1) 고대사분야

고대사분야의 한국사관련 왜곡은 대방군의 위치, 임나일본부, 한반도국가들의 폄하 등을 지적할 수 있다.

① 대방군의 위치

후소샤판 27쪽(단원 5, 중국의 역사서에 기록된 일본)에는 고대 일본 야마타이국을 설명하기 위해 『위지 왜인전』을 인용하고 있는데,

> 왜인은 대방군의 동남쪽 큰 바다에 있는 섬에 살고 있다.
> * 대방군은 중국의 왕조가 조선반도에 두었던 군으로 중심지는 현재의 서울 근처

라는 설명을 붙였다. 즉 대방군이 서울 근처에 있었다는 서술이다. 이 서술은 2001년도판에는 없었던 것으로 2005년판에 새로 등장했다.

대방군은 후한 말인 3세기 초에 公孫氏 정권이 한반도 남부와 왜 지역을 통제하고 교역을 장악하기 위해 설치했다. 그 治所를 서울 부근으로 보는 견해는 일부 중국 사료에 '백제 시조가 대방군의 옛 땅에서 건국했다'는 기록과 서울의 풍납토성 등에서 출토된 중국계 유물을 근거로 하여 일본 학계 일각에서 제기된 바 있다. 백제의 초기 왕성이 서울 지역의 하남위례성임은 움직일 수 없는 사실이므로 원래 그 자리에 있었던 대방군의 중심지도 서울에 있었다는 논리다. 그러나 일부 사서에서 백제와 대방군을 연관짓는 것은 백제에 대한 연고권을 강조하려는 중국측의 의도를 그대로 반영한 것이며, 서울·경기 지역의 중국계 유물은 대방군의 것이 아니라, 한성백제기에 중국과 벌인 문물 교류의 흔적으로 보아야 한다.3) 대방군의 정학한 위치에 대해서는 황해도 봉산군 문정면에서 대방태수 張撫夷의 무덤과 그 부근에서 대방군치의 토성지가 발견됨으로써 봉산군 지역이 대방군의 중심지라는 것은 한국은 물론 일본 학계4)에서의 통설이다. 따라서 26쪽의 [2세기경의 동아시아]지도에서 중국 한의 영역을 한반도 동서로 가로 지르면서 남쪽으로 전라도 지역까지 포함시킨 것을 포함하여 대방군의 위치 서술은

---

3) 權五榮, 「考古資料를 중심으로 본 百濟와 中國의 文物交流」『震檀學報』66, 1988.
　　　　, 「백제의 對中交涉의 진전과 문화변동」『강좌 한국고대사』4, 가락국사적개발연구원, 2003.
　　朴淳發, 「漢城百濟의 對外關係 - 國家 成立期 對外交涉의 實狀과 意義」, 『百濟硏究』30, 1999.
4) 礪波護·武田幸男,『隋唐帝國と古代朝鮮』(世界の歷史 6), 中央公論社, 1997, 282쪽에서 대방군의 故地를 "황해북도 봉산군 토성지"에 비정한 것이 대표적이다.

적지 않은 문제점을 내포하고 있다.

② 임나일본부설

후소샤판 32쪽(단원 7, 야마토조정과 동아시아)에 왜가 [백제를 도와 고구려와 싸우다]라는 항목에서,

> 고대의 조선반도에 있던 나라들과 일본은 중국의 동향에 의하여 크게 좌우되었다. 220년에 한 나라가 망한 후 약 400년 간, 중국에서는 다수의 소국으로 분열되기도 하고, 남북으로 나뉘기도 하여 싸우는 내란의 시대가 계속되어, 주변 여러 나라에 미치는 영향력이 약해졌다.
> 이 틈을 타고 조선반도 북부의 고구려가 급속하게 강대해졌다. 고구려는 4세기 초에 조선반도 안에 있던 중국영토인 樂浪郡을 공격하여 멸망시키고, 4세기 말에는 반도 남부의 백제도 공격했다. 백제는 야마토 조정에 도움을 구했다. 일본열도의 사람들은 원래 귀중한 철 자원을 구하여 반도 남부와 깊은 교류를 가지고 있었기 때문에, 야마토 조정은 바다를 건너 조선으로 출병하였다. 이 때 야마토 조정은 반도 남부의 任那(加羅)라는 곳에 據點을 두었다고 생각된다.
> 야마토 조정의 軍勢는 백제를 도와 고구려와 격렬하게 싸웠다. 고구려 광개토왕(好太王) 비문에는 그 사실이 기록되어 있다. 고구려는 백제의 수도 漢城을 공격하여 함락시켰지만, 백제와 임나를 거점으로 한 야마토 조정 군세의 저항에 부딪쳐, 반도 남부의 정복은 이루지 못했다.

또 [왜 5왕에 의한 조공]에서는,

> 5세기 중엽, 중국에서는 漢민족의 남조와 유목민족의 북조로 나뉘어 싸우는 남북조시대를 맞이했다. 남조의 역사서에는, 왜의 다섯 사람의 왕(왜의 5왕)이 10회 가까이 사자를 보낸 사실과, 야마토 조정의 지배가 확대되어간 모습이 쓰여 있다. 야마토 조정이 굳이 남조의 조공국이 된 것은, 고구려에 대항하여, 조선 남부의 지배를 인정시키기 위한 것이었다.

고 서술했다. 이어서 [신라의 대두와 임나의 멸망]에서는,

> 6세기가 되자, 조선반도 남부에 신라가 대두하였다. 신라는 고구려와 연합하여 백제를 압박했다. 백제에서는 도움을 구하는 사자가 일본열도에 잇달아 찾아왔다.
> 신라는 야마토 조정의 거점이 두어진 임나도 위협하게 되었다. 562년, 드디어 任那는 신라에게 멸망되고, 야마토 조정은 조선반도에 있던 발판을 잃었다.

라고 서술했다.

그리고 33쪽의 상단부분에 [5세기경의 동아시아]라는 지도의 한반도에 고구려·백제·신라 사이에 任那(加羅)를 써어 넣었다. 소위 '임나일본부설'을 그대로 역사사실로 기술하고 있다. 즉 '임나일본부'라는 직접적인 기술은 없지만, '거점'이나 '군세'라는 용어로 임나일본부의 논지를 그대로 기술하고 있고, 야마토 조정이 '고구려에 대항하고 한반도 남부의 지배를 인정받으려는 목적'에서 중국 남조에 조공을 했다는 서술을 추가했다.

또한 지도 옆에는 이를 증명하는 자료로 '광개토왕 비문의 신묘년 기사'를 소개하고 있는데, '왜가 신묘년(391년) 이래로 바다를 건너 百殘(백제) □□신라를 격파하고 신민으로 삼았다'는 해석을 덧붙였다.

이상의 서술을 정리해 보면, 왜의 야마토 조정이 391년 이래로 임나 지역에 지배거점을 구축했고, 5세기에 왜가 중국 남조의 조공국이 되었던 것도 조선남부의 지배를 인정받기 위한 것이며, 562년 신라에 의해 임나가 멸망하면서 지배거점을 잃었다는 것이다.

소위 '임나일본부설'에 대한 한일양국의 연구현황은 6세기 전반에 한정하여 성격규명이 논의되고 있다. 예를 들면, 임나일본부란 가야 지역에 파견된 왜국의 사신 또는 사신단, 또는 한반도 선진문물의 수입을 위하여 가야 지역에 거주하던 왜국 상인, 가야제국이 대외업무를 처리하는 기관, 규슈 지방의 왜인들과 가야제국 사이의 교역기관, 대외적으로 왜국의 사신단이 머무는 기관이었지만 실제로는 530년대에 백제가 안라국 내에 설치한 백제와 왜 사이이의 교역중개소 역할을 하다가 540년대 이후에 안라국의 대왜 외무관서로 전환되었다는 견해 등이 있다.[5] 따라서 이러한 견해들은 모두 임나일본부 성립의 근거로 인용되던 『日本書紀』의 神功記 49년조를 비롯하여 4~5세기 관련 기사의 사료적 가치를 부정하고 있다.

---

5) 김태식, 『일본역사교과서 왜곡대책 연수교재』(교사용), 한국정신문화연구원, 2003, 25쪽.

뿐만 아니라 '임나일본부'와 관련하여 무엇보다 먼저 염두에 두어야 할 것은 가야 지역에는 기원전 1세기부터 기원후 6세기에 걸쳐 가야의 독특한 문화가 존재했다는 사실이다. 이지역에는 전기에는 금관가야, 후기에는 대가야 중심의 독자적인 가야연맹체가 있었다. 만일 교과서의 서술대로 임나일본부라는 왜의 지배기구가 가야 지역에 200년 간 영향력을 미쳤다면, 가야 지역의 고고학적 유물에 고대 일본문화의 영향이 반드시 나타날 것이다. 그러나 한반도내의 그 어느 지역에도 고대 일본 유물이 주도적으로 나타나는 곳은 없다. 중국 한나라 계통의 유물이 지속적으로 나타나는 낙랑군 지역과는 달리 임나 지역이었다는 가야 지역에는 일본 유물이 거의 나타나고 있지 않으며, 오히려 장기간에 걸쳐 가야 유물의 연속성이 확인된다.

실제로 한일 고고학계에서는 임나일본부설은 완전히 부정되고 있다. 특히 철의 교류에 관해서는 대체적으로 공통적인 의견이 제시되고 있다. 즉 일본열도에서는 자체적인 제철이 행해지지 않던 5세기까지는 교역을 통하여 가야로부터 철 소재를 입수하였고, 이를 단야과정을 거쳐 철기를 생산했으며, 6세기 이후에 일본열도에서 철이 생산되고부터 철의 수입은 감소했으나, 일본에서의 단야와 철 생산도 모두 가야 또는 백제 남부 지방의 渡來人에 의해서 전개되었다. 또한 갑옷이나 투구 즉 甲冑의 출토양상을 비교하면 무장체계면에서 볼 때도 왜는 신라나 가야에 비해 뒤처져 있었다.

또한 신라 및 가야 지역에서는 3세기 후반부터 높은 온도에서 구워 낸 단단한 陶質土器가 나타나는데, 이것이 김해 금관가야의 지배자 집단이 5세기 초에 일본으로 이주하여 일본 須惠器로 나타난다고 한다.

즉 일본 고고학계의 일반적인 관심은 주로 제철, 갑주, 무기, 도질토기 등 한반도의 선진문물이 언제 일본에 전해졌는가에 있다. 따라서 이제 전형적인 임나일본부설을 주장하는 연구자는 별로 없다. 그럼에도 불구하고 이를 학계의 정설인양 중학교 역사교과서에 서술한 것은 엄청난 역사왜곡의 실상을 적나라하게 보여주는 한 단면이다.

③ 한반도 국가들의 폄하

후소샤판 39쪽(단원 10, 大化改新)에는,

> 또 이해 조정은 일본에서 최초의 연호를 만들어 大化改新의 원년으로 삼았다. 동아시아에서 중국왕조가 정한 것과 다른 독자적인 연호를 정해서 계속 사용한 나라는 일본뿐이었다.

또 42쪽(단원 12, 大寶律令과 平城京)에는,

> 大寶律令에서 율은 당나라를 거의 본뜬 것이었지만, 영은 일본의 실정에 맞게 만들어졌다. 예를 들면 국정 전반을 담당하는 太政官 외에, 신들의 제사를 담당하는 神祇官이 특별히 두어졌다. 당나라의 복속국으로 자리매김한 신라가 독자의 율령을 가졌던 것에 비하여 일본은 중국에게 배우면서도 독자의 율령을 만드는 자세를 관철했다.

라는 서술을 하여, 국제관계면에서 고대 일본이 한반도 국가들보다 우위에 있었다고 누차 강조하고 있다.

고대 동아시아의 최고 문명국은 중국인데, 일본은 그 선진 문물을 받아들이면서도 7세기 이래 대등한 외교관계를 지속한 반면, 삼국과 통일신라는 중국에 朝貢함으로써 정치적으로 종속되었다는 것이다. 그래서 唐의 복속국이었던 신라는 독자적 율령을 갖지 못했고(42쪽), 大化改新 이후 중국과 다른 연호를 계속해서 사용한 나라는 동아시아에서 일본 밖에 없었다(39쪽)고 자부한다.

신라의 율령 조목이 남아 있지 않은 상황에서 단정할 수 없지만 골품제도 등 고유한 제도에 관한 규정이 분명히 들어 있었을 것이고, 신라 현실에 맞게 율령을 고쳐나간 사실은 『삼국사기』에서도 확인할 수 있다.[6]

중국에 대한 외교정책에서 한반도와 왜가 서로 달랐던 것은 한반도가 중

---

6) 『三國史記』卷7 新羅本紀7 文武王 下 21年 "律令格式 有不便者 卽便改張 布告遠近 令知 此意 主者施行".

국과 육지로 연결돼 있는 지정학적, 군사적 조건의 차이를 염두에 두고 봐야 한다. 그리고 조공책봉관계는 전근대 동아시아의 독특한 외교 형식인데, 조공을 하면 복속된 것이고 하지 않으면 독립국으로서 고유문화를 보존할 수 있다는 이분법의 논리는 역사 인식의 편협적인 성향을 드러내는 것이다.

　전반적으로 대외관계의 서술에서는 동아시아 국제정세의 두 축을 중국과 일본으로 설정하고 한반도는 두 세력간 세력 확장의 장 혹은 쟁탈의 장으로 묘사하고 있다. 그리고 한반도 국가들의 의의를 선진적인 중국 문물을 일본 열도에 전해주는 매개적 역할만으로 축소하고 있다.

2) 중·근세사분야

　중세사분야의 한국사관련 왜곡은 왜구 구성원, 조선 국호와 통교, 임진왜란, 통신사와 왜관 등에 관한 서술에서 역사왜곡 현상을 볼 수 있다.[7]

① 왜구 구성원

후소샤판 79쪽(단원 23, 室町幕府)의 [감합무역과 왜구]에는,

> 14세기 후반에 중국에서는 한민족의 반란에 의해서 원이 북방으로 쫓겨 가고, 명이 건국되었다. 명은 일본에 왜구의 단속을 요구하였다. 왜구란 이즈음 조선반도와 중국 연안에 출몰하던 해적집단을 말한다. 그들은 일본인 외에 조선인도 다수 포함되어 있었다.

라고 서술하고 있는데, 이는 최근 왜구를 민족이나 국경을 초월한 연합세력으로 보는 견해를 반영한 서술이다. 즉 최근 일본에서는 일부 학자에 의해 1350년 이후 조선반도에서 활발히 활동한 왜구는 대마, 일기나 북구주를 거

7) 손승철, 「일본 역사교과서 고려·조선시대 기술의 왜곡실태 분석」, 『한일관계사연구』 제19집, 2003. 동, 「왜구·위사문제와 한일관계」, 『한일관계사연구논집』 4, 한일관계사연구논집 편찬위원회, 2005, 참조.

점으로 한 일본인이나 제주도인을 주력으로 보고 있고, 이들은 해안과 밀접한 관계를 갖고 있는 제민족 잡거지역에서 활동했으며, 현재의 국적에서 보면 일본인이나 조선인 혹은 그 혼혈집단이라는 주장이다.

그러나 일본사료『靑方文書』등을 통해서 볼 때, 13세기 왜구 출현은 일본 내해와 九州의 「해상 무사단」의 활동에서 그 원인을 찾을 수 있으며, 1350년 「경인년 왜구」의 출현은 觀應擾亂으로 구주가 심각한 혼란에 빠지면서 약소 무사들과 住人들이 在地를 이탈하여 바다 건너 왜구로 활동한 결과이다. 그후 1360년대의 소강상태를 깨고 70년대 갑작스런 왜구의 증가는 今川了俊과 밀접하게 관련되어 있다. 즉 1371년 今川了俊이 九州探題가 된 다음 해부터 왜구의 출몰이 갑자기 늘어나고, 1375년 少貳冬資가 피살되고 난 다음 해부터 왜구의 출몰이 폭발적으로 증가한다. 이것은 了俊이 구주에서 探題 권력을 창출하는 과정에서 在地를 이탈한 「反探題」세력과 探題 권력의 통제 밖에 있던 해적세력, 그리고 惡黨세력 등의 활동 때문이었다. 이어 1380년대 중반에 점차로 왜구가 줄어드는 이유는 下松浦 지역의 小領主와 住人들이 자치적으로 정한 夜討·海賊 등의 금지조항에서도 그 원인이 있다. 즉 왜구의 출현과 창궐, 그리고 소멸을 구주의 정치적 영향과 세력의 재편, 그리고 在地의 안정과 이들의 유기적인 관계 안에 있음을 논술하고 있다.

다음 왜구문제에서 가장 쟁점이 되고 있는 왜구의 민족구성에 관해 보자.[8]

왜구가 일본인만의 집단이라는 생각을 방기해야 한다는 근거는『高麗史』와『高麗史節要』의 왜구 선박과 동원된 마필이 대규모적이라는 기록과 水尺·才人 등 고려 천민이 왜구로 가장했다는 기록이다. 또한『朝鮮王朝實錄』의 李順夢 記事, 제주도 해민의 왜구관련설 등이다. 그러나 이러한 주장들

---

8) 왜구의 구성주체에 관해서는 남기학, 「중세 고려·일본관계의 쟁점 : 몽골의 일본침략과 왜구」,『기억의 전쟁』, 이화여자대학교출판부, 2003과 이영, 「고려말기 왜구 구성원에 대한 고찰」,『한일관계사연구』제5집, 1996 등의 일련의 연구가 있다.

은 다음과 같은 이유들로 재검토되어야 한다.

　우선, 『高麗史』에 보이는 왜구 선박이 300척이나 500척이라는 기술인데, 이는 당시 對馬·壹岐·西九州 및 瀨戶內海의 해상세력의 규모로 보아 충분히 동원할 수 있는 선박이며, 대량의 馬匹은 왜구들이 일본에서 수송하였거나 또는 고려의 말을 약탈한 것이었다.

　그리고 고려 우왕 대의 禾尺, 才人들의 '假倭' 행위는 어디까지나 왜구의 침공에 의해 촉발된 하나의 현상이었으며, 『高麗史』에 '假倭'로써 기록하고 있는 사료는 고려말 500여 회 전후의 왜구관련 기사 중 단 3건뿐이다. 또한 왜구 중 조선인을 포함시키는 유일한 문헌사료로 인용되어 온, 조선 세종대의 이순몽의 '왜구 구성원'에 관한 발언도 그 의도가 왜구에 대한 설명이 아니라 조세감축을 위한 내용이었고, 당시의 사료가 아니라 10년 후의 구전이며, 또한 그의 인물평으로 보아 신뢰할 수 없다. 따라서 이 한 두개의 사료만으로 화척이나 재인이 왜인과 연합하여 왜구가 되었다던가, 왜구 중 조선인이 많았다는 기술은 사료적 근거가 충분치 않은 논리적 비약이다.

　또한 제주도 水賊의 예를 들어 濟州島人이 왜구의 중요한 구성원이었다고 하는 주장 역시, '제주도의 정의현 동쪽, 대정현 서쪽, 죽도에는 옛부터 왜선이 은박했다'는 기록과 '15세기 후반 제주도 해민이 倭語를 사용하고, 倭服을 입고 종종 해적 행위를 하였다'는 기사에 근거하는데, 이 기사도 이미 왜구의 전성기로부터 거의 1세기 뒤인 15세기 후반의 사료로 고려 말의 왜구 활동과는 시간적으로 상당한 거리가 있다. 따라서 이들 한 두개의 사료만으로 왜구의 민족구성을 일본인·고려·조선인으로 확대·해석하는 것은 재고해야 한다.

　결국 왜구는 이른바 三島(對馬, 壹岐, 松浦)를 포함하여 구주로부터 瀨戶內海 紀伊半島에 이르는 광범위한 지역의 해적 및 악당으로 이루어졌다고 보아야 하며, 최근에 왜구의 구성을 '국적이나 민족을 넘어선 차원의 인간집단'으로 파악하는 시각이야 말로 당시의 현실과 동떨어진 가공된 역사상이다.

② 조선 국호와 통교

후소사판 87쪽(단원 26, 應仁의 亂과 全國大名)의 [조선과 유구]에는,

> 조선반도에서는 14세기에 이성계가 고려를 무너뜨리고 조선국(李氏朝鮮)을 건국하였다. 조선도 명과 마찬가지로 일본에 왜구의 금지와 통교를 요구해왔다. 막부가 이에 응한 결과, 日朝무역이 시작되었다. 그러나 16세기에 들어가면 日朝간에 마찰이 일어나, 조선과의 무역은 부진하게 되었다.

라고 서술하여, 조선의 국호를 폄하하여 李氏朝鮮이라고 했으며, 조일통교가 조선의 요구에 막부가 응한 것으로 표현하는 등 역사사실과는 정반대 서술을 하고 있다.

1392년 이성계에 의해 새로 건국된 왕조의 국호는 조선이었다. 그러나 후소사판에서는 2001년판에서 이씨조선을 앞세웠고, 2005년판에서 조선국에 괄호안에 이씨조선으로 표기했다. 현재 한국학계에서는 '이씨조선'이라는 용어는 일제강점기에 조선을 폄하하는 '李王朝'를 의미하는 것으로 인식하여 거의 사용하지 않는다. 그리고 '朝鮮'이라는 국호는 일본측의 사료(『古事類苑』, 『善隣國寶記』 등 室町幕府나 德川幕府시대의 사료)에도 모두 그대로 사용하고 있다. 따라서 '조선'이라는 국호가 그대로 사용되어져야 한다는 것이 한국학자들의 일반적인 견해다.

또한 통교 부분에 관해서 보면, 1392년 조선에서는 건국 직후 막부장군에게 사신을 파견하여 왜구 금지를 요청했다. 이에 대해 막부에서는 足利장군 명의가 아니라 승려인 絶海中津의 명의로 조선국왕에게 답서를 보내왔다. 그 서한의 중심 내용은 막부장군이 조선측의 왜구금압과 피로인 송환요구에 적극적으로 응하여 양국의 隣好를 지킬 것을 약속한다는 것, 그리고 막부장군이 조선과의 통교를 적극 원하고 있지만 장군이 직접 외국에 通問한 일이 없으므로 외교일선에 직접 나서지 않기 때문에 승려를 통해서 답서를 보낸다는 것이다. 따라서 이 내용으로 볼 때, 당시 室町幕府도 조선과

의 통교를 갈망하고 있었다는 것을 알 수 있다.

막부장군이 직접 외교일선에 나서지 않았던 데에는 여러 가지 이유가 있 겠지만, 그것은 역시 막부장군에 의한 일본 국내 통치가 완전히 이루어지지 않았다는 점과 조선에 대한 직접적인 외교능력이 없었다는 데에 실질적인 이유가 있었다. 그러던 중 九州와 大內氏의 지배가 가능해지자, 足利將軍은 명과 조선과의 통교관계 수립을 위해 1403년 명으로부터 책봉을 받았다.

곧이어 1404년 7월에는 조선에 장군명의의 '日本國王使'를 파견함으로써 조선과 정식의 국교관계를 수립하고, 대마도주를 중간매체로 이용하여 조 선과의 통교관계를 수립하게 된다. 室町幕府시대의 조일관계를 볼 때, 조선 사절(회례사·보빙사·통신사) 파견이 17회인데 반하여, 막부로부터의 일본 국왕사 파견은 71회에 달하고 있다. 당시 사절파견의 목적만 보더라도 조선 사절은 막부장군의 왜구 금지와 피로인 송환에 대한 回禮와 答禮가 주목적 이었음에 비해, 일본국왕사는 대부분이 통교 요청과 대장경 청구였다. 또한 일본국왕사의 파견이 조선에 비해 많았던 이유도 조선측으로부터 답례가 후하자, 위장된 사신인 僞使가 많았기 때문이다.

이러한 내용은 다음의 표를 통해서도 간접적으로 확인할 수 있다.

〈조선전기(室町時代) 조·일 간의 통교현황〉[9]

	1392–1419	1420–1443	1444–1471	1472–1510	1511–1592	계
室町幕府	16	7	12	11	25	71
本州·四國	42	43	91	144	28	348
九州	94	178	184	370	19	845
備前·一岐	112	91	355	605	3	1,166
對馬島	155	492	607	1,056	75	2,385
其他	13	7	5	2	2	29
計	432	816	1254	2,188	152	4,842

---

9) 韓文鐘,『朝鮮前期 對日外交政策硏究』, 全北大 博士學位論文, 1996.

즉 막부장군 외에도 각 지역의 지방세력가들이 사절을 보내 통교를 요청하고 있다. 따라서 室町시대의 조·일간의 통교는 전적으로 일본쪽에서 요청하였다는 사실을 확인할 수 있다. 그리고 조선에서는 이들의 무질서한 왕래를 통제하기 위해 포소를 三浦로 제한했으며, 또 이들을 상경시켜 조선국왕을 알현케 하는 上京制度를 두었고, 대마도주에게 이들을 통제할 수 있는 권리(文引發行權)를 주어 일본으로부터의 모든 통교자를 조선의 통제규정(『海東諸國紀』)을 정하여 무역을 허가하고 있는 것이다.

특히 1443년 대마도체찰사 李藝가 對馬島主 宗貞盛과 맺은 癸亥約條는 조일관계의 성격을 잘 알려주고 있다. 약조의 내용 중에는 '대마도주에게는 매년 200석의 쌀과 콩을 하사한다.', '대마도주는 매년 50척의 歲遣船을 보낼 수 있고, 부득이하게 보고할 일이 있을 경우 정해진 숫자외에 特送船을 보낼 수 있다'는 항목이 있다. 약조의 내용은 두 개 항목만 알려져 있지만, 도주에 대한 세견선, 특송선, 세사미두를 정한 것이다. 세견선에는 일본사절과 함께 무역품이 실려있었다. 따라서 세견선수는 조·일 무역량과 양국의 무역수지와 관련이 있는 것으로 조선에서는 이 수를 제한함으로써 무역량을 통제했다. 이렇게 파견된 세견선이 15세기 후반기에 이르면 연간 400척에 이르고 있다.

이상의 내용을 종합적으로 볼 때, 조선에서 통교를 요구했다는 내용과 幕府가 이에 응했다는 기술은 역사적인 사실과 완전히 다르다는 것을 알 수 있다. 또한 1510년의 삼포왜란을 단순한 무역마찰인 것처럼 서술하고 있는데, 삼포왜란의 원인은 삼포의 恒居倭人이 60호의 약정을 깨고, 거주가 폭주하면서 비롯된 것이며, 그 시작도 항거왜인이 왜관을 난출하여 조선측을 공격하면서 발생한 것이다. 한편 2001년판에는 1419년 이종무 장군의 대마도정벌에 관해 서술했으나, 2005년판에는 삭제되었다. 조선으로부터 공격받은 사실을 숨기려는 저의가 감추어져 있다.

③ 임진왜란

후소샤판 97쪽(단원 30, 秀吉의 정치)의 [조선으로의 出兵]에는 조선시대 한일관계의 최대의 비극적인 사건인 임진왜란을 다음과 같이 기술하고 있다.

조선에의 出兵

약 100년만에 전국 통일을 완성한 히데요시의 의기는 충천하였다. 히데요시는 중국의 명나라를 정복하고, 천황과 함께 자신도 대륙에 옮겨 살면서, 동아시아에서 인도에 이르는 지역을 지배하려는 거대한 꿈을 갖었다. 1592(文祿 元)년, 히데요시는 15만의 대군을 조선에 보내었다. 가토 기요마사와 고니시 유키나가 등의 무장에게 인솔된 히데요시의 군세는 순식간에 수도인 한성(지금의 서울)을 점령하고, 나아가 조선 북부에까지 나아갔다. 그러나 조선측의 이순신이 이끄는 수군의 활약이나 민중의 저항, 명의 조선에의 원군 등에 의해 불리한 싸움이 되어, 명과의 화평교섭을 위해 병력을 철수했다(文祿의 役).

그러나, 명과의 교섭은 이루어지지 않고, 1597(慶長 2)년 일본은 다시금 14만의 대군을 파견했다. 그러나 이번에는 조선남부로부터 앞으로 나아가지는 못했고, 이듬해에 히데요시가 죽자 병사함으로 병사들을 철수시켰다(慶長의 役). 두 번에 걸쳐 행하여진 출병의 결과, 막대한 비용과 병력을 소비하고 토요토미가의 지배는 흔들리게 되었다.

임진왜란은 일본이 계획적이고 불법적으로 조선을 침략하여 벌인 전쟁으로, 전쟁 당사자인 조선과 일본은 물론 명나라까지 개입한 동아시아의 국제전쟁이었다. 그리고 임진왜란에 의해 삼국은 모두 승자·패자 할 것 없이 많은 피해를 보았다. 일본은 豊臣政權이 붕괴하고, 명나라도 전쟁후유증으로 점차 쇠퇴해 갔으며, 조선은 전쟁에 의해 전국토가 황폐화되고, 막대한 인적자원이 손상되는 엄청난 피해를 입었다. 그러나 후소샤교과서는 이러한 침략전쟁을 단순히 豊臣秀吉의 야망을 달성하려 했던 영웅담으로 기술하고 있다.

임진왜란의 원인으로는 여러 학설이 있다. 예를 들면 豊臣秀吉이 織田信長의 침략의도를 계승했다던지, 명나라와의 무역을 중계하던 조선이 이를 단절하였기 때문에 전쟁을 일으켰다던지, 豊臣秀吉의 장남 鶴松의 죽음으로 인하여 벌어졌다던지, 경제적인 이득을 얻기 위해 벌였다던지, 국내평정과 통일과정에서 발생한 大名들과 무사들의 남아도는 무력을 외부로 전환하여 불만을 해소하려고 벌였다는 등의 여러 가지 설이 있다. 그러나 후소샤교과서에서는 이러한 여러 가지 설을 전혀 소개하지 않고, 명나라를 정복하고 아시아의 대제국을 세우려는 대의명분, 내지는 豊臣秀吉의 개인적인 망상만으로 설명하고 있다.

뿐만 아니라 조선에서는 이 전쟁으로 인하여 인적손실은 물론 경제적·문화적·사회적으로 막대한 희생을 치렀다. 침략전쟁에 의한 극심한 피해의 대부분을 무고한 백성들이 부담해야 했다는 점을 간과해서는 안된다. 또 수많은 문화재들이 소실되거나 일본으로 유출되었고, 조선의 陶工, 細工人, 農夫, 韓醫師 등 많은 사람들이 무고하게 끌려갔으며, 일본의 전쟁복구에 동원되었다. 더구나 많은 사람들이 포르투갈과 일본상인들에 의해 세계각지로 팔려나갔다.10) 그 숫자는 임진왜란을 노예전쟁이라고 부를만큼 많으며, 전쟁의 희생자가 묻힌 耳塚(豊國神社)이 지금도 京都에 안치되어 있다. 예를 들면 『淸正高麗陳覺書』에 의하면, 병사 한명당 코 세개가 배당 되었는데, 吉川廣家의 경우 18,350개, 鍋島直茂의 경우 10,901개나 되었다. 또 大河內秀元의 『朝鮮物語』에는 214,700여 개를 잘라 15개의 통에 운반했다는 기록이 있다.

또한 경제적 손실로는 전쟁 직전 150여 만 결이던 토지가 30만 결로 격감되었으며, 문화재의 손실도 상상을 초월한다. 예를 들면 경복궁·창덕궁·창경궁을 비롯한 많은 궁궐과 관청이 불탔고, 지방에서는 불국사를 비롯한 많은 중요문화재가 소실되고, 춘추관에 보관되오던 각종 서적들도 불탔다. 수많은 도자기와 미술품(종·불화 등)이 약탈당했으며, 고려불화의 경우 대부분이 일본에 남아있어 한국에서는 연구가 불가능할 정도이다.

그 결과 조선인에게는 잊을 수 없는 상처를 안겨주었고, 일본을 하늘 아

---

10) 北道万次, 『豊臣政權の對外認識と朝鮮侵略』, 校倉書房, 1990. 同, 『豊臣秀吉の朝鮮侵略』 吉川弘文館, 1995, 참조.

래 같이 살 수 없는 不俱戴天의 원수국으로 각인시켰다. 이러한 내용을 모두 은폐한 교과서는 결국 편협한 국가주의와 자의적인 역사해석으로 豊臣秀吉을 전쟁영웅으로 우상화하려는 의도로 볼 수 밖에 없다. 따라서 出兵이란 용어는 반드시 침략으로 바꾸어야 하며, 임진왜란의 발발원인이나 침략상을 나타내는 전쟁의 경과나 조선의 피해상황 등이 보다 사실적으로 서술되어야 한다.

④ 통신사와 왜관

후소샤판 106쪽(단원 34, 쇄국하의 대외관계)의 [조선·유구·蝦夷地]에는,

> 막부는 이에야스때 대마의 소우씨를 통하여 히데요시의 출병으로 단절된 조선과의 국교를 회복했다. 양국은 대등한 관계를 맺고, 조선에서는 쇼군의 대가 바뀔 때마다 조선통신사라고 불리는 사절이 에도를 방문하여 각지에서 환영을 받았다. 또 조선의 부산에 소우씨의 왜관이 설치되어 약 500인의 일본인이 살면서 무역과 정보수집에 종사했다.

라고 기술하여, 조선통신사와 왜관을 설명하고 있다.

통신사는 막부장군에 대한 경하나 조문, 기타 두나라의 긴급문제를 해결하기 위해 조선국왕이 막부장군에게 공식적으로 파견한 외교사절이다. 막부에서는 대마도주를 통해 통신사 파견을 먼저 조선에 요청했고, 몇 개월 전부터 통신사 접대를 준비했다. 통신사가 일본에 파견되면 각 지역마다 수많은 문인들이 통신사의 숙소에 모여들어 異國 선진문화에 대한 동경과 흠모를 아끼지 않았다. 이러한 통신사행의 역사적 자취는 아직도 일본 곳곳에 남아있어, 두나라의 성숙된 우호관계를 전하고 있다.

그러나 통신사에 대한 역사적 평가는 식민사관에 기초한 왜곡된 수준을 벗어나지 못하고 있다. 1970년대 이후 선린외교와 문화교류의 통신사로 재평가되기 시작했지만, 통신사에 대한 역사적 평가가 제자리를 찾은 것은 아니다. 60년대 이후 30년 동안 통신사 연구에 몰두해 온 三宅英利는 자신의

통신사 연구가 일본의 끊임없는 불법에 대한 속죄의 계기가 되기를 바란다
고 할 정도로 통신사의 선린외교의 정신을 강조했다.[11]

江戸막부의 德川장군이 최고통치자인 장군의 권위를 높이기 위하여 조선
에 통신사 파견을 요청하고, 대등한 국가 사이에 이루어지는 誠信의 상징으
로 조선이 통신사를 파견했음에도, 통신사는 江戸시대 초기부터 '朝貢使節'
로 둔갑하기도 하였다. 조선에 대한 멸시감과 대립감을 조장한 이 편견은
일본의 律令時代 이래 형성된 朝鮮觀에 기초한 것으로, 조공사절관은 일본
내에서 국학이 발전하게 되는 18세기 중엽 이후 대두되었다. 이것이 海防論
者와 侵韓論者(征韓論者)들에게 계승되어 식민사관의 일환으로 자리를 잡아
갔다. 제2차 세계대전 후 이 논의는 주춤하였으나 최근 일부 연구자에 의해
다시 제기되고 있다.

통신사를 조공사절로 보는 주된 이유는, 일본의 막부장군이 바뀔 때 조
선국왕이 국서를 바치기 위해 통신사를 보냈다는 것과 통신사와 비견되는
日本國王使가 파견되지 않았다는 것이다. 그러나 조선후기 통신사의 파견과
정과 일본의 접대방식 및 외교의례 등을 검토해 보면, 이러한 논리가 잘못
되었다는 것을 알 수 있다. 즉 일본은 통신사 파견에 앞서 절차상 먼저 조
선측에 통신사 파견을 요청했으며(通信使請來差倭), 조선통신사가 부산을
출항하여 江戸에 이를 때까지 1,000여 명이 넘는 인원을 동원하여 통신사를
안내하였고, 각번의 大名들을 동원하여 접대를 준비하는 등, '장군 일대의
성대한 의식'으로 통신사를 맞이하였다. 한 자료에 의하면 통신사의 접대에
막부의 1년 예산을 지출했다는 기록도 있다.[12] 결국 통신사의 왕래를 더욱
더 필요로 한 것은 조선이 아닌 일본이었던 것이다.

또한 조선후기에 日本國王使가 조선에 파견되지 않은 것은 조선측이 상

---

11) 三宅英利,『近世日朝關係史の研究』, 文獻出版, 1986.

12) 李元植,『朝鮮通信使の研究』, 思文閣出版, 1997.

　　仲尾宏,『朝鮮通信使と德川幕府』, 明石書店, 1997.

경을 거부하였기 때문이다. 즉 조선전기에는 70여 회 이상이 일본국왕사가 상경하여 조선국왕을 알현하였지만, 豊臣秀吉이 일본 사절의 상경로를 통해 부산에서 서울까지 진격을 했기 때문에 전쟁 도발에 대한 응징책으로 조선 후기에 일본인은 그 누구도 조선의 내륙을 통과하여 서울에 갈 수 없었다. 다만 조선후기에는 1629년에 단 1번 상경한 예를 제외하고는 일본인의 상경은 없었다.

따라서 일본의 최고 통치자인 장군의 즉위를 축하했다는 표면적인 사명에 초점을 맞추어, 조선통신사가 마치 저자세로 일본을 방문한 인상을 주어서는 안되며, 우호교린의 상징으로 양국의 대등관계의 상징으로 기술되어야 한다.

또한 조선에서는 일본인의 상경을 금지하면서, 부산 초량왜관을 새로 지어 외교·무역 업무를 해결하도록 했다. 그런데 이 왜관을 '宗氏의 왜관'으로 표기하여 마치 근대적인 의미의 영사관과 같은 인식을 주고 있다.

'倭館'이란 조선에 있었던 일본인의 거류지역으로, 일본에서 건너온 사자들을 응접하는 使館이자 客館이며, 조일 양국간의 商館을 말한다. 왜관이 창설될 당시인 15세기 초 무렵에 조선은 무역상의 이익을 구하기 위하여 쇄도하는 일본인 도항자를 통제하고 견제할 필요가 있었다. 더욱이 도항해온 일본인에 의해 국가적인 기밀의 누설과 밀무역의 횡행 등 많은 문제가 발생하자, 조선은 일본인의 도항장과 체류를 위해 별도의 시설을 만들었다.

그 결과 1407년 조선은 일본인의 入港所를 富山浦(부산)와 薺浦(웅천)로 정하고 응접의례에 필요한 시설을 설치하여 그들을 접대토록 하였다. 입항소는 1426년 鹽浦(울산)가 추가되어 '三浦倭館'으로 불렸다. 그리고 상경하는 일본 사자들을 위해서는 수도 한양에 별도로 東平館을 설치하였다.

이와같이 浦所에 위치한 왜관은 1419년 대마도 정벌, 1510년 삼포왜란, 1544년 사량진왜변 등 조일간의 격한 역사의 흐름 속에서 폐쇄와 개설을 반복하면서 16세기 중반에는 부산포 1개소로 한정되는 선례가 정착되었다.

임진왜란으로 왜관을 폐쇄한 조선은 강화교섭을 위하여 쇄도하는 일본 사자들을 맞이하기 위해 1601년에는 絶影島(지금의 影島)에 임시 왜관을 설치하여 그들을 접대하였다. 이후 조일 양국간에 국교가 재개되면서 무역과 외교 교섭을 위한 장소로서 왜관의 설치가 필요하게 되자 조선은 1607년 豆毛浦에 1만여 평 규모의 왜관을 설치하고, 1609년에는 서울에 있던 東平館을 폐지하였다.

두모포 왜관(지금의 수정 2동) 성립 이후 부산에 위치한 왜관이 대일외교와 무역 등의 업무를 전담하게 됨으로써 포소 왜관이 차지하는 비중이 조선전기와는 달리 크게 강화되었다. 즉 조선전기에 도항해 들어왔던 일본 사자들의 상경로가 임진왜란 때 침략 경로로 이용되자, 조선은 일본에서 건너오는 모든 사자들에 대해서 상경을 금지하였고, 그에 따라 조일외교와 무역 업무가 부산에 있는 왜관으로 한정되었기 때문이다. 이로써 왜관은 조선의 對日交涉에 있어서 접대처로서, 무역처로서, 숙박처로서의 기능을 모두 수행하게 되었던 것이다.

그러나 豆毛浦 왜관은 설치 당시부터 수심이 얕고, 장소가 협소할 뿐만 아니라 선창이 남풍을 직접 받는 위치에 있어서 배를 정박시키기에 부적절한 곳이었다. 그래서 대마도측은 수차례에 걸쳐 왜관을 부산성 안으로 이전해줄 것을 8차례나 요청하였다. 대마도의 거듭된 이관 요구를 거절하던 조선은 급기야 1673년에 초량으로 이관을 결정하고, 1678년에 초량 왜관으로 옮김으로써 조일교섭은 초량 왜관 시대를 맞이하게 되었다.

부산 초량 왜관이 낙성된 것은 1678년 4월이며, 기록에 의하면 이전하는 날(23일) 두모포 왜관으로부터 관수 이하 450여 명의 대마도 사람들이 신관에 들어갔다고 한다. 초량 왜관은 1678년부터 1872년 일본 메이지 정부의 외무성에 침탈되기까지 약 200년 간 대일외교와 무역의 장이 되었다.[13]

이와 같이 부산 초량 왜관은 조선에서 대일교섭을 위해 설치해 주었던

---

13) 손승철, 『조선시대 한일관계사연구』, 지성의 샘, 1999, 참조.

기관이므로 이것을 '宗氏의 倭館'으로 기술하는 것은 명백한 사실상의 오류이며, 시정되어야 한다. '宗氏의 倭館'이라는 표현은 마치 對馬島主 宗氏가 사적으로 '倭館'을 설치했다는 표현이며, 이것은 엄연히 역사 사실을 왜곡하고 있는 것이다.

3) 근·현대사분야

근·현대사분야의 한국사관련 왜곡은 한반도 위협론, 청·일, 러·일 전쟁 정당화, 한국병합과 식민지정책, 관동대지진과 조선인 학살, 강제동원 등에 관한 서술에서 역사왜곡 및 은폐현상을 볼 수 있다.

① 한반도 위협론과 청·일, 러·일 전쟁의 정당화

후소사판 163쪽(읽을거리 컬럼)의 [일본의 독립과 조선반도]에서는,

> 동아시아 지도를 보자. 일본은 유라시아대륙으로는 작고, 바다에 떠있는 섬나라이다. 이 일본을 향해 대륙에서 하나의 팔처럼 조선반도가 돌출해 있다. 양국의 이러한 지리적 관계는 오랜 역사 속에서 중요한 의미를 지녀왔다.
> 과거, 조선반도는 중국의 문명을 일본에 전해주는 통로였다. 그러나 조선반도 전체가 일본에 적대적인 대국의 지배하에 들어간다면, 일본의 독립은 위험해진다. 일본은 중국과 조선반도의 동향에 주의를 기울여야만 한다. 일본이 고대 율령국가를 형성한 것도 동아시아 가운데 자립할 것을 목표로 했기 때문이다.
> 가마쿠라 시대에, 元寇의 거점이 된 것도 조선반도였다. 이 때 공포의 기억은 일본인 사이에 오랫동안 전해져왔다. 반대로 토요토미 히데요시가 조선반도에 군대를 보낸 적도 있었다. 에도시대에는 쓰시마번(對馬藩)을 통해 도쿠가와 막부와 조선과의 양호한 관계가 계속되었다.

라고 하여, 한반도 위협론을 주장하면서 조선침략을 정당화해가고 있다. 그리고 이런 논리를 정당화하기 위해 여몽연합군의 일본정벌이나 豊臣秀吉의 조선침략을 예로 들고 있다.

한반도 위협설 즉 '한반도 팔뚝론'은 나치독일의 폴란드 침략이론인 지

정학론과 다를 바 없다. 과거 나치독일은 지리적이론을 내세워 그들의 폴란
드침략을 정당화 했다.[14]

이 한반도 위협론은 일본의 대중소설가인 司馬遼太郎(시바 료타로)의 '한
반도 흉기론'을 그대로 기술한 것이다. 그의 소설에 보이는 역사관을 '시바
사관'이라고 하는데, 러일전쟁을 자위전쟁으로 묘사하는 러일전쟁 긍정사
관이며, 이어서 전개되는 한반도침략과 식민지화를 정당화하는 침략옹호사
관이다. 시바의 표현을 빌리면, 러일전쟁은 "세계의 벽지 시골같은 작은 나
라가 처음으로 유럽문명과 피흘리는 대결"을 하여 승리한 전쟁이다. 이 전
쟁은 '유색인종이 백인종을 이긴 최초의 역사적 대결이며, 조선반도를 보호
하고 일본을 방어한 자위전쟁'이었다는 것이다. 만일 일본을 향하고 있는
한반도를 러시아에게 빼앗기면, 마치 강도의 손에 들린 비수처럼 일본의 심
장을 겨누는 흉기가 될 터이니, 이 흉기가 강도의 손에 들어가기 전에 빼앗
는 것은 정당한 방위이며 자위행위라는 것이다. 즉 흉기가 될 소지가 큰 한
반도를 일본 지배하에 놓는 것은 침략이 아니라 흉포한 침략세력인 러시아
나 중국으로부터 한반도를 보호하는 행위이자, 자국의 안전을 지키는 행위
라는 것이다. 그리고 이어서 [조선을 둘러싼 일청의 대립]에서 다음과 같이
청일, 러일전쟁의 정당성을 서술하고 있다.

> 한편 청은 동아시아의 정세를 다른 관점에서 받아들였다. 1879년 오랫동안 청에 조공해 유구
> 가 오키나와현이 되고, 일본의 영토에 편입된 것은 청조에게 큰 충격이었다. 그 후, 청불전쟁에
> 패하여 다시 하나의 조공국 베트남이 프랑스의 지배하에 들어갔다. 조공국이 점점 소멸되어 가는
> 것은 황제의 덕의 쇠퇴를 의미하여 중국을 중심으로 한 동아시아의 질서가 붕괴할 위기를 나타낸
> 것였다.
> 그래서 청은 최후의 유력한 조공국이던 조선만은 잃지 않으려고 하여 일본을 적으로 간주하게
> 되었다. 일본이 일청·일러 2개의 전쟁에서 싸우게 된 배경에는 이러한 동아시아의 국제관계가 있
> 었다.

---

14) 허동현, 『일본역사교과서 왜곡대책 연수교재』(교사용), 한국정신문화연구원, 2003,
117쪽.

② 한국병합과 식민지 근대화론

후소샤판 170쪽(단원 59, 서구열강의 대열에 합류한 일본)의 [한국병합]
에서는 1910년 한국병합과 식민지 지배를 정당화하면서, 일본의 식민지 지
배가 결과적으로 한국의 근대화에 기여했다고 서술했다.

> 일본정부는 일본의 안전과 만주의 권익을 방위하기 위해 한국의 병합이 필요하다고 생각하였
> 다. 러일전쟁 후, 일본은 한국에 한국통감부를 두고, 지배를 강화하였다. 1910년, 일본은 무력을
> 배경으로 한국내의 반대를 억누르고 병합을 단행하였다(한국병합). 구미열강은 영국의 인도, 프
> 랑스의 인도네시아, 미국의 필리핀, 러시아의 외몽고 등, 자국의 식민지 지배를 일본이 인정하는
> 것과 반대로 일본의 한국병합을 인정하였다.
> 한국 국내에서는 일부 병합을 받아들이자는 소리도 있었으나, 민족의 독립을 잃어버리는 것에
> 대한 격렬한 저항이 있었으며, 그 후에도 독립 회복의 운동이 끈질기게 일어났다.
> 한국병합 후 설치된 조선총독부는 철도·관개시설을 정비하는 등 개발을 행하고, 토지조사를
> 개시하여 근대화에 노력하였다. 그러나 이 토지조사사업에 의해 그때까지의 경작지로부터 쫓겨난
> 농민도 적지 않았고, 또한 일본어 교육 등 동화정책이 진행되었기 때문에 조선 사람들은 일본에
> 대한 반감이 강해졌다.

러일전쟁 직후부터 한국병합에 이르는 시기의 한일관계는 두가지 관점이
전제되어야 한다. 첫째는 병합과정이 본질적으로 일제의 불법성, 폭력성,
무력성으로 이루어졌다는 점과 둘째로는 이러한 일제의 침략에 대한 한국
민족의 저항이 전국적, 전시기적, 전계층적으로 이루어지고 있다는 점이다.
이 관점이 전제가 되어야만이 한일간의 불행했던 역사의 '가해자'와 '피해
자', '범죄사실'과 '피해사실'이 선명하게 밝혀질 것이며, 한일간의 역사적
평가가 분명해 질 것이다.

또한 무력적이며 폭력적인 상황에서 이루어진 합방을 위한 일련의 조약
들은 그 자체가 불법적이고 비합법적인 것이었다. 제2차 협약은 고종의 날
인도 받지 못했고, 한국군대의 해산, 일본인 차관임명 등 내정탈취를 목적
으로 한 한일신협약 또한 통감부가 대한제국의 어새와 국새를 탈취하고 순
종의 서명을 위조한 것으로 밝혀졌다. '합방조약' 또한 비준의 성격을 갖는

순종의 조칙에는 당시 통감부가 보관하고 있던 황제의 어새만 날인이 되어 있고, 황제의 서명이 없다는 사실들은 이들 조약이 황제의 동의가 없는 불법성을 드러내는 것이다.[15)

또한 식민지 조선근대화론도 많은 문제점이 있다. 일차적으로 여기서 말하는 근대화가 외세에 의한 것이다. 또한 근대화 개발이 일제의 국권침해 차원에서 이루어지고 있다는 점이다. 뿐만 아니라 그러한 근대화가 조선과 조선인의 발전에 얼마나 기여를 했는가하는 점에서 논의할 필요가 있다. 일본은 자국의 이익을 위하여 개발을 추구하였기 때문에, 식민지시대의 한국경제는 일본 제국주의 경제구조의 이익을 위한 기능을 담당했을 뿐이다.

일본이 조선에 철도부설과와 관개시설을 정비하고, 토지조사사업을 통해 농지개량을 한 것은 사실이다. 그러나 일본이 조선을 식민지화하는 상황에서 철도개발, 관개시설, 농지개량 등이 무엇을 위해 만들어졌으며, 그러한 경제개발이 어떤 목적을 위해 실시되었는가이다. 조선에 건설된 철도는 제국주의의 경제침탈의 도구 및 통로였고, 관개시설과 농지개량은 일본에 정치적·경제적 이득과 치안상의 편리를 주었다. 후소샤교과서는 이러한 '지배'와 '수탈'이라는 전제를 간과한 채, 단순한 역사적 사실만을 나열함으로써 식민지 근대화론이나 식민지 수혜론을 서술하고 있다.

③ 관동대지진과 조선인 학살

후소샤판 189쪽(단원 66, 일미관계와 워싱턴회의)의 [關東大地震]에는,

1923년 9월 1일, 관동지방에 대규모의 지진이 일어나 도쿄·요코하마 등에서 큰 화재가 발생하여 사망자·행방불명자는 10만을 넘었다(관동대진재). 이런 혼란 중에 조선인 사이에 불온한 책동이 있다는 소문이 퍼져 주민의 자경단 등이 사회주의자 및 조선인을 살해한 사건이 일어났다. 관동대진재 때, 미국은 일본에 구원물자로써 군용 모포를 보내고 일본인에게 감사받았다.

---

15) 이태진, 『일본의 대한제국 강점』, 1995, 참조.

라고 서술되어 있다.

일본은 한국을 식민지로 만든 직후, 조선인이 일본에 도항하는 것을 엄격히 제한했다. 그러나 제1차세계대전 후 공업발전으로 값싼 노동력이 필요해지자 1922년부터 조선인의 도항을 허용하여, 1923년 전반까지 약 4만 명이 일본에 건너갔다. 이들은 대부분 중노동에 종사하면서 일본인의 민족차별에 시달렸다. 그러던 중 1923년 9월 1일, 관동지역에 대지진이 발생하였다. 일본은 동경지역에 계엄령을 선포하는 한편, 군대·경찰·재향군인·소방대원·청년 등을 주축으로 自警團을 조직하여 민심을 수습하였는데, 이 과정에서 이들은 무고한 조선인을 대량으로 학살하였다. 당시 피살자는 조선인 6~7,000명, 중국인 200여 명, 일본인 60여 명으로 조선인이 다수를 차지했다.

후소샤교과서는 조선인 집단 학살에 대해 누가 왜 어떠한 이유로 학살을 행했는지, 유언비어의 내용이 무엇인지 설명하지 않은 채, 불온한 책동이라는 용어로 이 참혹한 학살의 진상을 은폐하고 있다.

당시 학살장면을 전하는 자료를 소개해 보자.

'지진은 9월 1일에 발생했기 때문에 1일은 그렇지 않았지만, 2일부터 "조선인이 우물에 독을 풀거야!"라든가, "폭동을 일으킨다"는 등의 유언비어가 나돌면서 "조선인을 색출하라"는 폭언이 난무했다. 지금의 아라카와의 남쪽에 '커다란 온천지'라는 이름의 연못이 있다. … 쫓기던 조선인 7~8명이 그곳으로 도망가자, 자경단 사람들은 엽총을 가지고 나와 쏘았다. 저쪽으로 가면 저쪽에서, 이쪽으로 오면 이쪽에서 쏘았다. 결국은 그들은 총에 맞아 죽었다. 3일날 나라시노에서 기병대 1개 중대가 와서 배치되었다. 역의 남쪽 제방에 끌려 온 조선인들을 강쪽으로 늘어 세워놓고, 부대가 기관총으로 쏘았다. 총에 맞은 사람들이 굴러 떨어졌다. 몇 명이나 죽었는지 모른다. 많은 사람들이 죽었다.'[16]

이러한 기록을 통해볼 때, 당시 일본인에 의해 자행된 학살행위가 역사적

---

16) 야마다쇼오지 외 지음, 샘기획 옮김, 『근현대사속의 한국과 일본』, 돌베개, 1992, 164쪽.

으로 반성되지 않으면 안될 것이다.

④ 강제동원과 황민화정책

후소사판 208쪽(단원 76, 전시하의 생활)의 [국민의 동원]에는, 조선인의 강제동원과 황민화정책에 대하여 다음과 같이 서술하고 있다.

> 대동아전쟁(태평양전쟁)의 전국(戰局)이 악화되자 국내의 통제는 더욱 강화되었다. 노동력 부족을 메우기 위하여 징용이 행해지고 중학 3년 이상의 생도·학생은 근로동원, 미혼여성은 여자정신대로 공장에서 일하게 되었다. 또한 대학생은 징병유예가 취소되어 출정하였다(학도출진).
> 조선반도에서는 일중전쟁 개시 후, 일본식 성명을 사용하게 하는 창씨개명이 행해지고, 조선인을 일본인화하는 정책이 진행되었다. 전쟁말기에는 징병과 징용이 조선과 대만에서도 적용되어 다수의 조선인이 일본의 광산 등에서 가혹한 조건 하에서 노동하게 되었다.

조선인이 강제동원된 시기는 1939년부터 1945년 패전에 이르는 시기까지 자행되었는데, 대략 121만에서 151만 명에 달한다. 조선인의 민족적 저항을 두려워 한 일본 정부는 처음에는 '모집' 형식으로, 후에는 '관의 알선'이나 '할당' 또는 '징용' 형식으로 동원해 갔지만, 모두가 국가권력에 의한 노무동원이었음은 더 말할 나위가 없다.[17)

이리하여 1945년 8월까지 태평양전쟁기의 전시노동력으로서, 석탄광산, 군수공장, 토건관계, 금속광산, 항만운수관계 노동자로 수많은 조선인이 일본 본토에 노무동원되었고, 또한 같은 시기에 조선내에서도 480만 명 이상이 동원되었다. 기타 군속으로도 15만 명, 군대위안부로서 여성도 수만 명 동원되었다. 그럼에도 불구하고 군대위안부에 대해서는 일본인 여성의 동원에 대해서는 여자정신대로 공장에서 일했다고만 언급하였을 뿐, 조선 여성에 대해서는 단 한 줄도 언급이 없다. 이들 강제 연행자들은 사고나 노무감독들의 폭력행위로 많은 사상자를 내었음은 말할 나위 없다. 이들 중

---

17) 정재정, 『일본중학교 역사교과서 분석자료집』, 한국교육개발원, 2002, 186쪽.

1945년 해방 이후 귀국한 사람도 많았지만, 귀국하지 못한 사람들은 현재 재일한국·조선인의 대종으로 일본에 거주하면서, 민족적 차별과 법적지위 문제로 대변되는 온갖 불이익을 감수하면서 살고 있다.

한편 황민화정책에 관해서는 2005년판에서는 일본인화정책으로 바꾸어 단순히 創氏改名한 사실만을 서술하고 있다. 여기서 말하는 日本人化는 곧 황민화정책을 말하는데, 교육정책과 종교정책의 미명 아래 이루어진 민족혼과 민족문화 말살정책에 관해서는 전혀 언급없이, 일본인화정책이 진행되었다고만 서술하고 있다.

4. 후소샤판 서술의 특징

이상에서 2005년 검정통과된 후소샤교과서의 한국관련 내용을 분석했다. 물론 위의 11개 항목 이외에도 한국관련 서술 중 부분적으로 왜곡이 되었거나 일본사의 서술 중에도 많은 부분이 왜곡되어 있다. 여기서는 특히 한일관계 관련부분 중 왜곡정도가 두드러진 서술만을 대상으로 했다.

2005년 후소샤판 검정통과본의 서술상의 특징을 요약하면 다음과 같다.

첫째, 일본사의 우월성을 강조하고, 상대적으로 한국사를 비하한다. 예를 들면 일본의 역사는 세계 4대문명권 이상으로 유구하며, 태초부터 최고의 문명을 가지고 있다. 일본인은 고대 이래 지혜와 결단이 풍부하며, 일본의 문화는 고유하다. 그러나 한국 고대의 문화는 중국에 대한 예속성이 강하며, 한반도는 단순히 대륙문명을 일본에 전하는 가교로 존재했다는 점을 강조했고, 중국의 한사군과 일본의 임나일본부설을 서술하여 중국과 일본의 영향권에 있었던 것으로 서술했다.

둘째, 한국에 대한 침략을 정당화하고, 식민지 지배를 합리화한다. 예를 들면, 한반도 흉기론을 내세워 일본의 안보를 위해 한국을 병합했다던가,

이러한 논리선상에서 풍신수길의 조선침략도 침략으로 표기하기 않고 합리화시키고 있다. 뿐만 아니라 한국은 식민지 지배에 의해 근대화를 앞당겼다는 식민지 수혜론을 주장하고 있다.

셋째, 일본에 의한 대외침략 및 전쟁을 합리화한다. 즉 인류보편의 가치인 평화의 소중함을 무시하고, 일본이 벌였던 모든 전쟁을 미화하고 있다. 왜구의 약탈이나 임진왜란은 물론이고, 근대 이후 일본에 의해 자행된 청일, 러일전쟁, 태평양전쟁의 침략성을 부정하고, 상대국의 피해를 은폐 축소하고 있다.

넷째, 상무정신을 고양한다. 일본이 근대화에 성공한 정신적 기반으로 사무라이의 무사도를 강조하여, 明治維新은 公을 위하여 일하는 것을 자기의 사명으로 생각하고 있던 무사들의 자기희생에 의해 실현된 세계에서 예가 없는 개혁으로 칭송하면서, 무사정신이 일본정신임을 강조했다.

다섯째, 천황을 찬양한다. 후소샤교과서는 다른 중학교 교과서와는 다르게 특히 각 시대별로 인물컬럼을 만들어 우상화를 조장했다. 예를 들면 무사나 침략을 추진한 인물들을 추커세우고 있는데, 源賴朝, 織田信長, 豊臣秀吉, 德川家康, 伊藤博文 등이다. 그러나 특기할 것은 책의 말미에 쇼와천황을 넣고 있으며, 쇼와천황의 1945년 종전 전후의 행적을 소개하며, 주변국은 물론이고 일본 국민에게도 엄청난 희생을 안겨준 태평양전쟁에 대한 전쟁책임의 면죄부를 내어주고 있다.

5. 맺음말

이상에서 2005년 4월, 검정통과되어, 2006년 4월부터 일본중학교 후소샤판 교과서의 한국관련 서술내용 중 특히 왜곡정도가 심한 11항목을 검토·분석하였다. 일본문무과학성의 검정통과 발표 후, 신문지상이나 학회의 심포지엄을 통해, 후소샤판의 분석이 시도되었는데, 대략 30항목 정도가 지적되었다. 그리고 그 내용을 2001년판과 비교하여 부분적으로 자극적 기술을 삭제하거나 역사용어를 자제한 감은 있지만, 자국사의 우월감을 강조하고 침략의 역사를 정당화하는 기본 논지에는 변함이 없으며, 더욱 개악된 것으로 평가되었다.

그러나 문제의 심각성은 '후소샤판' 중학교 역사교과서에서만 역사왜곡이 이루어지고 있는 것이 아니라는 점이다. 실제로 일본 중학교 교과서는 후소샤판을 포함하여 총 8종인데, 정도의 차이는 있지만 모든 교과서에 문제가 있다. 뿐만 아니라 역사왜곡 현상은 고등학교 교과서도 마찬가지이고, 대학이나 일본인을 위한 개설서나 전집류는 물론이고, 심지어는 역사사전에 이르기까지 광범위하게 팽배되어 있다.

따라서 역사왜곡의 문제는 일부 극우정치인 내지 극우보수단체인 '새로운 역사교과서를 만드는 모임'만의 문제가 아니라, 일본인의 역사인식의 문제이기도 하다.

결론적으로 일본의 역사교과서 왜곡문제는 교과서 집필자 한두 사람의 문제가 아니며, 일본인의 역사인식의 문제이다. 이 점에서 우리의 대응책은 정부는 물론이고 학계, 시민단체, 언론, 정계 등이 연대하여 수립되어야 하며, 일본의 양심세력은 물론 국제사회와도 연계해야 한다. 역사왜곡의 가장 큰 피해자는 일본 스스로라는 자각을 일깨울 때, 일본은 비로소 아시아는 물론 세계의 여러 나라와 공존해 갈 수 있을 것이다.

제2장
『일본인의 역사교과서』(自由社)의 근세 한국사 서술

1. 머리말

1982년 소위 일본역사교과서의 왜곡파동을 전후한 시기부터 근 30년 간 일본역사교과서의 왜곡서술이 계속되고 있다. 그동안 '근린제국에 대한 이해와 협조에 대한 배려조항'이나 양심적인 학자들의 노력에 의해 식민지 지배의 실태나 침략전쟁의 진실 등이 모든 교과서에 서술될 정도로 상당히 개선되어 왔던 것도 사실이다. 그러나 21세기에 들어서면서, 일본내의 우익 활동이 고조되면서 그동안의 개선노력이 수포로 돌아가고, 교과서 갈등이 더욱 악화되고 있다. 그 대표적인 사례가 2002년에 있었던 후소샤(扶桑社)의 『새로운 역사교과서』(『新しい歴史教科書』)이며, 그 채택율이 저조하자 2009년 5월에 발행된 <自由社>의 또다른 우익교과서 『일본인의 역사교과서』(『日本人の歴史教科書』)출현이다.

2009년 현재, 일본에는 총 8종의 중학교 역사교과서가 사용되고 있으며, 2010년에는 <自由社>판이 추가될 것이다. 현재 사용되고 있는 8종 교과서의 채택율은 아래표와 같다.

이 글에서는 1980년대 이후, 일본중학교 교과서 가운데 채택율이 가장 높은 <東京書籍>판과 2000년 이후 새로 출현한 극우파교과서 <扶桑社>와 <自由社>판의 근세부분 한국사관련 서술을 비교한 후, 이들 교과서에 나타난 일본 近世史像을 분석하려고 한다.

그동안 일본 중학교 교과서의 한국사관련 서술에 대한 분석은 여러 차례에 걸쳐 이루어졌다. 그러나 일본교과서에 나타난 近世史像이 한국사관련 서술과 어떠한 관련이 있는지, 나아가 그것이 어떻게 한국사관련 서술에 반영되고 있는지에 대해서는 별로 연구가 된 적이 없었다. 이글은 이러한 관점에서 일본 근세관이 역사서술 및 한국사관련 서술과 어떤 관계가 있는가를 시론적으로 분석하고자 하는 의도로 작성하고자 한다.

<중학교 역사교과서 채택율>

(단위 %)

순위	출판사	교과서명, 저자	1982	1990	2002	2006	2010
①	東京書籍	『新しい 社會 歷史』 田邊裕 외 37명	32.1	35.0	51.2	51.2	40.4
②	大阪書籍	『中學社會』 熱田公 외 12명	16.9	16.3	14.0	15.4	18.8
③	教育出版	『中學社會 歷史』 笹山晴生 외 41명	11.6	16.0	13.0	11.8	18.0
④	帝國書院	『中學生の歷史』 黑田日出男 외 7명	-	1.4	10.9	14.2	1.9
⑤	日本書籍	『中學社會「歷史的分野」』 兒玉幸多 외 15명	16.01	16.05	5.9	3.1	13.7
⑥	清水書院	『新 中學校 歷史』 大口勇次郎 외12명	8.0	3.7	2.5	2.4	3.9
⑦	日本文教出版	『中學生の社會科·歷史』 大濱徹也 외 11명	-	-	2.3	1.4	2.8
⑧	扶桑社	『新しい 歷史教科書』 西尾幹二 외 13명	-	-	0.04	0.4	0.5

2. 일본교과서의 서술경향

일본중학교 역사교과서의 근세 한일관계 내지 한국사관련 기사 중 문제가 되는 서술은 주로 왜구, 조선국호와 통교문제, 임진왜란, 조선통신사 및

왜관 등이다. 이 글에서는 채택율이 가장 높은 <東京書籍>판 및 극우파 출
판의 교과서로 지목되는 <扶桑社> 및 <自由社>판을 중심으로 그 내용을 분
석하고자 한다.[1]

1) 東京書籍 교과서

① 왜구

1983년	1992년	2002년	2006년
倭寇와 日明貿易 九州와 瀨戶內海 연안의 무사와 어민 중에는 집단을 이루어 조선과 중국으로 건너가 무역을 강요한다든지 해적질을 한다든지 하는자가 나타났다. 중국과 조선에서는 이들을 왜구라 부르며 두려워했다.(92쪽)	**倭寇와 日明貿易** 元寇 이후 西國武士와 상인·어민 중에는 집단으로 조선과 중국에 건너가 해적으로 활동하는 자가 나타났다.(*1) 중국과 조선에서는 그들을 왜구라 부르며 두려워했다. *1 : 명대 후반이 되자 중국인이 왜구라고 칭하는 일이 많아졌다.(94쪽)	**동아시아의 변동** 명은 대륙연안을 습격하는 왜구의 단속을 일본에 요구해 왔다.(*2) 西國武士나 상인·어민 가운데에 집단을 만들어 무역을 강요하거나, 해적으로 나서는 자가 있어서, 왜구라고 불려지고 있었기 때문이다. *2: 왜구 가운데는 일본인 이외의 사람도 많이 있었다.(59쪽)	**동아시아의 변동** 명은 대륙연안을 습격하는 왜구의 단속을 일본에 요구해 왔다.(*2) 이즈음 西國武士나 상인·어민 가운데에 집단을 만들어 무역을 강요하거나, 해적으로 나서는 자가 있어서, 왜구라고 불려지고 있었기 때문이다. *2: 왜구 가운데는 일본인 이외의 사람도 많이 있었다.(65쪽)

　왜구의 구성원에 대해서는 1982년에는 九州와 瀨戶內海 연안의 武士와
어민이라고 하다가, 1992년에는 西國의 武士와 상인·어민으로 일부 내용이
바뀌었다. 2002년 이후에는 여기에 다시 주를 달아서 <왜구 가운데는 일본
인 이외의 사람도 많이 있었다>라는 모호한 표현으로 서술했다.

---

1) 1983년부터 2001년까지의 자료는 한국교육개발원, 「일본중학교 역사교과서에 나타
　난 한국관련내용 : 1983~2001」, 연구자료 RM2002-48를 참조.

② 조선국호와 통교

1983년	1992년	2002년	2006년
명과 조선 이성계가 14세기 말에 고려를 멸망시키고 朝鮮國을 세웠다. 李氏朝鮮에서는 불교를 억압하고 주자학을 장려하며 … 일본과의 무역도 열려, 면포 등이 일본으로 수출되었다. (93쪽)	동아시아의 정세 이성계가 14세기 말에 고려를 멸망시키고 朝鮮國을 세웠다. 李氏朝鮮에서는 불교를 억압하고 주자학을 장려하며 … 일본과의 무역도 열려, 면포 등이 일본으로 수출되었다. (96쪽)	동아시아의 변동 조선반도에는 고려가 멸망하고, 대신에 朝鮮國이 세워졌다. 조선말을 써서 나타낸 한글이라는 글자가 만들어지고, 일본과의 무역도 열렸다. (59쪽)	동아시아의 변동 조선반도에는 고려가 멸망하고, 대신에 朝鮮國이 세워졌다. 조선말을 써서 나타낸 한글이라는 글자가 만들어지고, 일본과의 무역도 열렸다. (65쪽)

1983년과 1992년에는 朝鮮國을 세웠다고 하면서도, 李氏朝鮮을 병기해서 서술했으나, 2002년부터는 조선국만을 썼다. 그러나 通交가 열리는 과정은 구체적으로 서술하지 않고, 다만 무역이 시작된 사실만을 서술함으로써 일본측의 요청에 의해 시작되는 조일무역의 실상을 밝히지 않고 있다.

③ 임진왜란

1983년	1992년	2002년	2006년
秀吉의 대외정책 秀吉은 또한 국내의 통일만으로는 만족하지 못하고 명으로도 진출하려고 생각하였다. 그리고 그 통로에 해당하는 조선에 두차례에 걸쳐 대군을 보내, 명과 조선의 군대와 싸웠다. … 이 두 번에 걸친 싸움으로 조선은 큰 손해를 입고 … (130~131쪽)	조선침략 秀吉은 또한 국내의 통일만으로는 만족하지 못하고 명으로도 진출하려고 생각하였다. 그리고 그 통로에 해당하는 조선에 두차례에 걸쳐 대군을 보내, 명과 조선의 군대와 싸웠다. … 이 두 번에 걸친 싸움으로 조선은 큰 손해를 입고 … (131~132쪽)	조선침략 秀吉은 명(중국)을 공격하기 위해, 1592년 조선에 兵을 보냈다. 부산에 상륙한 일본군은 수도 한성(현재의 서울)을 점령하고 평양까지 진격했다. … 이 7년에 걸친 싸움으로 조선에서는 많은 사람들이 살해되었고, 일본에 연행되어 전 국토가 황폐하게 되었다.(79쪽)	조선침략 秀吉은 국내통일만으로 만족하지 않고, 조선, 인도, 루손(필리핀), 고산국(대만) 등에 편지를 보내, 복속을 요구했다. 1592(文祿元)년에는 명(중국)의 정복을 목표로 조선에 대군을 파견했다. … 이 7년에 걸친 싸움으로 조선에서는 많은 사람들이 살해되었고, 일본에 연행되어 전 국토는 황폐하게 되었다.(87쪽)

임진왜란 관련 항목의 명칭을 보면, 1983년에는 <秀吉의 대외정책>이라고 했으나, 1992년부터는 <조선침략>으로 표기했다. 또한 1983년과 1992년에는 국내통일로 만족하지 못한 秀吉이 명으로 진출하려 했고, 그 과정에서 그 통로에 해당되는 조선에 군대를 파견했다고 서술했다. 2002년에는 명을 공격하기 위해 조선에 군대를 파견했다고 서술했고, 2006년에는 秀吉이 국내통일만으로 만족하지 않고, 조선, 인도, 루손(필리핀), 고산국(대만) 등에 편지를 보내, 복속을 요구했으며, 1592(文祿元)년에는 명(중국)의 정복을 목표로 조선에 대군을 파견했다고 서술했다. 결국 조선침략의 원인은 명을 점령하기 위한 것이었지, 처음부터 조선을 침략하기 위한 것이 아니라는 애매한 서술을 하고 있다. 임진왜란의 경과나 피해상황에 대해서는 1983년판에 비해 2006년판에는 자세히 서술하고 있고, 陶工으로 九州 有田에 끌려가서 도자기 시조가 된 李參平을 陶祖로 상세히 서술했다. 또 임진왜란에 의해 조선의 활자인쇄술이 일본에 전해졌음을 소개했다.

④ 조선통신사와 왜관

1983년	1992년	2002년	2006년
쇄국 이후의 외교와 무역 조선과는 家康 때 국교를 회복하고부터 장군이 바뀔 때마다 경하사절이 오는 관례가 생겼다.(141쪽)	쇄국 이후의 외교와 무역 조선과는 家康 때에 국교를 회복하고부터 장군이 바뀔 때마다 경하사절(通信使)이 오는 관례가 생겼다. 그 연락을 맡은 대마번은 무역을 하는 것도 허락되어, 조선의 산물과 중국의 견 등을 수입하였다.(144쪽)	조선과 琉球 조선과는 家康시대에 조선과 강화가 맺어져, 장군의 대가 바뀔 때 마다 400~500인의 사절(通信使)이 오는 것이 관례가 되었다. 대마번은 국교의 실무를 담당하는 것과 함께 무역이 허가되어, 조선 부산에 商館을 두고, 목면이나 조선인삼, 비단 등을 수입했다.(88쪽)	조선과 琉球 家康의 시대에 조선과 강화가 맺어져, 장군의 대가 바뀔 때 마다 400~500인의 사절(通信使)이 오는 것이 관례가 되었다. 대마번은 국교의 실무를 담당하는 것과 함께 무역이 허가되어, 조선 부산에 세운 倭館에서 은 동 등을 수출하고, 목면이나 조선인삼, 비단 등을 수입했다.(97쪽)

조선통신사에 관해서는 통신사에 대한 명칭, 통신사의 재개과정, 통신사의 파견목적 등이 관심의 주제이다. 통신사의 명칭에 대해 1983년판에는 단순한 경하사절로 했다가 1992년에는 경하사절(通信使)이라 했고, 2002년부터는 경하를 빼고 사절(通信使)로 표기했다. 경하라는 표현이 일본 우위의 입장이라는 한국측의 수정요구를 의식한 듯하다. 그러나 내용적으로는 일본 우의의 입장이 계속 견지되고 있다.

한편 2002년판부터는 부산 왜관을 <대마번에서 부산에 설치한 商館> 또는 <對馬藩이 부산에 세운 倭館>으로 서술함으로써, 조선에서 설치한 역사적인 사실을 왜곡하여 마치 일본의 在外公館인 것 같은 인식을 주고 있다. 이러한 인식에 의해 일본근대사에서는 1872년 일본 군함에 의한 부산왜관의 武力占領을 명치정부에 의한 倭館接受로 표현하고 있으며, 국내에서도 일부 무비판적으로 사용되고 있다.

2) 扶桑社, 自由社 교과서

① 왜구

扶桑社(2002년)	扶桑社(2006년)	自由社(2009년)
일명무역	勘合貿易과 왜구	勘合貿易과 왜구
14세기 후반, 중국에 건국한 명은 일본에 왜구의 단속을 요구했다. 왜구란 이 당시 조선반도나 중국대륙의 연안에 출몰하던 해적집단을 말한다. <u>그들은 일본인 외에 조선인도 많이 포함되어 있었다.</u>(97쪽)	14세기 후반, 중국에서는 한민족의 반란에 의해서 원이 북방으로 쫓겨가고, 명이 건국되었다. 명은 일본의 왜구의 단속을 요구하였다. 왜구란 이 당시 조선반도와 중국대륙의 연안에 출몰하던 해적집단을 말한다. <u>그들은 일본인 외에 조선인도 많이 포함되어 있었다.</u>(79쪽)	14세기 후반, 중국에서는 한민족의 반란에 의해서 원이 북방으로 쫓겨가고, 명이 건국되었다. 명은 일본의 왜구의 단속을 요구하였다. 왜구란 이 당시 조선반도와 중국대륙의 연안에 출몰하던 해적집단을 말한다. <u>그들은 일본인 외에 조선인도 많이 포함되어 있었다.</u>(79쪽)

扶桑社版은 2002년에는 일명무역의 항목에서 왜구를 서술했으나, 2006년 판에는 <감합무역과 왜구> 항목으로 바꾸었다. 왜구에 관한 서술에서는 왜구 구성에 <일본인 외에 조선인도 다수 포함되어 있었다>는 부분이 쟁점이 되고 있으며, 이 서술은 두 책이 모두 같다.

② 조선국호와 통교

扶桑社(2002년)	扶桑社(2006년)	自由社(2009년)
조선과 琉球	조선과 琉球	조선과 琉球
조선반도에서는 14세기에 이성계가 고려를 무너뜨리고 조선국(李氏朝鮮)을 건국하였다. 조선도 명과 마찬가지로 일본에 왜구의 금지와 통교를 요구해왔다. 막부가 이에 응한 결과, 日朝무역이 시작되었다. … 그러나 16세기초 조선항구에 정박해 있던 일본인이 관리들의 처우에 반발하여 폭동을 일으켰다가 진압되는 사건이 일어났다. 그 뒤에 조선과의 무역은 부진하게 되었다.(107쪽)	조선반도에서는 14세기에 이성계가 고려를 무너뜨리고 조선국(李氏朝鮮)을 건국하였다. 조선도 명과 마찬가지로 일본에 왜구의 금지와 통교를 요구해왔다. 막부가 이에 응한 결과, 日朝무역이 시작되었다. 그러나 16세기에 들어가면 日朝간에 마찰이 일어나, 조선과의 무역은 부진하게 되었다.(87쪽)	조선반도에서는 14세기에 이성계가 고려를 무너뜨리고 조선국(李氏朝鮮)을 건국하였다. 조선도 명과 마찬가지로 일본에 왜구의 금지와 통교를 요구해왔다. 막부가 이에 응한 결과, 日朝무역이 시작되었다. 그러나 16세기에 들어가면 日朝간에 마찰이 일어나, 조선과의 무역은 부진하게 되었다.(87쪽)

조선국호와 통교에 관한 서술이 두 책 모두 <朝鮮와 琉球> 항목에서 서술했다. 두 책 모두 서술 내용이 같으며, 朝鮮國(李氏朝鮮)이라고 표기하고 있고, 朝·日通交의 시작을 조선이 일본에 통교를 요구해 왔고, 幕府가 이를 수용한 결과로 서술했다. 이 부분은 통교에 관한 역사 사실을 완전히 정반대로 왜곡한 대표적인 사례로 볼 수 있다.

③ 임진왜란

扶桑社(2002년)	扶桑社(2006년)	自由社(2009년)
조선에의 出兵	조선에의 出兵	조선에의 出兵
약 100년만에 전국 통일을 완성한 秀吉의 의기는 충천하였다. 秀吉은 중국의 명나라를 정복하고, 天皇과 함께 자신도 대륙에 옮겨 살면서, 동아시아에서 인도에 이르는 지역을 지배하려는 거대한 꿈을 가졌다. 1592(文祿元)년, 秀吉은 15만의 대군을 조선에 보내었다.(121쪽)	약 100년만에 전국 통일을 완성한 秀吉의 의기는 충천하였다. 秀吉은 중국의 명나라를 정복하고, 天皇과 함께 자신도 대륙에 옮겨 살면서, 동아시아에서 인도에 이르는 지역을 지배하려는 거대한 꿈을 가졌다. 1592(文祿元)년, 秀吉은 15만의 대군을 조선에 보내었다.(97쪽)	약 100년만에 전국 통일을 완성한 秀吉의 의기는 충천하였다. 秀吉은 중국의 명나라를 정복하고, 天皇과 함께 자신도 대륙에 옮겨 살면서, 동아시아에서 인도에 이르는 지역을 지배하려는 거대한 꿈을 가졌다. 1592(文祿元)년, 秀吉은 15만의 대군을 조선에 보내었다.(97쪽)

임진왜란에 관한 두 출판사의 서술 내용이 똑같다. 임진왜란을 <朝鮮侵略>이라는 용어 대신에 <조선에의 出兵>이라고 표기했으며, 임진왜란의 원인을 豊臣秀吉이 명을 정복하고, 인도까지 점령하여 동아시아에서 인도에 이르는 지역을 지배하려는 거대한 꿈을 실현하기 위한 행위로 미화하여 서술했다.

④ 조선통신사와 왜관

扶桑社(2002년)	扶桑社(2006년)	自由社(2009년)
조선·유구·蝦夷地	조선·유구·蝦夷地	조선·유구·蝦夷地
막부는 家康때 對馬의 宗氏를 통하여 秀吉의 出兵으로 단절된 조선과의 국교를 회복했다. 양국은 대등한 관계를 맺고, 조선에서는 將軍의 대가 바뀔 때마다 通信使라고 불리는 사절이 江戸를 방문하여 각지에서 환영을 받았다. 또 조선의 부산에 宗氏의 倭館이 설치되어 약 500인의 일본인이 살면서 무역과 정보수집에 종사했다.(130쪽)	막부는 家康때 對馬의 宗氏를 통하여 秀吉의 出兵으로 단절된 조선과의 국교를 회복했다. 양국은 대등한 관계를 맺고, 조선에서는 將軍의 대가 바뀔 때마다 朝鮮通信使라고 불리는 사절이 江戸를 방문하여 각지에서 환영을 받았다. 또 조선의 부산에 宗氏의 倭館이 설치되어 약 500인의 일본인이 살면서 무역과 정보수집에 종사했다.(106쪽)	막부는 家康때 對馬의 宗氏를 통하여 秀吉의 出兵으로 단절된 조선과의 국교를 회복했다. 양국은 대등한 관계를 맺고, 조선에서는 將軍의 대가 바뀔 때마다 朝鮮通信使라고 불리는 사절이 江戸를 방문하여 각지에서 환영을 받았다. 또 조선의 부산에 宗氏의 倭館이 설치되어 약 500인의 일본인이 살면서 무역과 정보수집에 종사했다.(106쪽)

임란 이후의 국교회복과정을 막부와 對馬 宗氏의 주도적인 노력으로 이루어진 것으로 서술함으로써 강화를 위한 조선측의 노력을 전혀 언급하지 않았고, 通信使를 단순히 장군 습직 축하 사절단으로 서술하여 일본 우위의 입장을 견지하고 있다.

또한 부산왜관을 <宗氏의 왜관>으로 표기하여 조선에서 설치해준 사실을 은폐하고, 宗氏 소유의 商館이라는 인식을 갖게 한다.

이상에서 서술한 것처럼, 2002년 이후 출판되기 시작하는 극우파 교과서인 <扶桑社>판과 <自由社>판의 근세부분 한국사 관련 서술은 판에 박은 듯이 똑같은 내용으로 구성되어 있고, 페이지까지 같다. 이것이 어떠한 과정을 거쳐 검정을 통과했는지, 또 교과서로 채택될지 주목해볼 일이다.

3) 쟁점주제의 비판

다음으로 이상에서 언급한 쟁점주제들이 <東京書籍>판과 <扶桑社>, <自由社>판에서 어떠한 차이를 보이는가를 비교하면서, 쟁점주제에 대한 최근 학계의 연구성과를 소개하면서 비판을 해보자.2)

① 왜구 구성 문제

왜구 구성에 관해, <東京書籍>판은 西國武士나 商人·漁民들이 만든 해적집단으로 서술하면서 주에서 왜구 가운데 일본인 이외의 사람도 많이 있었다고 했고, <扶桑社>·<自由社>판은 일본인 외에 조선인도 많이 포함된 해적집단으로 서술했다.

왜구 구성에 조선인을 포함시킨 서술은 학설사적으로 볼 때, 田中健夫와

---

2) 최근 동북아역사재단에서 발행한 『한일 역사현안관련 일본역사교과서 연구논저목록』(2009)에 수록된 논저와 손승철, 『중근세 한일관계사 인식의 공통점과 차이점』(한일역사공동연구보고서 제2권, 2005) 참조.

高橋公明의 주장이 반영된 것이다. 田中健夫는 '14·15세기의 왜구'에 대해서, 1350년 이후의 습격 회수와 규모가 급격하게 증가한 이 시기의 왜구를 일본인만의 해적 집단으로 생각하는 것에는 무리가 있다고 한 다음, 『高麗史節要』의 禾尺·才人에 관한 기사를 들어, 고려측의 천민과 일반 농민을 왜구 주력으로 지목하고, 이것을 보강하는 논거로서 고려의 토지제도와 신분질서의 혼란을 들었다. 나아가 『朝鮮王朝實錄』의 「李順蒙 上書」를 예로 들어 '왜구의 주체는 왜인의 복장을 한 고려인으로 일본인은 10~20%에 지나지 않았다'고 하는 소위 '왜구=고려·조선인 주체설'을 주장했다.[3] 또한 高橋公明는 水賊, 구체적으로는 濟州道 海民에 대한 『朝鮮王朝實錄』을 근거로 그들이 왜인과 밀접한 교류가 있었다는 것을 주장하면서, 제주도에 대량의 말이 있었다는 것에 주목하여 왜구와 제주도 해민의 관련성을 제기했다.[4]

이러한 주장은 예를 들면 90년대 이후 발행된 사전과 개론서에 반영이 되었고[5], 이것이 그대로 <扶桑社>나 <自由社>판에 서술된 것이다. 그러나 이러한 주장은 일본에서는 村井章介, 橋本 雄, 佐伯弘次 등과 한국에서는 이영, 남기학, 김보한 등에 의해 부정되고 있다.[6]

---

3) 田中健夫, 「倭寇と東アジア交流圈」, 朝尾·網野 외編, 『日本の社会史 1 列島内外の交通と国家』, 岩波書店, 1987.

4) 高橋公明, 「中世東アジア海域における海民と交流」, 『名古屋大学文学部研究論集』33, 1987.

5) 『日本史辞典』(岩波書店, 1999)에는, '14세기 후반에서 15세기 초에 걸쳤는데, 그 성원은 対馬·壱岐·北部九州의 일본인을 중심으로 했고, 禾尺·才人이라고 불리는 조선반도의 천민 등을 포함하고 있다. 근년에는 제주도민까지도 주목하고 있다. 활동한 지역은 조선반도·산동반도 등을 중심으로 했고, 식료의 약탈과 인간을 포획했다'고 기술되었다. 그러나 『概論日本歷史』(길천홍문관, 2001)에는, '왜구란 중국의 해금정책에서 형성된 동아시아의 私貿易, 海賊集團으로 민족, 국경을 초월하여 연합하고 있었다. 14세기 후반 이래 이들 집단이 사람과 물건과 기술 교류의 주역이 되어갔다. 1350년 이후 조선반도에서 활발화 한 왜구는 對馬·壹岐나 北部 九州를 거점으로 한 日本人이나 朝鮮人을 주력으로 했다. 그 후 15세기 초에 걸쳐서 조선반도, 산동반도 등을 중심으로 사무역이나 약탈행위들을 행하고 있었다(前期 倭寇)'고 서술되어 있다.

이에 대한 본인의 견해는 다음과 같다.

『고려사』에는 682건, 『고려사절요』에는 583건, 총 1,265건의 왜구 및 일본관련 사료가 수록되어 있는데, 그 가운데 <고려인설>의 근거로 제시하는 고려 천민에 관계되는 사료는 단 3건이다. 그 예를 보면,

사료 1 (1382년 4월)[7]
楊水尺의 무리들이 떼를 지어 왜적 행세를 하며 영월군을 침범하여 관사와 민가를 불태우니, 판밀직 林成味 등을 보내어 쫓아 잡아서 남녀 50여 명과 말 2백여 필을 노획하였다.

사료 2 (1383년 6월)[8]
교주·강릉도 水尺·才人이 가짜 왜적이 되어 평창·원주·영주·순흥 등지를 약탈하니, 원수 金立堅과 체찰사 崔公哲이 50여 명을 잡아 죽이고, 그 처자를 각 고을에 나누어 귀양보냈다.

사료 3 (1388년 8월)[9]
… 水尺과 才人은 밭갈고 씨뿌리는 것을 일삼지 않고, 앉아서 백성의 곡식을 먹으며, 일정한 산업도 없고, 일정한 마음도 없으므로 서로 산골에 모여서 왜적이라 사칭하는데, 그 형세가 무시할 수 없으니 일찍 도모하지 않을 수 없습니다.

6) 李領, 『倭寇と日朝關係史』, 東京大學出版會, 1999. 동, 「왜구의 주체」, 『왜구·위사문제와 한일 관계』, 한일관계사연구논집 4, 景仁文化社, 2005.
  南基鶴, 「중세 고려, 일본 관계의 쟁점-몽골의 일본 침략과 왜구」, 『일본역사연구』 17, 2003.
  金普漢, 「중세 려·일 관계와 왜구의 발생원인」, 『왜구·위사 문제와 한일 관계』 한일관계사연구논집 4, 景仁文化社, 2005.
  浜中昇, 「高麗末期倭寇集団の民族構成-近年の倭寇研究に寄せて-」, 『歴史学研究』 685, 1996.
  村井章介, 「倭寇の他民族性をめぐって」, 大隅和雄·村井章介編 『中世後期における東アジアの国際關係』, 山川出版社, 1997.
7) 『高麗史節要』 권31, 辛禑 8년 4월, 孫承喆編, 『韓日關係史料集成』 권2, 사료 464번.
8) 『高麗史節要』 권32, 辛禑 9년 6월, 孫承喆編, 『韓日關係史料集成』 권2, 사료 475번.
9) 『高麗史節要』 권33, 辛禑 14년 8월, 孫承喆編, 『韓日關係史料集成』 권2, 사료 552번.

이 사료 중 고려 천민이 왜구가 되어 약탈한 것은 사료 1과 사료 2이고, 1382년과 83년 기사이며, 그 지역도 강원도 영월을 중심으로 한 깊은 산속이다. 고려에서는 이들이 출몰한 직후 모두 토벌을 감행했다. 물론 사료 3의 기사가 1388년이므로 천민의 假倭活動이 계속되었을 수도 있지만, 실제로 1383년 6월 이후 假倭의 출현 기사는 없다. 이들 사료 때문에 고려 천민의 假倭活動을 완전히 부정할 수는 없다. 그러나 보다시피 가왜활동이 아주 일시적이고, 강원도 영월지역 근처에 한정되었던 점을 생각하면 이 假倭를 일반화시켜 왜구의 주체나 구성에 포함시키는 것은 무리가 있다.

또한 <朝鮮人說>도 1443년 癸亥約條 이후 조·일 간에 각종의 통교체제가 정비된 이후인 1446년에 판중추부사였던 李順蒙의 상소문에 근거한 주장으로서 그 事實性이 의심되는 사료이다. 이순몽은 상소문에서,

  " … 신이 듣자옵건대, 고려 왕조의 말기에 倭寇가 興行하여 백성들이 살 수가 없게 되었습니다. 그러나 그간의 倭人들은 1, 2명에 지나지 않았는데도, 본국의 백성들이 거짓으로 왜인의 의복을 입고서 黨을 만들어 난을 일으켰으니, 이것도 또한 鑑戒되는 일입니다. … "[10]

라고 했다. 즉 군액을 증가시키기 위한 상소문 중의 왜구에 대한 언급이었는데, 이 내용을 가지고, <朝鮮人說>의 근거로 제시하고 있는 것이다. 1392년 7월 조선왕조 건국 후부터 이순몽의 상소문이 있는 1446년 10월까지 왜구 및 일본관련 기사는 2,897건인데, 조선인의 왜구활동 기사는 단 1건뿐이다. 이 1건의 기사를 가지고, 그것도 傳聞에 의한 내용을 근거로 조선인을 왜구의 주력으로 기술하는 것은 역시 합리적이지 못하다.[11]

---

10) 『世宗實錄』 권114, 28년 10월 임술, 孫承喆編, 『韓日關係史料集成』 권5, 사료 2023번.
11) 이 설에 대해서 李領은 「고려말기의 왜구구성원에 관한 고찰」, 『한일관계사연구』 5, 1996에서 ① 상소문의 주 내용이 호패법에 관한 것이며, 왜구에 관해서는 단지 傳聞을 인용했다는 점, ② 倭服의 주체는 새로운 백정들의 모습이라는 점, ③ 이순

한편 <濟州道海民說>의 핵심내용은, ① 제주도가 고려본토에 대한 '이질성과 독립성'을 가지고 있다는 주장, ② 왜구가 동원한 대량의 馬匹에 제주목의 말이 많이 섞여 있을 것이라는 설, ③ 1439년 前濟州道安撫使 韓承舜의 전문내용에 '旌義縣 동쪽의 牛峰, 大靜縣 서쪽의 竹島에 옛날부터 왜선이 몰래 정박한다'는 기록, ④ 『成宗實錄』 13년(1482) 윤 8월 12일의, '濟州의 백성들이 연해 여러 고을에 流移하여 寓居하고 있으나, 이미 호적에 올려 있지 아니하고 또 금방함이 없어서 출입을 자유로이 하여 간혹 왜인의 말을 배우고 왜인의 의복을 입고서 해도를 왕래하며 몰래 표절을 자행하니, 그 조짐이 염려된다'는 기록이 근거가 된다.

이 내용에 대한 본인의 견해는 무엇보다도 이들 설의 근거가 한국사에 대한 부족한 지식과 검증되지 않은 추상적인 가설을 내세운 것이며, 논리적이고 합리적이지 못하다는 점이다.

예를 들면 ① 제주도의 고려본토에 대한 '이질성과 독립성'은 제주도 역사에 대한 역사지식의 부족에서 기인한 것이다. 제주도는 여러 연구에 의해 12세기까지는 고려로부터 반독립적인 지위를 가지고 있었으나, 1105년 耽羅郡이 설치되어 직접 지배영토가 되었고, 13세기 중엽 이후 원의 직할지가 되었다가 元의 지배를 벗어나는 공민왕 초기에 여러차례 반란이 있었지만, 1374년 완전히 토벌되어 고려의 중앙에서 통제가 가능했다. 그리고 1392년에 성립한 조선도 제주도에 대해 토착세력의 회유나 국가기구에의 편입 및 지배제도의 관철을 유지되었다.

② <왜구집단이 동원한 대량의 馬匹에는 濟州牧의 말이 많이 섞여 있을 것이라는 설>도 가설에 불과한 하나의 상상이다. 만약 상상하는 깃처럼 왜구가 제주도의 많은 말을 동원했다고 할 경우, 제주도인의 조직적인 참여나 왜구와의 연합이 없이는 불가능 할 것이다. 한일양국의 어디에서도 이와 관련된 사료는 등장하지 않았다.

몽이 개인적으로 신뢰할 수 없는 인물이라는 점 등을 들어 부정했다.

③의 사료도 마을의 古老로부터 전해 들은 이야기이며, 또 내용도 옛날에 왜선이 와서 몰래 정박했다(倭船隱泊)했다는 것이다. 왜구의 근거지라는 내용이 아니다. 그러나 <濟州道海民說>에서는 이 기사를 가지고 제주도에 왜구의 근거지가 있었으며, 왜구와 제주도민이 협력관계에 있었다고 추정했다.

④의 기사는 <제주도인에 의한 해적행위>에 관련된 사료로, '제주도인이 왜인의 언어, 의복을 입고 해도를 왕래하며 몰래 약탈을 행한다'는 내용이다.

『朝鮮王朝實錄』에 의하면, 전남의 순천 일대에서의 해적행위는 1471년(성종 2)의 기사에 처음 등장한다.[12] 그러나 이들의 소탕이 쉽게 이루어지지 않자, 조정에서는 院相會議를 하여 대대적인 토벌을 계획하고 경상도·전라도의 감사·병사·수사로 하여금 같이 의논해 가지고 다방면으로 계책을 설정하여 끝까지 찾아서 잡도록 했다.[13] 그 결과 이들이 왜구가 아니라 조선인으로 밝혀졌다.[14] 그러나 이들이 제주도인이라는 지적은 나와 있지 않다.

그 후 1477년에 이르면, 경남 사천·고성·진주 지방에 豆禿也라고 칭하는 濟州人이 등장한 기사가 있고, 1482년의 기사에, "濟州의 떠돌아다니는 백

---

12) 『成宗實錄』 성종 2년, 12월 임오. 孫承喆編, 『韓日關係史料集成』 권7, 83쪽, 사료 139번.
(왕이) 전라도수군절도사 李惇仁에게 유시하기를, "이제 듣건대, 順天·興陽·樂安의 諸道 海島 가운데에 8, 9인이 무리를 지어, 밤이면 왜복을 입고 배를 타고 바다에 들어가 사람을 겁탈한다든가 혹은 하륙하여 도둑질을 하되, 낮이면 그 옷을 숨기고 평민의 것처럼 한다고 하며, … 또 들으니, 樂安將校 金倍와 順天에 거주하는 사노 裵永達·玉山·朴長命 등 30여 인이 작당하여 네 척의 배를 타고 궁시를 가지고서 혹 倭人이라 속이고, 혹은 濟州人이라 하며, 여러 섬에 정박하여 해산물을 채취하는 사람을 겁탈하고, 또 변방 고을에서 방화하여 도둑질을 한다 하니, 경 등은 힘써 기묘한 계책을 내어 포획하여 아뢰되, 너무 번거롭고 떠들썩하게 하는 것은 옳지 못하니 힘써 비밀로 하라."하였다.
13) 『成宗實錄』 성종 4년, 10월 신사. 孫承喆編, 『韓日關係史料集成』 권7, 133쪽, 사료 255번.
14) 『成宗實錄』 성종 4년, 10월 신사. 孫承喆編, 『韓日關係史料集成』 권7, 134쪽, 사료 256번.

성들이 晋州와 泗川 지방에 많이 우거하면서 호적에 <이름을> 등재하지 아
니하고, 해중에 출몰하며 왜인의 말을 배우고 의복을 입고서, 해물을 채취
하는 백성들을 침략하니, 청컨대 추쇄하여 본고장으로 돌려보내소서"15)라
고 한 사료를 보면, 1470년대에서 80년대에 제주도 流民이 경상도 연해에서
倭服을 입고, 倭語를 써 가면서 연해민들을 상대로 약탈행위를 행하고 있음
을 알 수 있다. 그리하여 조정에서도 이들에 대한 철저한 수색과 포획을 경
상도와 전라도 관찰사에게 명령하였다.

이상에서 본 바와 같이 1470년대 이후 1480년대 중반에 이르는 시기에
일부 제주도인이 경상·전라 해안에서 연해민을 상대로 약탈행위를 했던 것
은 사실이다. 그러나 이 사실만 가지고 왜구의 구성에 제주도 해민을 포함
시킨다는 것은 수긍하기가 어렵다. 왜냐하면 우선 이들의 활동시기가 이미
소위 전기왜구의 활동기를 벗어나고 있고, 이 기사에 한정되어 있다. 그리
고 조선에서는 이들을 <水賊>이라고 불렀고, 왜구와는 전혀 별도로 인식했
던 일시적으로 남해안 지역에 출몰했던 단순한 해적집단이었다. 따라서 이
러한 내용을 근거하여 제주도 해민을 왜구세력 내지는 구성에 포함시키는
것이 과연 타당한 것인지 재고해 볼 사항이다.

② 조선국호와 통교문제

<東京書籍版>에는 2002년판부터 조선국으로 표기하고 있으나, 조선과의
통교에 관해서는 단순하게 "일본과의 무역도 열렸다"라고만 서술했다. 이에
반해 <扶桑社>·<自由社>판에는 朝鮮國(李氏朝鮮)이라고 표기했고, 조일통
교는 "조선이 일본에 요청했고, 막부가 이에 응한 결과 시작되었다"고 서술
했다.

이성계가 새로 건국한 나라의 국호는 <朝鮮>이라는 용어를 그대로 사용

15) 『成宗實錄』 성종 13년, 윤8월 무인. 孫承喆編, 『韓日關係史料集成』 권8, 66쪽, 사료
955번.

해야 한다. <조선>이라는 국호는 과거 일본측의 사료(『古事類苑』, 『善隣國寶記』등 室町時代나 德川時代 史料集)에도 모두 그대로 사용하고 있다. 李氏朝鮮이라는 용어는 일제강점기에 조선을 폄하하기 위해 쓰기 시작한 용어이다. 구태어 '李氏朝鮮'이라는 용어를 쓸 이유가 없다.

통교문제에 관해서는, 1392년 조선에서는 건국 직후 막부장군에게 사신을 파견하여 왜구금지를 요청했던 건 사실이다. 이에 대해 막부에서는 足利將軍 명의가 아니라 승려인 絶海中津의 명의로 조선국왕에게 답서를 보내왔다. 그 서한의 내용은 막부장군이 조선측의 왜구금압과 피로인 송환요구에 적극적으로 응하여 양국의 隣好를 지킬 것을 약속한다는 것, 그리고 막부장군이 조선과의 통교를 적극 원하고 있지만 장군이 직접 외국에 通問한 일이 없으므로 승려를 통해서 답서를 보낸다는 것이다. 이 내용으로 볼 때, 당시 室町幕府도 조선과의 통교를 갈망하고 있었다는 것을 알 수 있다.

결국 통교는 조선과 교섭능력이 있었던 대마도와 구주세력들이 주도했고, 대마도주를 중간매체로 통교관계를 수립하게 된다. 室町幕府시대의 조일관계를 볼 때, 조선사절(回禮使·報聘使·通信使) 파견이 17회인데 반하여, 막부로부터의 日本國王使 파견은 70여 회에 달했다. 당시 사절파견의 목적만 보더라도 조선은 왜구금지와 피로인 송환에 대한 回禮와 答禮가 주목적이었음에 비해, 日本國王使는 대부분이 통교요청과 大藏經請求였다. 또한 일본국왕사의 파견이 조선에 비해 많았던 이유도 조선측으로부터 답례가 후하자, 위장된 사신인 僞使가 많았기 때문이다. 뿐만 아니라 室町시대 조·일 간의 통교현황을 보면, 막부장군 외에도 각지역의 지방세력가들이 사절을 보내 통교를 요청하고 있는 것을 알 수 있다. 따라서 室町시대의 조·일 간의 통교는 조선보다는 오히려 일본쪽에서 더 절실하게 요청했다는 사실을 확인할 수 있다. 그리고 조선에서는 이들의 무질서한 왕래를 통제하기 위해 포소를 三浦로 제한했으며, 또 이들을 상경시켜 조선국왕을 알현케 하는 上京制度를 두었고, 대마도주에게 이들을 통제할 수 있는 권리(文引發行

權)를 주어 일본으로부터의 모든 통교자를 조선의 통제규정(『海東諸國紀』)을 설정하여 무역을 허가하고 있는 것이다.

특히 1443년의 癸亥約條는 이러한 조일통교의 성격을 잘 알려주고 있다. 약조의 내용 중에는 '대마도주에게는 매년 200석의 쌀과 콩을 하사한다.' '대마도주는 매년 50척의 歲遣船을 보낼 수 있고, 부득이하게 보고할 일이 있을 경우 정해진 숫자 외에 特送船을 보낼 수 있다'는 항목이 있다. 약조의 내용은 두 개 항목만 알려져 있지만, 도주에 대한 세견선, 특송선, 세사미두를 정한 것이다. 세견선에는 일본사절과 함께 무역품이 실려있었다. 따라서 세견선수는 조·일 무역량과 양국의 무역수지와 관련이 있는 것으로 조선에서는 이 수를 제한함으로써 무역량을 통제했다. 이렇게 파견된 세견선이 15세기 후반기에 이르면 연간 400척에 이르고 있다.

이상의 내용을 볼 때, 조선에서 통교를 요구했다는 내용과 幕府가 이에 응했다는 기술은 사실이 전도된 것으로 시정되어야 한다. 그리고 이러한 서술은 일본이 명에 파견한 遣明使에 의해 日·明무역이 전개된다는 점에 있어 중국 부분에도 똑같이 적용되는 문제이다.

③ 임진왜란문제

<東京書籍>판은 1992년부터 <조선침략>의 항목명을 쓰고 있고, 전쟁의 원인에 대해 "秀吉이 국내통일로 만족하지 않고, 조선에 복속을 요구했고, 명을 정복하기 위해 조선에 대군을 파견했다"고 서술하고 있다. <扶桑社>·<自由社>판에는 침략이란 용어는 쓰지 않고, 대신에 <조선에의 出兵>이라는 항목명을 썼고, "秀吉이 중국을 정복하고 동아시아에서 인도에 이르는 지역을 지배하려는 거대한 꿈을 가지고 조선에 대군을 보냈다"고 서술했다.

양국민을 불행하게 만든 전쟁의 참상을 소개하고, 다시는 있어서는 안될 전쟁의 역사적 교훈 보다는 전쟁의 의도를 "조선이 복속을 거부한 것에 대한 응징"이거나 "명을 목표로 한 전쟁이지 조선을 침략하려는 것이 아니었

다"는 궤변 또는 秀吉의 영웅심으로 포장을 하고 있다.

이점에 대해서는 <조선사연구회>의 분석이 정확하다고 볼 수 있다. 즉 豊臣秀吉이 처음에는 명의 침략을 기도했던 것은 사실이지만, 豊臣秀吉은 조선이 이미 일본에 복속하고 있었다고 인식하고 있었기 때문에 그랬던 것이고, 조선측이 假道入明의 요구를 거부함으로서 비로소 조선이 일본에 복속하고 있지 않았던 현실을 알게 되었고, 이 단계에서 조선을 침략한 것은 이미 조선침략 자체가 목적이 되었다고 간주할 수밖에 없다. 따라서 명을 침략하는 것이 본래의 목적이었고, 그 통로에 있던 조선이 피해를 보았다는 논리는 궤변에 불과하다. 또한 조선측의 피해에 관해서 이삼평을 일본의 陶祖로 소개하면서 조선도공의 연행이나 유학자의 납치가 일본문화 발전에 커다란 영향을 미쳤다고 설명하고 있지만, 반대로 각 분야에서 조선측이 받은 피해를 서술하고 있지 않기 때문에 조선침략의 성격을 명확하게 규명하기가 어렵다. 뿐만 아니라 <朝鮮出兵>이나 <文祿・慶長의 役>이라는 용어도 일본 중심적인 사고이며, 이 전쟁이 조선에게 어떠했던가 하는 관점이 결여되어 있다. 전쟁 중에 빚어진 일본군에 의한 침공, 학살, 약탈, 납치, 점령, 지배 등을 생각한다면, 당연히 <조선침략>이라는 용어가 사용되어야 하고, 전쟁에 대한 반성이 공유되어져야 바람직한 한일관계의 미래상이 그려질 수 있을 것이다.

④ 조선통신사와 왜관문제

<東京書籍>판에는 慶賀使節(通信使)로 표기하다가 通信使라고만 표기했고, 부산왜관을 對馬蕃이 부산에 세운 商館에서 倭館으로 서술했다. <扶桑社>와 <自由社>판에는 장군의 代가 바뀔 때마다 朝鮮通信使가 축하사절로 江戶를 방문하고, 부산왜관을 <宗氏의 倭館>으로 표기했다.

통신사는 막부장군에 대한 축하나 조문, 기타 두 나라의 긴급문제를 해결하기 위해 조선국왕이 막부장군에게 공식적으로 파견한 외교사절이다.

막부에서는 대마도주를 통해 통신사 파견을 먼저 조선에 요청했고, 몇 개월 전부터 통신사 접대를 준비했다. 통신사가 일본에 파견되면 각 지역마다 수많은 문인들이 통신사의 숙소에 모여들어 異國 선진문화에 대한 동경과 흠모를 아끼지 않았다. 이러한 통신사행의 역사적 자취는 아직도 일본 곳곳에 남아있어, 두 나라의 성숙된 우호관계를 전하고 있다.

그러나 통신사에 대한 역사적 평가는 1970년대 이후 선린외교와 문화교류의 통신사로 재평가되기 시작했지만, 제자리를 찾은 것은 아니다. 과거에는 통신사를 조공사절로 간주하기도 했는데, 그 이유는, 일본의 막부장군이 바뀔 때 조선국왕이 국서를 바치기 위해 통신사를 보냈다는 것과 통신사와 비견되는 日本國王使가 파견되지 않았다는 것이다. 그러나 조선 후기 통신사의 파견과정과 일본의 접대방식 및 외교의례 등을 검토해 보면, 이러한 논리가 잘못되었다는 것을 알 수 있다.

즉 일본은 통신사 파견에 앞서 절차상 먼저 조선측에 통신사 파견을 요청했으며(通信使請來差倭), 조선통신사가 부산을 출항하여 江戸에 이를 때까지 1,000여 명이 넘는 인원을 동원하여 통신사를 안내하였고, 각번의 大名들을 동원하여 접대를 준비하는 등, '장군 일대의 성대한 의식'으로 통신사를 맞이하였다. 한 자료에 의하면 통신사의 접대에 막부의 1년 예산을 지출했다는 기록도 있다.[16] 결국 통신사의 왕래를 더욱더 필요로 한 것은 조선이 아닌 일본이었던 것이다.

따라서 일본의 최고 통치자인 장군의 즉위를 축하했다는 표면적인 사명에 초점을 맞추어, 조선통신사가 마치 저자세로 일본을 방문한 인상을 주는 것 보다는 우호교린의 상징으로, 양국의 대등관계의 상징으로 기술되어야 한다.

한편 조선에서는 임진왜란 때, 일본인 상경로가 일본군의 진격로로 이용

---

16) 李元植, 『朝鮮通信使の研究』, 思文閣出版, 1997. 仲尾宏, 『朝鮮通信使と徳川幕府』, 明石書店, 1997. 손승철, 『조선통신사 - 일본과 통하다』, 동아시아, 2006 참조.

된 이후, 조선후기에는 일체의 일본인 상경을 금지했고, 그 대신 부산 초량 왜관을 새로 지어 외교와 무역 업무를 해결하도록 했다. 그런데 이 왜관을 '宗氏의 왜관'으로 표기하여 마치 근대적인 의미의 영사관과 같은 인식을 심어 주고 있다.

'倭館'이란 조선에 있었던 일본인의 거류지역으로, 일본에서 건너온 사자들을 응접하는 使館이자 客館이며, 조일 양국간의 商館을 말한다. 왜관이 창설될 당시인 15세기 초 무렵에 조선은 무역상의 이익을 구하기 위하여 쇄도하는 일본인 도항자를 통제하고 견제할 필요가 있었고, 국가 기밀의 누설과 밀무역의 횡행 등 많은 문제가 발생하자, 조선에서는 일본인의 도항장과 체류를 위해 별도의 시설을 만들었다. 그 결과 1426년부터 三浦에 왜관을 설치했고, 상경하는 일본 사자들을 위해 수도 한양에 별도로 東平館을 설치하였다. 이와 같이 浦所에 위치한 왜관은 1510년 삼포왜란, 1544년 사량진왜변 등 조일간의 역사의 흐름 속에서 폐쇄와 개설을 반복하였다.

그후 임진왜란으로 왜관을 폐쇄한 조선은 강화교섭을 위하여 쇄도하는 일본 사자들을 맞이하기 위해 1601년에는 絶影島(지금의 影島)에 임시 왜관을 설치하였고, 국교가 재개되면서 무역과 외교 교섭을 위한 장소로서 왜관의 설치가 필요하게 되자, 1607년 豆毛浦에 1만여 평 규모의 왜관을 설치하고, 1609년에는 서울에 있던 東平館을 폐지하였다.

두모포 왜관(지금의 수정 2동) 성립 이후 부산에 위치한 왜관이 대일외교와 무역 등의 업무를 전담하게 됨으로써 포소 왜관이 차지하는 비중이 조선 전기와는 달리 크게 강화되었고, 접대처로서, 무역처로서, 숙박처로서의 기능을 모두 수행하게 된다. 그러나 豆毛浦 왜관은 설치 당시부터 수심이 얕고, 장소가 협소할 뿐만 아니라 선창이 남풍을 직접 받는 위치에 있어서 배를 정박시키기에 부적절하였다. 그래서 대마도측은 8차례에 걸쳐 왜관을 부산성 안으로 이전해줄 것을 요청하였다. 드디어 조선에서는 1673년에 초량으로 이관을 결정하고, 1678년에 초량 왜관으로 옮김으로써 조일교섭은 초량 왜관 시대를 맞이하게 되었다.

부산 초량 왜관이 낙성된 것은 1678년 4월이며, 기록에 의하면 이전하는 날(23일) 두모포 왜관으로부터 관수 이하 450여 명의 대마도 사람들이 新館에 들어갔다고 한다. 초량 왜관은 1678년부터 1872년 일본 메이지 정부의 외무성에 침탈되기까지 약 200년간 조일외교와 무역의 장이 되었다.17)

이와 같이 부산 초량 왜관은 조선에서 대일교섭을 위해 설치해 준 시설이다. 그럼에도 불구하고 이것을 '宗氏의 倭館'으로 기술하는 것은 명백한 사실상의 오류이며, 시정되어야 한다. '宗氏의 倭館'이라는 표현은 마치 對馬島主 宗氏가 사적으로 '倭館'을 설치했다는 표현이며, 이러한 인식은 1872년 9월, 明治政府의 外務大丞 花房義質이 군함 春日丸과 기선 有功丸에 보병 1개 소대를 승선시켜 왜관에 무단 상륙하여 점령한 사실을 명치정부의 <倭館接受>라는 표현으로 둔갑하여 다시 등장한다. 마치 일본의 대외공관을 새로운 명치정부가 인수한 듯이 서술하고 있는 것이다.

3. <自由社>판의 近世史像

1) 목차와 내용비교

일본사에서 근세사는 대체적으로 16세기 후반부터 江戸時代를 거쳐 明治維新까지를 말하는데, 이 글에서는 조선의 중·근세에 해당되는 시기를 다루고 있으므로, 편의상 중·근세의 목차와 내용을 비교하도록 한다. 우선 <東京書籍>과 <扶桑社>·<自由社>판의 목차를 비교해 보면 다음 표와 같다.

---

17) 손승철, 『조선시대 한일관계사연구』 제5장, 경인문화사, 2005 개정판 참조.

〈중세의 목차 비교〉

東京書籍	扶桑社	自由社
제3장 중세의 일본	제2장 중세의 일본	제2장 중세일본의 역사
1. 무사의 대두와 鎌倉幕府	제1절 武家政治의 시작	～鎌倉·室町시대
1. 무사의 성장	18. 平氏의 번영과 멸망	제1절 武家政治의 시작
2. 무가정권의 성립	19. 鎌倉幕府	19. 平氏의 번영과 멸망
3. 무사와 민중의 움직임	20. 元寇	20. 鎌倉막부의 무가정치
4. 鎌倉시대의 종교와 문화	21. 鎌倉文化	21. 대중과 무가의 불교와 鎌倉문화
2. 동아시아세계와의 관계와 사회변동	제2절 무가정치의 움직임	22. 원의 습래와 그후의 鎌倉幕府
1. 몽골襲來와 일본	22. 建武정치와 남북조동란	제2절 武家政治의 움직임
2. 남북조동란과 동아시아의 변동	23. 室町막부	23. 建武新政과 남북조시대
3. 室町막부와 경제발전	24. 중세도시와 농촌변회	24. 室町幕府와 守護大名
4. 민중의 성장과 全國大名	25. 室町문화	25. 중세의 도시, 농촌의 변화
5. 室町문화와 확산	26. 応仁의 난과 全國大名	26. 和風을 완성한 室町文化
	제2장의 정리	27. 応仁 난이 만든 全國大名
		제2장의 정리

　　우선 <東京書籍>판은 제3장을 중세일본으로 했고, 扶桑社와 自由社판은 제2장으로 했는데, 그 이유는 <東京書籍>의 경우 제1장을 역사의 흐름, 제2장을 원시, 고대의 일본으로 서술했기 때문이며, <扶桑社>와 <自由社>판은 제1장을 고대일본의 역사로 하여 석기시대 이후를 전부 포함시켰기 때문이다.

　　<東京書籍>판과 <扶桑社>·<自由社>판의 목차를 보면, <東京書籍>판이 제2절을 <동아시아세계와의 관계와 사회변동>이라고 한데 대해, <扶桑社>·<自由社>판은 <무가정치의 움직임>으로 표기하여 무가정치의 동향과 大名의 등장을 강조했음을 알 수 있다. 내용상에서는 <扶桑社>판의 <20. 元寇>와 <21. 鎌倉文化>가 <自由社>판에는 <21. 대중과 무가의 불교와 鎌倉문화>와 <22. 원의 습래와 그 후의 鎌倉幕府>로 순서가 바뀌었고, 내용은 <元寇>는 항목명만 바뀌었고, 문학과 미술이 사원건축과 조각, 문학과 회화로 항목을 세분화 했을 뿐, 내용은 크게 변하지 않았다.

　　다음 근세사 부분을 보면,

〈근세의 목차 비교〉

東京書籍	扶桑社	自由社
제4장 근세의 일본	제3장 근세의 일본	제3장 근세일본의 역사
1.유럽인과의 만남과 전국통일	제1절 전국시대서 천하통일로	~安土桃山·江戶시대
1. 유럽인의 세계진출	27. 유럽인의 세계진출	제1절 전국시대서 천하통일로
2. 유럽인과의 만남	28. 유럽인의 내항	28. 유럽인의 세계진출개시
3. 織田信長·豊臣秀吉에 의한	29. 織田信長과 豊臣秀吉	29. 유럽인의 일본내항
통일사업	30. 秀吉의 정치	30. 信長과 秀吉의 全國統一
4. 병농분리와 朝鮮侵略	31. 桃山문화	31. 豊臣秀吉의 정치와 朝鮮 出兵
5. 桃山문화	제2절 江戶막부의 정치	32. 黃金과「한가로움」의 桃山문화
2. 江戶막부의 성립과 쇄국	32. 江戶막부의 성립	제2절 江戶막부의 정치
1. 강호막부의 성립과 지배 구조	33. 江戶막부의 대외정책	33. 江戶막부의 성립과 통치 구조
2. 여러 신분들의 생활	34. 쇄국하의 대외정책	34. 朱印船무역에서 쇄국으로
3. 무역의 진흥에서 쇄국으로	35. 평화적으로 안정된 江戶	35. 鎖國下의 일본의 네 窓口
4. 쇄국하의 대외관계	시대의 사회	36. 江戶사회의 평화와 안정
3. 산업의 발달과 막부정치의	제3절 산업의 발전과 三都의 번영	제3절 산업의 발전과 三都의 번영
움직임	36. 농업·산업·교통의 발달	37. 농업·산업·교통의 발달
1. 농업과 제산업의 발달	37. 綱吉의 문화정치와 元祿 문화	38. 綱吉정치와 元祿의 町人
2. 도시의 번영과 元祿문화	제4절 막부정치의 전개	문화
3. 亨保개혁과 사회변화	38. 亨保개혁과 田沼정치	제4절 막부정치의 전개
4. 막부정치의 개혁	39. 寬政개혁과 天保개혁	39. 亨保개혁에서 田沼정치로
5. 새로운 학문과 化政문화	40. 歐米諸國의 접근	40. 寬政개혁과 天保개혁
6. 외국선의 출현과 天保개혁	41. 化政문화	41. 江戶의 町人과 化政문화
	42. 새로운 학문과 사상의 동향	42. 새로운 학문·사상의 동향
	제3장의 정리	제3장의 정리

　<東京書籍>판이 3절임에 비해, <扶桑社>·<自由社>판은 4절로 편성했고, 절의 명칭을 볼 때, 유럽문화와의 접촉을 항목명에 집어 넣었으며, 산업의 발달과 함께 도시의 발달을 강조했고, 막부정치의 전개를 따로 항목으로 독립했다. 이로 보아 <扶桑社>·<自由社>판이 <東京書籍>판에 비해 대외관계보다는 국내 정치의 변화를 더 강조한 느낌을 준다. 그러나 <쇄국하의 일본의 네 창구>의 항목명을 설정한 것을 보면, 최근의 연구를 수용했다는 인상을 주려는 노력도 의도적으로 드러내었다.

　<扶桑社>판과 <自由社>판의 내용에서는, 제1절은 <扶桑社>판의 <31. 桃山文化>가 <自由社>판의 <32. 황금과 한가로움의 桃山문화>로 바뀌면서,

<大名과 大商人의 문화>와 <서민의 생활과 문화>가 <天守閣과 襖繪>, <茶道의 大成>, <가부끼> 등으로 바뀌면서 구체적으로 설명하고 있으나, 전체적인 분량은 같다. 중세에서 문화가 강조된 것과 같은 분위기이다. 또한 <自由社>판에서 항목명에 <朝鮮出兵>을 표기한 것도 주목된다.

제2절은 4개의 항목명이 조금씩 바뀌었으나 내용은 완전히 일치한다. 제3절은 <東京書籍>판의 <37. 綱吉의 문치정치와 元祿문화>의 <학문의 발달>의 유학과 자연과학에 대한 서술이 없어지고, <元祿文化>의 절목에서 浮世繪와 가부끼에 대한 서술이 늘어났다. 유학에 대한 서술이 왜 없어졌는지 이해가 가지 않지만, 위에서처럼 그림과 회화 등 문화부분에 대한 설명이 늘어났다.

제4절에서는 <扶桑社>판의 <40. 구미제국의 접근>이 <自由社>판에서는 근대사 부분에서 서술되었고, <41. 化政文化>가 <41. 江戶의 町人과 化政문화>로 항목명이 바뀌고, 江戶시대의 町人의 생활이 부유해지면서 江戶를 중심으로 町人문화 즉 化政문화의 발달을 강조했다. 아울러 가부끼와 浮世繪, 狂歌 등을 상세히 서술했다. 역시 문화부분에 대한 강조이지만 중학교 과정에서 소화할 수 있는 내용인지는 의심이 간다.

2) 近世觀의 문제점

<自由社>판의 近世史像의 특징은 첫째, 천황이 강조된 고대사의 서술에 비해 근세사 서술이 상대적으로 적게 서술되었다는 사실이다.[18] 그 예로 이 책의 맨 앞에 서술된 <역사를 배운다는 것은>에서 단적으로 표현된다. 그 가운데 <일본문화의 전통>에서 "세계의 어떤 국민도 각각 고유의 역사를 가지고 있는 것처럼, 일본에도 스스로 고유의 역사가 있다. 일본의 국토는 옛날부터 문명을 키우고, 독자의 전통을 키웠다. 고대 일본은, 중국에 출

---

18) 子どもと教科書全國ホット21, 『つくる會教科書』, 대월서점, 2005, 24~26쪽.

현한 문명에서 겸하하게 배우면서도 스스로의 전통을 잃지 않고, 자립한 국가를 세워 착실하게 역사를 발전시켰다. 이것은 지금까지 전하는 문화유산·역사유산을 관찰하면 잘 알 수 있다. 구미제국의 힘이 동아시아를 삼켜버린 근대에 있어서, 일본은 자국의 전통을 지키면서 서구문명과의 조화의 길을 탐색했고, 근대국가의 건설과 독립유지에 노력했다"고 서술하면서도 중세와 근세에 대해서는 언급하지 않았다. 이것은 전통적인 중세·근세관과 연관이 있다. 즉 중·근세는 가치가 없는 시대, 가능하면 언급하고 싶지 않은 시대라고 하는 역사인식과 관계가 있다.

일본인의 경우 중세의 이미지를 나타내는 키워드로 武士시대·一揆시대·하극상·농민의 성장 등이 있고, 근세를 생각하면 막번체제·쇄국·百姓一揆·유교 등이 있다고 한다. 그리고 이 두 시대는 봉건제·무사의 지배시대라고 하는 공통점이 있다. 이 시대의 주역은 武士인 것이다. 따라서 바꾸어 말하면 朝廷이나 天皇의 존재는 뒤로 밀려난다. 또 두 시대는 국가라고 하는 틀 속에서 시대상을 그리기 보다는 지방의 시대였다고 말할 수 있다. 중세는 율령국가 해체에서 지방의 무사세력이 대두되었고, 근세는 막번체제라고 하는 강력한 국가체제하에 안정한 시대였지만, 지방의 지배는 藩이라고 하는 단위로 나뉘어졌던 것이 사실이다. 天皇과 朝廷의 존재도 중세 전체를 통해 권력의 기반이 약했고, 근세에는 幕末까지 거의 잊혀진 존재였다. 즉 중세와 근세는 국가라는 관점에서 서술하기가 힘든 시대였다. <扶桑社>와 <自由社>판이 천황의 존재를 과대평가하고, 일본국가 지상주의를 지향하는 의도를 가진 이상 중·근세의 취급을 단연히 소홀히 할 것이며, 고대의 비중이 많을 수밖에 없다. 그 증거의 하나가 기존의 교과서들에 비해 중·근세 서술이 상대적으로 적다.

<각 시대의 분량과 비율>

	自由社(2009)	扶桑社(2006)	東京書籍(2006)
원시·고대	54 (24.8%)	50 (23.7%)	36 (17.3%)
중세	24 (11.0%)	24 (11.3%)	30 (14.4%)
근세	40 (18.4%)	42 (19.8%)	44 (21.2%)
근대	50 (22.9%)	48 (22.6%)	46 (22.1%)
현대	50 (22.9%)	48 (22.6%)	52 (25.0%)
본문쪽수	218 (100%)	212 (100%)	208 (100%)

둘째, 막부의 정치구조를 분석하면, 幕府가 전국을 통치한 것은 아니고, 將軍과 大名이 통치권을 나누어 갖고, 대명이 藩內의 통치를 위임받았다는 것이며, 이러한 의미에서 근세의 정치제도는 해체되고 있던 장원제도=봉건 제도를 영주계급의 통일과 토지로부터의 분리, 그리고 무사·백성·町人 등에 의한 분배, 분권사회의 건설에 의해 생긴 것이고, 이것은 信長·秀吉·家康 등 천하인들의 통일과정을 통해 가능해졌다. 그리고 무사는 통치권을 독점했지만, 사회평화를 지켜줌으로써 여러 신분으로부터 지지를 받았고, 근세 신분제도는 제신분간에 이동이 가능했고, 여러 신분은 각각 자치를 행했으며, 그러한 의미에서 막번체제는 막부와 諸大名이 분립하여 연합한 「聯邦制」국가라고 해도 과언이 아니라는 것이다.19)

또한 근세의 농민은 秀吉의 檢地에 의해서 田畓의 소유권을 인정받아 자립한 농민이었고, 江戶幕府의 年貢率은 생산력이 발전하는데 따라서 檢地高의 3할~1.5할 정도까지 저하되었으며, 年貢率이 떨어지는 가운데 농민은 많은 상품작물을 재배하고, 점차 풍요롭게 되었다. 또한 근세초기의 대개발에 의해서 막대한 농산물 수요가 생겼고, 이에 따라 여러 산업이 발전하여, 江戶시대에는 풍요로운 시대가 되었으며, 그 결과 근세의 경제제도는 이미

---

19) 이하는 川瀨健一, 『新しい歷史敎科書』, 同時代社, 2007, 제3권 근세편의 서론 부분을 인용하여 작성하였다.

前期 資本主義라고 말해도 좋을 만큼의 상태가 되었고, 중세 이래 진전된 상품경제가 사회전체에 스며들어 토지가 이미 資本財로서 기능했다는 것이다. 이러한 발전을 배경으로 자본주의적 대토지 경영자나 기업경영자도 생겨, 거대한 자본을 움직이는 금융자본가도 생겨나고, 근세는 점점 높은 상품경제에 기초하는 시대가 되었다.

이러한 가운데 당초에는 해외에서 수입했던 생사, 견직물, 목면도 자급하게 되었다. 국제상품인 견·면직물이나 담배 등을 근세를 통해 자급이 가능한 체제를 만들었다는 것은 서유럽이 産業革命에 의해 면직물을 자급·수출하게 되었다는 것에 필적할 만한 일이고, 이것이 기반이 되어 幕末의 開國·明治維新을 통해 일본이 자본주의국으로 발전하여, 서유럽에 대항하여 세계를 분할하는 帝國에까지 발전한 기반이 되었다는 것이다.

즉 일본의 근세는 근대로 들어가는 문, 시민혁명, 산업혁명을 준비한 시대였는데, 바꾸어 말하면, 근세는 「암흑」의 봉건사회가 아니라, 고도로 발전한 상품경제를 기반으로 한, 자본주의적 경제관계를 중심으로 세운 근대지향적인 사회이며, 그것을 통제 내지 기반으로 하면서, 봉건적 영주계급이 영주적인 조세징수권을 가진 근대적인 사회, 즉 서유럽이라면 절대왕정이라고 불려지는 정치형태를 취한, 국민국가형성의 초기국가에 상당한다고 했다.

거기에다 근세사회는 서로 다른 종류의 공동체에 의한 자치를 그 기초에 두고, 여러 개인이 각각의 권리를 행사하는 시대이며, 일본적인 형태를 취하면서도 근대시민사회의 형성이 준비되었던 시대라는 것이다. 그리고 「막부정치의 개혁」이란, 발전하는 자본주의적 경제제도와 새편성된 봉건제도와의 모순이 나타나면서, 사회 경제의 변화에 대응하여, 정치제도를 어떻게 만들어 갈 것인가를 고민하는 시행착오의 시대였다는 것이다. 검증해야 할 부분도 많지만, 서구 유럽사에 잣대를 맞춘 왜곡의 역사로 일관하고 있다.

셋째, 織田信長·豊臣秀吉·德川家康에 의한 전국통일은 그들 자신의 실력과 함께 천황이라고 하는 권위의 힘에 의해 달성된 것이며, 江戶時代는 평화롭고 안정된 풍요로운 생활과 문화가 만들어진 「밝은 시대」였으며, 그것은 兵農分離와 身分制度의 덕분에 가능했다는 時代像으로 묘사하고 있다. 또한 江戶時代의 歌舞伎와 浮世繪를 세계적인 문화로 과장하고 있다.[20]

넷째, 고대 중세와 같이 중국·조선의 정치적·문화적 영향을 아주 과소평가하고 있다. 특히 쇄국론에 대해 쇄국은 나라를 폐쇄하는 정책이 아니고, 정보와 무역을 관리하면서 해외와의 교류를 유지하는 정책이라고 서술하면서, 동아시아에 대한 시각을 결여한 쇄국론을 설명한다.

<自由社>판은 쇄국에 대하여 다음과 같이 서술하였다. "1639(寬永 16)년, 막부는 포르투갈선의 내항을 금지했다. 영국은 이미 철퇴했기 때문에, 무역이 허가된 유럽인은 오란다인밖에 없었다. 오란다인은 그 후, 平戶에서 長崎의 出島에 상관을 옮겨 활동했다. 무역과 출입국을 엄하게 제한한 이 제도는 후에 쇄국이라고 불렀다. 쇄국의 최대의 목표는 외국으로부터의 침략 위험 방지와 국내질서의 안정 때문에 기독교를 금지하는 것이었다. 쇄국이라해도 완전히 나라를 폐쇄하는 것이 아니고, 막부가 무역과 해외정보를 독점하는 체제로, 해외와의 교류는 계속되었다."

이어서 <쇄국하의 네 개의 창구>에서, "이렇게 하여 쇄국하에서 江戶시대에는 長崎, 對馬, 薩摩, 松前의 네 개의 창구가 외국에 열려져 있었다. 이들 창구를 통하여 타국과의 무역도 행했고, 세계의 정보도 들어왔다. 막부는 무역을 통제하고, 이익을 독점하고 있었지만, 유럽으로부터는 새로운 학문이나 문화도 일본에 들어왔고, 일본의 국내에서도 차츰 받아들여지고 있었다"고 했다.

이러한 서술에 대해, <네 개의 窓口論>을 제창한 荒野泰典의 견해를 인용하면서 비판해보자. 荒野泰典은 두가지의 문제점을 지적했다.[21] 첫째, 아

20) 新しい歷史敎科書をつくる會, 「史」, 2008년 5月号(通卷 74号), 12~14쪽.
21) '교과서에 진실과 자유를' 연락회 엮음, 김석근 옮김, 『철저비판, 일본우익의 역사

시아 특히 일본이 직접 위치한 동아시아에 대한 시각이 결여되어 있다는 점이다. 물론 그 앞에서 동아시아나 그 지역과의 관계에 대해 전혀 언급하지 않은 것은 아니지만, 서구 이외의 다른 국가들과의 관계가 그려져 있지 않다. 구체적으로 중국·조선·琉球·북해도 등의 관계가 전혀 언급되지 않았다. <自由社>판의 관심은 여전히 서구와의 관계에 머물러 있다.

둘째, 일본 역사를 밝고 긍정적으로만 읽는 사람의 구미에 맞게 서술하고 있다는 점이다. 역사는 집필자의 서술에 의해 만들어지는 것이 아니라 스스로 생각하고 행동하고 발견하는 것을 느끼게 하는 것이다. 그러나 의도된 서술에 의해 역사가 만들어진다고 생각할 때, 자꾸 왜곡할 수밖에 없을 것이고, 왜곡된 역사서가 출현할 수밖에 없을 것이다.

4. 맺음말

이상에서 언급한 바와 같이, 이번에 새로 시판되고 있는 <自由社>판 『일본인의 역사교과서』 중근세 부분의 한국사관련 서술도 종전에 쟁점이 되고 있는 주제나 내용면에서 전혀 개선되지 않았다. 중근세의 경우 쟁점주제는 왜구, 조선국호와 통교문제, 임진왜란, 조선통신사 및 왜관 등인데, 그 내용은 2006년에 발행된 <扶桑社>판의 내용과 글자 하나 틀리지 않고 똑같았다. 왜구 구성에 있어서는 '일본인 외에 조선인도 많이 포함되어 있다'는 내용이었고, 조선의 국호도 李氏朝鮮을 병기하고 있으며, 조일통교가 조선의 요청을 막부가 허가하여 시삭된 것으로 왜곡했다. 임진왜란은 여전히 朝鮮出兵으로 표기했고, 豊臣秀吉의 원대한 꿈만을 장황하게 늘어놓고 있다. 또한 조선통신사도 단순히 장군습직을 축하하는 사절단으로 서술하여 일본우위의 입장을 고수했고, 부산왜관을 대마도주가 설치한 宗氏의 倭館으로 사

관과 이데올로기』, 바다출판사, 2001, 203~217쪽 참조.

실을 전도하여 서술했다. 모두 받아들이기 어려운 왜곡된 서술임이 분명하다.

한편 2006년 <부상사>판과 2009년 <자유사>판의 근세부분의 목차와 내용을 비교해보면, 근세의 제1절에서는 <도산문화>를 <황금과 한가로움의 도산문화>로 마꾸고, 제4절에서는 <화정문화>를 <강호의 정인과 화정문화>로 바꾸면서, 건축, 다도, 가부끼, 부세회, 광가 등 문화에 대한 구체적인 서술이 많아졌다. 아마 종전의 부정적인 비판을 의식하여 문화부분의 서술을 늘린 것 같으나, 중학교 과정에서 소화할 수 있는 내용인지 의심스럽다.

끝으로 <자유사>판의 근세사 서술과 근세관이 한국관련 서술과 어떤 관련성이 있는가의 문제이다. 우선 지적할 수 있는 것은 이 시기, 한일관계가 매우 다양하게 전개되었음에도 불구하고 그 서술이 너무 빈약하다. 나아가 조선의 정치적·문화적·경제적 영향을 지나치게 과소평가하고 있다. 뿐만 아니라 <쇄국과 네 개의 창구> 서술에서도, 유럽과의 관계만을 강조하여 서술할 뿐, 중국이나 조선, 심지어는 유구나 아이누와의 관계에 대해서도 언급이 없다. 일본인들 스스로 인정하듯 구미에 대한 콤플렉스로 볼 수밖에 없다. 이러한 역사인식이 결국은 한국관련 서술을 소략하게 했을 것이고, 무시·폄하하고 왜곡하게 되는 원인이 되지 않았을까. 현단계에서 좀더 명쾌한 결론을 도출할 수는 없지만, 집필자에 대한 추적도 정밀하게 이루어진다면 보다 설득력있는 설명이 가능하리라고 본다.

제2편

한·일 공동연구와 인식의 공유

제1장
고려·조선전기 한일관계사 기술의 공통점과 차이점

1. 머리말

이 글은 현재, 한일양국에서 일반인 또는 대학생을 대상으로 읽혀지고 있는 한국사 또는 일본사 사전 및 개설서에 고려·조선전기 한일관계사 부분이 어떻게 서술되고 있는가를 비교·분석하려는 목적으로 작성하였다. 이러한 작업은 고려·조선전기 한일관계사 기술에서, 현재 양국 간에 학술 해석상의 차이가 있다고 여겨지는 쟁점이 무엇이며, 그 쟁점 중 어떠한 내용에 공통점과 차이점이 있는지를 파악하여, 일본 역사서의 왜곡현황을 분석하려는 데에 목적이 있다.

비교대상 서적으로 사전류는 한국의 경우, 『국사대사전』(1963년, 대영출판사), 『한국민족문화대백과사전』(한국정신문화연구원, 1991), 『새국사사전』(교학사, 2002)이고, 일본의 경우는 『日本史辭典』(岩波書店), 『日本史事典』(平凡社), 『日本史辭典』(角川書店), 『國史大辭典』(吉川弘文館)이다. 개설서는 한국의 경우, 『韓國史新論』(一朝閣, 1999 新修重中本), 『韓國通史』(乙酉文化社史, 2003 改訂版 18刷), 『시민을 위한 한국역사』(창작과 비평사, 1999 초판 3쇄), 『다시 찾는 우리역사』(경세원, 2001 초판12쇄)이고, 일본의 경우는 『詳說日本史研究』(山川出版社, 1998, 2003, 7刷), 『槪論日本歷史』(吉川弘文館, 2001 2刷), 『要說日本歷史』(東京創元社, 2003), 『Story 日本の歷史』(2002 第1版 第2刷)를 대상으로 했다.[1]

---

1) 이들 서적을 비교대상으로 선정한 특별한 이유는 없다. 다만 필자가 몇 차례 양국

이들 역사서에서 고려·조선전기 한일관계사분야에서 다룬 주제는, 여·몽 연합군의 일본침략, 왜구, 조선초기의 대마도정벌, 삼포왜란 등 조선전기 통교관계이다.

이 부분에 대한 비교분석은 이 시기 한일관계사에 대한 서술의 공통점과 차이점을 일목할 수 있고, 나아가 일본 역사서 전반에 걸쳐 있는 왜곡사실 과 이것이 일본 중고교 역사교과서의 집필에 어떠한 영향을 미치고 있는가 도 파악할 수 있게 될 것이다.

2. 주제별 서술경향

1) 여몽연합군의 일본침공(元寇)

(1) 한국측 기술

① 사전류

여몽연합군의 일본침공에 대하여, 『국사대사전』과 『새 국사사전』에는 따 로 항목을 설정하지 않고, 일본이란 항목에서 시대별로 설명하고 있다. 즉,

> 고려 말엽의 큰 사건은 1274년(원종 15)과 1281년(충렬왕 7) 양차에 걸쳐 서 원과 고려의 연합군이 일본을 정벌한 일이었다. 양국은 일본을 정복하지 못하였으나 그 준비의 규모로 보나 또 일본의 방어에 있어서 삼국에 각각 큰 영향을 주게 되고, 일본의 정치를 대행한 가마쿠라 바꾸후는 이로 인하 여 쓰러지고, 일본의 변민들은 먹을 것을 찾아서 우리의 해안에 나오게 되 었는데, 점점 그 세력이 커져 소위 왜구의 창궐을 초래하였으며, 공민왕 때 에는 일본에 공식으로 왜구의 단속을 요구하였으나 고려왕조는 이로 말미 암아 급격히 쇠퇴하게 되었다.

의 유명한 대형서점을 방문하여 조사한 결과, 쉽게 접할 수 있었던 책들이다.

라고 하여, 두 차례에 걸친 일본원정이 가마쿠라 막부의 쇠퇴와 왜구의 발생에 원인이 되었다고 했다.

『한국민족문화대백과사전』에서는 '일본원정'이란 독립적인 항목을 설정하여, 원인·경과·결과에 대해 상세히 기술하였다. 즉,

> 원나라와 고려의 연합군이 1274년(원종 15)과 1281년(충렬왕 7)의 2차에 걸쳐 일본을 정벌하려 했던 사건. … (이어 과정 기술)
>
> 이와 같이 2차에 걸친 일본 정벌은 결국 태풍의 피해로 모두 실패로 끝나고 말았다. …
>
> 일본정벌의 의미가 원나라의 경우에는 세계제국건설의 일환으로 단순히 정벌에 실패한 것에 불과하였지만, 고려는 원나라의 압력으로 이에 참전하여 막대한 손실을 입었다. 즉 그동안의 대몽항쟁으로 사회적으로 피해가 극심한데다가 일본정벌에 소요된 함선과 군량을 모두 고려에서 부담함으로써 경제적 피해를 더하게 되었으며, 또 많은 인원이 함선제조에 동원되고 정벌군·소공·수부 등으로 징발됨으로써 사회적 피폐를 가중하게 되었다. …

고 하여, 여몽연합군의 편성에서부터 경과·결과에 이르기까지 자세히 기술했다. 특히 고려의 피해에 관해 많은 부분을 기술했다.

② 개설서류

한국개설서의 경우 여몽연합군의 일본침공을 『韓國通史』와 『다시 찾는 우리역사』에 기술하고 있다. 『韓國通史』에는,[2]

> 몽고 간섭기에 고려 국민이 입은 가장 큰 고통과 부담은 두 차례에 걸친 몽고군의 일본 침략 전쟁이었다. 몽고는 일찍부터 일본으로부터 조공을 받기를 원하여 일본 정벌을 계획하여 왔다. 고려가 몽고에 굴복하게 되자 몽고는 고려를 통하여 일본에 조공을 재촉하였다. 고려는 중간에서 두 나라를

---

2) 韓祐劤, 『韓國通史』, 乙酉文化社, 2003 改訂版 18刷, 175쪽.

> 조정하여 일본에 대해서는 通好를 권하고 몽고에 대해서는 海路 원정의 위
> 험을 말하였다. 고려로서는 戰費 부담이 돌아오게 될 전쟁의 발발을 희망하
> 지 않았기 때문이었다. 그러나 몽고와 일본의 고집은 끝내 전쟁을 일으키고
> 말았다.
>   … 두 차례에 걸친 몽고의 일본 원정으로 고려인이 입은 인명·물자의 손
> 실은 말할 수 없이 큰 것이었다.

라고 서술하여, 여몽연합군의 일본침략의 원인과 과정을 설명하고 있다.
침략의 원인을 설명함에 있어서는 몽고의 일본에 대한 조공요청과 고려의
조정, 일본의 거절로 기술하고 있으며, 원정실패에 의한 고려의 손실을 강
조하였다.

한편 『다시 찾는 우리역사』에는,3)

> 원과 강화를 맺은 원종(1259~1274)과 그 다음 충렬왕(1274~1308)시대는
> 원의 일본침략 시도 때문에 고려가 병선(兵船)과 군대를 대느라 많은 고통
> 을 받고 내정의 간섭도 많이 받았으나 …

라고 하여, 일본침략 시도때문에 고려가 고통을 받았으며, 다음과 같이
주를 달았다.

> 元은 日本을 정복하기 위해 征東行省이라는 기구를 두고 고려 내정에 깊
> 이 관여하면서 艦船과 군인 그리고 군량미를 내도록 하였다. 그리하여 1274
> 년(충렬왕 즉위)과 1281년(충렬왕 7) 두 차례에 걸쳐 元과 함께 일본원정에
> 나섰으나 일본 가마쿠라 바쿠후(謙倉幕府)의 저항과 태풍, 그리고 고려의 미
> 온적인 태도때문에 실패하고 말았다.

즉 여몽연합군은 일본의 저항과 태풍, 그리고 고려의 미온적인 태도 때

---

3) 한영우, 『다시 찾는 우리역사』, 경세원, 2001 초판 12쇄본, 205쪽.

문에 실패했다고 기술했다.

(2) 일본측 기술

① 사전류

『日本史辭典』(岩波)에는,

> 무로마치시대에 2번에 걸친 원군의 습래사건. 몽고습래, 원구(元寇)라고
> 도 한다. …
> (두 차례 침공과 일본의 대책에 대한 기술)
> 2차례의 몽고습래는 실패로 끝났지만, 원은 일본원정의 의지를 철회하지
> 않았으며, 일본측은 이국경고령을 폐지할 수 없었다. 또 이 몽고습래는 가
> 마쿠라시대의 정치·사회·문화에 큰 영향을 미쳤다.

고 하여, 여몽연합군의 일본침공에 대해 자세히 기술하고 있으나, 고려의
피해에 관해서는 언급이 없다.

『日本史辭典』(角川)에는,

> 文永·弘安의 역 : 元寇·몽고습래라고도 말한다. 가마꾸라 중기에 발생한
> 원의 일본 내공을 말한다. 원은 고려를 정복한 뒤에 1628년(문영 5) 이후에
> 자주 일본에 복속을 요구해 왔는데, 가마쿠라 막부가 거부했기 때문에 127
> 4·1281년(홍안 4)의 두 번에 걸쳐 대군을 보내 북구주에 내공하였다. 전자
> 를 文永의 役, 후자를 弘安의 役이라고 한다. 모두 실패하여 퇴거하였고, 제
> 3차 내공의 계획은 미수에 그쳤다. 가마쿠라막부에서는 博多灣 연안에 석축
> 지를 만들었고, 구주의 어가인에게 異國警告番役을 부과하였으며, 진서탐제
> 를 설치하는 등 방비에 진력을 다했다. 이 때문에 구주의 어가인에게 과대
> 한 군사 경제적 부담이 걸려 전쟁이 끝날 무렵에는 비어가인도 수호의 지휘
> 하에 동원하게 되어 公家와 寺社 등 장원영주에게 커다란 영향을 주었다.

라고 하여, 사건설명에 그치고 있다.

『國史大辭典』에는,

> 그 중에서도 元寇는 일본이 전근대에서 경험했던 최대의 外寇이며, 일본
> 인은 "무쿠리·코쿠리(몽고·고려)"라는 말로 그 충격과 공포를 오랫동안 기
> 억해두게 되었다. 그러나 일본의 피해는 아시아 전체적으로 보면, 비교할
> 수 없을 정도로 경미한 것이었다. 당시 고려는 무인정권의 시대였는데,
> 1231년부터 약 30년 간에 걸쳐 6회의 침략을 받는 중에 무인정권은 멸망했
> 고, 그 후에 일어난 삼별초의 난(1270~73)도 몽골 및 이들과 강화한 고려 정
> 권의 연합군에 의해 진압되었다. 元寇의 피해가 일본에서 경미했던 것은 고
> 려의 강인한 저항의 결과이기도 하지만, 그 사이에 고려는 전토를 짓밟혀
> 막대한 피해를 입었을 뿐만 아니라, 두 번에 걸친 일본 침구에 동원되어 커
> 다란 손해를 발생시켰고, 더욱이 왜구의 피해에 시달리게 되었다.

라고 기술하여, 원의 고려침입과 여몽연합군의 일본정벌에 대한 고려의
피해에 관해 기술했다.

② 개설서류

元寇에 관해서는 네 권의 개설서 중 2권만 기술하였다. 『詳說 日本史研究』
에는,[4]

> 1268(문영 5)년, 쿠빌라이는 고려를 중개로 국서를 일본에 보내어 조공을
> 구하여 왔다. 막부는 返書를 보내기로 결정하고, 西國의 수호들에게 '몽고의
> 흉심에 주의'하도록 지령했다. 北條宗家의 時宗(1251~84)이 北條政村(1205~73)
> 등에 의지하여 18세의 젊은 나이로 집권의 자리에 있으면서, 원에 대응을 지
> 휘하게 되었다. …
> 1274(문영 11)년 10월, 원은 忻都(생몰년 불상)·洪茶丘(1244~91)을 장수
> 로 하여, 元兵 2만과 고려병 1만을 병선 900척에 태워 조선남단의 合浦(馬山

---

4) 五味文彦·高埜利彦·鳥海靖 編, 『詳說日本史研究』, 山川出版社, 1998, 2003 7刷, 147쪽.

浦)에서 출발시켰다. 원군은 대마에 상륙하여 守護代인 宗資國(?~1274)을 패사시키고, 壹岐·松浦를 습격하고, 博多彎에 침입했다. … 원군은 해가지면서 배로 돌아갔는데, 그날 밤 폭풍우가 일어나 많은 병신이 침몰했다. 큰 피해를 보았던 원군은 합포로 퇴각했다. 이 사건을 文永의 役이라고 부른다. … 1279(홍안 2)년에 남송을 무너뜨린 쿠빌라이는 1281(홍안 4)년에 두 번째의 일본 원정군을 보냈다. … 이 사건을 弘安의 役이라고 하며, 文永의 역과 합쳐, <u>두 번에 걸친 원의 래습을 元寇라고 부른다.</u>

라고 하여, 元寇의 침입과정과 그에 대한 응전상황을 소상히 기술했다. 그러나 전쟁으로 인한 고려나 일본의 피해에 관해서는 언급이 없다.

또한, 『Story 日本の歷史』에서는,[5]

13세기 들어와 대제국을 건설한 몽골은 1231년 이래 거듭해서 고려를 공격했다. 고려 측은 격렬하게 반격했는데 1359년에는 복속될 수밖에 없었다. 그 후 몽골이 중국을 지배하여 성립된 원은 일본으로의 침략을 시도하고 있다.(元寇 1274~1281) 이에 대한 협력을 강요받은 고려국내의 반몽골 활동은 원이 일본으로 침략하는 것을 늦추게 했다.

라고 하여, 두 차례의 침략사실과 고려 국내의 반몽골활동을 서술하였다.

2) 倭寇

(1) 한국측 기술

① 사전류

왜구에 관하여 『국사대사전』에서는,

고려 중기 이후 이조 초기에 이르는 동안 우리나라와 중국연안을 무대로

---

5) 日本史教育硏究會, 『Story 日本の歷史』-古代·中世·近世史編, 2002 第1版 第2刷, 133쪽.

많은 인명과 재산을 해치고, 또 약탈하던 일본의 해적. 우리나라에서의 이
들의 활동시기는 고려 말에서 이조 전기에 이르는 사이에 가장 심하였고,
고려조 멸망의 한 요인이 되었다. …

이조에 들어와서도 왜구는 그치지 않았는데, 그 중에서도 물자가 부족한
쓰시마민의 행패가 가장 심하였다. 이 쪽에서는 회유책을 써서 그들에게 투
항 귀화의 기회를 주기도 하고, 도서를 발행하여 해적선과 무역선과 구별할
수 있게 하는 등 여러 가지 대책을 강구하였으나 왜구는 역시 근절되지 않
아 1419년에는 왜구의 소굴인 쓰시마정벌을 하였다. …

라고 하여, 왜구를 일본의 해적이라고 기술하면서, 고려 말부터 조선전기
에 이르는 왜구의 약탈과 그에 대한 대응을 기술했다.

『한국민족문화대백과사전』에는,

13~16세기에 우리나라와 중국 연안에서 약탈을 하던 일본인 해적의 총
칭. 우리나라에서 왜구의 활동은 고려말에서 조선초까지가 가장 심하였고,
그 중에서도 고려말 약 40년간은 특히 그 피해가 커서 고려멸망의 한 요인
이 되었다. …

왜구가 발생하게 된 원인은 2차에 걸친 여몽연합군의 일본정벌과 그 뒤
에 이어진 일본 국내의 내란으로 몰락한 무사와 농민들이 노예와 미곡을 약
탈할 목적으로 생겨났다. 그들은 지방호족들의 보호와 통제아래 행동하였으
며, 그 근거지는 대마도·마쓰우라·이키 등으로 그중에서도 물자가 부족한
대마도인이 주동이 되었다. …

고 하여, 왜구를 일본인 해적의 총칭으로 규정하고, 왜구발생을 여몽연합
군의 일본정벌과 그 뒤의 일본내란으로 몰락한 무사와 농민들의 미곡약탈,
그리고 대마도인이 주동이 되었다고 했다.

『새국사사전』에서는,

고려 중기 이후 이조초기에 이르는 동안 우리나라와 중국 연안을 무대로

많은 인명과 재산을 해치고 또 약탈하던 일본의 해적, …

　이들 중에는 일본의 사회사정의 변동으로 몰락한 무사들이 주동이 되는 일이 많았다. …

　이조에 들어와서도 왜구는 그치지 않았는데, 그 중에서도 물자가 부족한 쓰시마민의 행패가 가장 심하였다.

고 하여, 왜구를 일본의 해적이라고 규정하고, 몰락무사와 대마도민이 주동이 되었다고 기술했다.

② 개설서류

『韓國史新論』에는,6)

　일본의 해적인 왜구의 침입이 시작된 것은 이미 고종(1213~1259)때부터였으나, 심하게 창궐하게 된 것은 충정왕 2년(1350) 이후였다. 왜구는 간단한 무장 밖에 갖고 있지를 않았으나, 배를 타고 다니며 각지의 해안에 상륙하여 촌락을 습격하였다. 이 때문에 농민들은 내륙으로 이주하여 해안지대의 기름진 농토는 황폐하여 갔다. 왜구는 또 開京 바로 앞인 江華島에까지 습격하여 왔고, 이 때문에 개경이 소란하게 되었다. …

　왜구를 막기 위하여 수차에 걸친 외교적 교섭이 일본과 행하여졌으나 효과가 없었다. 일본정부 자체가 그를 억제할 능력이 없었기 때문이었다. 그러나 崔瑩·李成桂·鄭地 등 여러 장군의 활동은 왜구의 세력을 약화시키는데 성공하였다. 또 崔茂宣이 화통도감에서 만든 각종 火砲로써 왜구의 배를 무찔러 공을 세웠다. 특히 朴葳가 그 소굴인 對馬島를 직접 정벌한 창왕 원년(1389) 이후 왜구는 그 세가 크게 꺾이었다. 이 왜구의 격퇴과정에서 최영·이성계 등 武將의 세력이 등장하였다.

라고 하여, 왜구가 조선을 습격하는 상황과 이를 진압하는 과정을 개괄적으로 소개하면서, 최영·이성계 등이 왜구의 격퇴과정을 통하여 무장세력

6) 李基白, 『韓國史新論』, 一潮閣, 1999 新修重中本, 221쪽.

으로 성장하고 있음을 기술했다. 그러나 왜구침략의 시점과 왜구의 규모에 관해서는 모호하게 기술하고 있다.

『시민을 위한 한국역사』에서는,[7]

> 우왕대 초의 최대 현안은 14세기에 들어와 급격히 창궐하게 된 왜구(倭寇)를 퇴치하는 것이었다. <u>왜구는 도처에서 잔혹하게 노략질을 하여 세곡(稅穀) 수송망인 조운(漕運)까지 마비시킬 정도였다.</u> 고려조정은 일본 바꾸후(幕府)에 왜구의 노략질을 근절해 달라고 요구하였으나, 내란에 처한 바꾸후가 지방을 통제할 수 없었기 때문에 별 성과가 없었다.

라고 하여, 왜구의 창궐과 피해, 고려의 외교적 노력과 토벌 등에 관해 기술하였다.

한편 『다시 찾는 우리역사』에는 고려말 신흥사대부의 문화를 기술하는 가운데, 과학과 기술의 발달을 설명하면서 왜구를 기술하였다.[8]

> 공민왕이 즉위 전후한 시기부터 상업자본의 발달에 따라 몰락한 일본 하층무사들이 수십척 혹은 수백척의 배를 몰고 들어와 중부 이남의 연해안 지방을 약탈하고 조세 운반선을 습격하여 큰 피해를 주기 시작하였다. 이들을 왜구(倭寇)라고 불렀다. …
> 또한 1389년(창왕 1) 경상도 도원수 박위(朴葳)는 100척의 함대를 이끌고 왜구의 소굴인 대마도를 공격하여 300척의 적선을 불사르는 큰 전과를 거두었는데, 이로부터 왜구의 창궐은 크게 약화되었다.

그런데 이 책에서는 왜구를 시기적으로 공민왕의 즉위 전후부터 상업자본의 발달에 따라 몰락한 일본의 하층무사집단으로 규정하고 있다.

---

7) 한영우·권태억·서중석·노태돈·노명호, 『시민을 위한 한국역사』, 창작과 비평사, 1999 초판3쇄, 163쪽.
8) 앞의 『다시찾는 우리역사』, 209쪽.

이어 『韓國通史』에서는,[9]

　　그는 당시에 더욱 극성스러워지는 <u>왜구를 방어·격퇴함으로써 그의 武名</u>
<u>을 더욱 떨치게 되었다.</u> 그는 東北面元帥로서 강릉·덕원 등지로 침구해 오
는 왜구를 물리치고. 공민왕 21년(1372) 西江副元帥로서 강화를 침입하여
개경을 위협하는 왜구를 물리치고(禑王 3년, 1377), 같은 해에 다시 지리산
으로 침구한 왜적을 대파하였다. 그 3년 뒤인 禑王 6년에는 尙州·善州 등지
로 침입한 왜적을 雪峰에서 대파하여 이성계의 武名은 이제 전국적으로 떨
쳐지게 되었다.

고 하여, 이성계의 武名이 왜구진압을 통하여 널리 알려짐을 기술했다.
이와 같이 한국개설서의 왜구에 대한 기술은 주로 왜구의 침탈내용이나
이에 대한 응징을 강조했다. 그리고 그 과정에서 최영이나 이성계 등 무장
세력의 성장을 기술하는 것이 일반적인 경향이다.

(2) 일본측 기술

① 사전류
『日本史辭典』(岩波)[10]에는,

　　"14세기 후반에서 15세기 초에 걸쳤는데, 그 성원은 対馬·壱岐·北部九州
의 일본인을 중심으로 했고, <u>禾尺·才人이라고 불리는 조선반도의 천민 등을</u>
<u>포함하고 있다. 근년에는 제주도민까지도 주목하고 있다.</u> 활동한 지역은 조
선반도·산동반도 등을 중심으로 했고, 식료의 약탈과 인간을 포획했다.

라고 하여, 왜구에 고려 천민을 포함시키고 있고, 최근에는 제주도민까지

---

9) 앞의 『韓國通史』, 191쪽.
10) 岩波書店, 『日本史辞典』, 1999, 1214쪽.

도 주목하고 있다고 기술했다.

『國史大辭典』에는,

　　역사상의 개념으로서 왜구가 이용되는 것은 첫째, 조선반도를 중심으로 전개된 14~15세기의 왜구, 둘째, 중국대륙과 남해방면으로 중심으로 전개된 16세기의 왜구이다.

　　'14~15세기의 왜구'『고려사』에 의하면 13세기 초엽부터 조선반도의 남해안에서 소규모 왜인의 약탈이 보이지만, 왜구라는 고정 개념이 성립되는 것은 1350년(고려 충정왕 2) 이후로 조선에서는 "庚寅 이래의 왜구"로 칭하였다. 행동지역은 처음에 남조선 연안에 한정되어 있었지만, 이윽고 고려의 수도 개경에까지도 출몰하였고, 더욱이 황해도 연안만이 아니라, 내륙부의 오지에까지도 모습을 나타내게 되었다. 규모는 점차적으로 커지게 되어 4~5백 척의 선단, 1천~3천의 인수와 함께 천 수백의 기마대를 이끄는 집단도 출현하였다. 이 시기 왜구의 구성원에는 ①일본인만의 경우, ②일본인과 고려인·조선인과의 연합, ③고려·조선인만의 경우가 생각되어진다. ①의 일본인만의 경우는 조선에 "三島의 왜구"라는 말이 있는데, 대마·일기·비전의 松浦지방의 주민이라고 추정된다. 이들 지방은 전반적으로 지형이 험준하여 농경에 적합하지 않고, 자급자족의 경제를 유지하는 것이 어려워 생활 수단을 어업과 교역이 의지하는 경우가 많으며, 이것이 왜구를 탄생시킨 기반이 되었다. ②와 ③의 존재에 대해서는 1446년(세종 28) 판중추원사 이순몽이 그의 上書 속에서 "신이 듣기를 前朝(고려) 때에 왜구가 홍행하여 백성이 의지하지 못하였다. 그러나 그들 중에 왜인은 불과 1, 2에 지나지 않고, 본국(고려)의 백성이 왜복을 가장하여 입고 무리를 지어 난을 일으키고 있다"고 기록하고 있는 것이 주목된다. 왜구 중에서 일본인은 10~20%에 지나지 않았다는 것이다. 고려인으로 왜구와 연합했던 것인 水尺·禾尺·揚水尺·才人 등으로 불려진 천민으로 토지제도 문란의 희생이 되어 도망 다닐 수밖에 없었던 농민과 하급관료 등이다. 水尺은 소와 말의 도살과 가죽 가공, 柳器 제작 등에 종사하는 집단, 才人은 가면 연극 집단으로 부녀자를 함께 동반하여 행동하고, 일반 고려인으로부터는 이민족으로 취급되어 전통적으로 멸시되고 있었다. 일본인·고려인의 연합이 집단을 거대화하여 인원·마필·선박 등의 보급을 용이하게 하여 내륙 오지로의 침투를 가능하게 했던 것이다.

라고 하여, 현재 한일간에 문제가 되고 있는 왜구구성에 관해 자세히 기술했다.

『日本史辭典』(角川)에는,

> 가마쿠라 말기부터 실정시대에 조선반도와 중국대륙 연안을 습격한 해적에 대한 조선·중국측의 호칭. 특히 남북조시대에는 북구주나 세토내해의 연안 어민과 토호가 무장하여 무역활동을 하였고, 자주 해적화했다. 고려는 그 대책으로 고통을 받아 멸망이 빨라졌고, 이씨조선이 되어 거의 종식되었다. 15세기에는 대륙 연안에까지 활동범위를 넓혔는데, 여기에는 일본인보다도 대부분은 명의 난민이 포함되어 있었다. 조선·명은 실정막부에 왜구의 금압을 요청했는데, 감합무역제도가 정비되자 폭력적인 경향은 적어졌고 자연히 종식되었다.

고 하여, 전기 왜구구성에 관해서는 북구주나 세토내해의 어민과 토호라고 기술했다.

② 개설서

왜구에 관해서 『詳說日本史硏究』에서는,[11]

> 이무렵 왜구라고 불리는 일본인을 중심으로 한 해적 집단이 맹성을 떨치고 있었다. 왜구의 중요한 근거지는 對馬·壹岐·肥前의 松浦 지방 등으로 규모는 2~3척의 선박으로부터 수백 척에 이르는 것까지 여러가지였다. 왜구는 조선반도, 중국연안을 돌아다니며 사람들을 포로로 하며 약탈을 행했다. 곤란을 받고 있던 고려는 일본에 사자를 보내 왜구의 금지를 요구했는데 당시 구주지방은 전란 속에 있었기 때문에 이들에 대한 금지는 성과를 거두지 못했다. 이 14세기 왜구를 전기왜구라고 부르는데 그 주요한 침략의 대상은 조선반도로서 기록에 명시하고 있는 것만도 400건에 이르는 습격이 있었다. 고려가 쇠망한 하나의 원인은 왜구에 있었다고 생각된다.

11) 앞의 『詳說日本史硏究』, 179쪽.

라고 하여, 전기왜구를 일본인을 중심으로 한 해적집단으로 서술했고, 그 중요한 근거지는 對馬·壹岐·肥前 松浦 지방 등으로 규모는 2~3척의 선박으로부터 수백 척에 이르는 것까지 여러 가지였다고 기술했다. 그리고 조선반도를 400건 이상 습격했고, 그것이 고려 쇠망의 원인이 되었다고 했다.

그러나 『槪論 日本歷史』에서는,[12]

> 왜구란 중국의 해금정책에서 형성된 동아시아의 私貿易, 海賊集團으로 민족, 국경을 초월하여 연합하고 있었다. 14세기 후반 이래 이들 집단이 사람과 물건과 기술 교류의 주역이 되어갔다. 1350년 이후 조선반도에서 활발화한 왜구는 對馬·壹岐나 北部 九州를 거점으로 한 日本人이나 朝鮮人을 주력으로 했다. 그 후 15세기 초에 걸쳐서 조선반도, 산동반도 등을 중심으로 사무역이나 약탈행위들을 행하고 있었다. =(前期 倭寇)

라고 하여, 왜구를 민족이나 국경을 초월하여 연합한 세력으로 보고, 1350년 이후 조선반도에서 활발한 한 왜구는 對馬·壹岐·北九州를 거점으로 한 일본인이나 조선인을 주력으로 했다고 기술했다. 한국 측의 기술과 상당한 차이가 있다.

그리고 『Story 日本の歷史』에서는,[13]

> 왜구는 동아시아 삼국의 영역을 활동영역으로 하고 있었다. 현재와는 다르게 이 당시는 국가의식이나 민족의식은 강하지 않았고 해안과 밀접한 관계를 가진 제 민족이 잡거하는 이 지역에서 국적이나 민족을 묻는 것은 무의미하지만 현재의 국적에서 보면 왜구는 일본인이나 조선인 혹은 그 혼혈 등을 중심으로 한 잡거 집단이라고 말할 수 있다. 왜구의 활동은 고려멸망의 원인이 되었다.(130쪽)

---

12) 佐々木潤之介·佐藤信·中島三千男·藤田覺·外園豊基·渡辺隆喜 … 編, 『槪論日本歷史』, 吉川弘文館, 2001 2刷, 79쪽.
13) 앞의 『Story 日本の歷史』, 130쪽.

라고 하여, 왜구는 해안과 밀접한 관계를 가진 제민족이 잡거하는 지역에서 활동하였고, 현재의 국적에서 보면 일본인이나 조선인 혹은 그 혼혈을 중심으로 한 잡거집단이라고 서술했다.

3) 조선전기 통교관계

조선전기 통교관계는 '대마도정벌', '삼포왜란' 등의 용어에 대한 기술을 통해 비교해 볼 수 있다.

(1) 한국측 기술

① 사전류

우선 '대마도원정'에 관해서는 보면, 『국사대사전』에는

> 왜구의 소굴인 대마도를 정벌한 일. 대마도원정은 협의로 1419년 6월 이종무의 정벌을 말하나, 이에 앞서 고려 폐왕 창 때와 이조 태조 때도 있었다. 대마도는 조선과 일본 양국 사이에 있어 그 중개를 맡는 특수사정도 있거니와, 원래 그 토지가 협소 척박하여 식량을 밖에서 구해야 생활을 유지하므로 <u>고려 말부터 조공과 동시에 미곡을 받아갔다.</u> 또 조선에서도 대마도를 우대하였으며 대마도는 통상의 이익을 독점하려 하였다. 그러나 그 땅에 기근이 들 때에는 해적으로 나타나 해안을 약탈하므로 병사를 일으켜 정벌하게 되었다.
>
> … 당시 일본은 <u>큐슈의 제후를 총동원하여 대마도를 방어케 하였으므로</u> 원정군은 전도의 토벌을 기할 수는 없었으나 심대한 타격을 주고 그해 6월 회군하였다.

고 하여, 2차례의 대마도 정벌을 기술했다. 그러나 대마도가 조공을 했다는 기술이나, 대마도정벌 때에 큐슈의 제후를 총동원하여 대마도를 방어했다는 기술은 사실과 큰 차이가 있다.

『한국민족문화대백과사전』에는,

> 고려말·조선초에 왜구를 근절시키기 위하여 세 차례에 걸쳐 대마도를 정벌한 일. …
> (이어 경위 설명)
> … 조선의 대마도정벌은 1396년과 1419년에 있었다.
> … 이에 태조는 12월 3일 우정승 김사형을 5도병마통처치사에 임명하고, 남재를 도병마사, 신극공을 병마사, 이무를 도체찰사로 삼아 5도의 병선을 모아 이키도와 대마도를 정벌하게 하였다. 그러나 이때 동원된 5도 병선의 수와 군대의 규모나 정벌의 결과 등에 대한 기록이 전혀 없어 자세한 내용을 알 수 없다.
> … 이와 같이 기해동정은 왜구를 종식시킨 결정적인 사건이었다. 동정 후 즉시 왜구가 근절된 것은 아니지만 이를 계기로 하여 대마도를 비롯한 서부 일본 각지의 도적들이 차츰 평화적인 내왕자로 변하게 되었던 것이다. …

라고 하여, 대마도정벌의 경위와 결과에 대해 상세히 기술했다. 그러나 대마도정벌이 3회라던가, 이를 계기로 왜구가 평화적 내왕자로 변했다는 기술은 좀 더 고증이 필요한 부분이다.

'삼포왜란'에 관해서, 『국사대사전』에는,

> 1510년(중종 5) 3포에서 일어난 일본인 거류민의 폭동사건, 일명 경오의 난. 3포를 개항한 이래 일본인들의 무역 및 거류가 허가되고, 해마다 3포에는 왜인의 내왕 거류하는 자의 수가 늘어 갔다. … 1510년에는 대마도주 소오에게 통보하여 그들의 철거를 요구하고, 또 일본 선박에 대한 감시를 엄중히 하매 그들의 불평이 늘어갔다. 그리하여 3포의 일본인들은 대마도 일본인의 내원을 얻어 대마도 소오씨의 군사를 중심으로 한 4~5천으로 폭동을 일으켜, 한때는 제포·부산포를 함락시키고 …
> 이 난으로 말미암아 우리나라와 일본간의 교통이 중단되자, 일본의 아시카가막부는 다시 수교의 복구를 청해왔고, 이에 따라 계해약조를 개정하여 새로 임신약조를 체결하고, 앞으로는 제포 1항만을 개항하게 하였다.

라고 기술하여, 삼포왜란이 거류규정을 어긴 일본인의 폭동이라 기술했다. 그러나 임신약조가 막부의 요청에 의해 이루어졌다는 기술은 재고해야 한다.

『한국민족문화대백과사전』에는,

> 1510년(중종 5) 삼포에서 일어난 <u>일본거류민들의 폭동사건.</u> 경오년에 일어났으므로 일명 '경오왜변'이라고도 한다. … (이어 삼포왜란의 경위기술) 이 삼포왜란을 계기로 삼포는 폐쇄되어 통교가 끊겼으며 이 상태는 1512년 임신약조를 체결하여 국교를 다시 열 때까지 계속되었다.

라고 하여, 삼포왜란은 삼포거류 일본인의 폭동사건으로 기술했다.

② 개설서류

『韓國史新論』에서는 對外政策에서 조선전기 한일관계를 다음과 같이 기술하고 있다.[14]

> 조선 초기에도 그들의 약탈행위는 가끔 일어났다. 산악이 많아 자신의 농산물만으로는 식생활을 충족시킬 수 없는 대마도의 왜인은 조선이 교역을 <u>거절할 때 해적과 같은 습성을 발휘할 수밖에 없었다.</u> 世宗이 이종무로 하여금 對馬島를 정벌케 한 것은 이 왜구의 근거지를 소탕하려고 한 것이었다.(세종 원년, 1419)
> 조선의 왜에 대한 강경정책의 결과 손해를 입은 것은 물론 倭人이었다. 이에 대마도의 宗氏는 누차 사신을 보내어 사죄의 뜻을 표하였으므로, 조정에서는 제한된 교역을 허락함으로써 그들을 회유하려고 하였다. 그래서 <u>乃而浦(熊川)·富山浦(東萊)·鹽浦(蔚山) 등 3浦를 열어 무역할 것을 허락하고, 3포에는 倭館을 두어 교역에 편케 하였다.</u> 그 결과 倭船이 3浦에 빈번히 내왕하면서 많은 미곡과 면포를 수출해 갔다. 이에 이를 제한하려고 한 것이 세

---

14) 앞의 『韓國史新論』, 259쪽.

종 25년(1443)의 癸亥約條였다. … 그 후 중종 5년(1510)에 3포에 거주하는
왜인들이 鎭將과의 충돌로 난을 일으켜 소란을 피웠다. 난이 진정된 후 3포
를 폐쇄하고 교역을 끊었으나, 대마도주의 애걸로 다시 중종 7년(1512)에
壬申約條를 맺고, 계해약조에 규정된 세견선과 세사미두를 반으로 감하여
각기 25척·100섬으로 제한하고 교역을 허락하였다.

당시 일본이 필요로 하여 가져가는 물건은 미곡·면포·마포·저포 등의 생
활필수품과 나전·도자기·화문석 등의 공예품, 그리고 대장경·유교서적·범
종·불상 등의 문화재였는데, 이러한 것들은 일본의 문화에 많은 공헌을 하
였다. 이에 대해서 그들이 가져오는 물건은 銅·錫·硫黃 등 우리나라에서 나
지 않는 광산물과 약재·향료 등 양반들의 사치품이었다.

즉 대마도의 척박한 자연환경으로 인한 왜구의 계속적인 출현, 왜구근절
을 위한 대마도정벌, 그 후 대마도에서 사죄의 사절을 보내어 제한된 교역
을 허락하고, 삼포를 개항했으며, 계해약조를 맺은 사실을 기술했다. 이어
삼포왜란과 교역의 단절, 그러나 대마도주의 애걸로 임신약조를 맺어 교역
이 재개되었다고 기술했다. 그리고 당시의 교역품에 관해 소개했다.

한편 『韓國通史』에서는 왜구의 근절과 납치된 포로의 송환, 대마도주에
대한 왜구근절의 책임 및 무역통제권 부여, 회유책(授職人制度), 대마도정
벌, 삼포개항, 계해약조, 대장경청구, 밀무역, 삼포왜란, 임신약조 등에 대해
비교적 소상하게 기술하였다. 그러나

세종 25년(1443)에는 對馬島主와 조약을 맺어 그의 歲遣船을 年 50척으
로, 歲賜米를 米豆 200섬으로 제한하였다. 특별한 경우에는 特送船을 보낼
수 있도록 하고, 따로 약정한 자에 대해서는 그들대로의 세견선을 보내 올
수도 있게 하였다. 이로써 대마도주 이외에도 일본국왕(足利將軍)이나 대소
의 호족들의 使送船이 내왕할 여지를 주었다. 이 조약을 癸亥約條라고 한다.

라고 하여 계해약조의 내용을 확대·해석하고 있다.15) 계해약조의 내용에

는 足利將軍이나 大小豪族들에 관한 세견선 약조가 구체적으로 명시되어 있지 않다. 이러한 내용은 『海東諸國記』에만 명시되어 있다. 또한

> 특히 倭使의 거의 모두가 大藏經이나 梵鐘 등을 희구하여 와서 이를 사여한 일도 적지 않았으며, 寺塔의 영조·수리나 佛事의 募財를 위하여 사신을 파견해 오기도 하였다. 이와 같은 문화재의 賜與는 일본의 문화 발전에 적지 않게 기여하였다.

고 하여, 대장경이나 불구의 구청 사실을 기술하면서, 조선 문화제의 賜與가 일본 문화 발전에 기여하였음을 강조했다.[16]

또한 『유구·남만과의 교섭』에서는,[17]

> … 조선 초기에 들어서면서 조선과 琉球의 교섭은 더욱 빈번해졌다. 유구의 추장도 일본처럼 해마다 세견선을 조선에 보내왔고 조선은 유구인에게 관직을 주어 우대한 일도 있었다. 한편 조선의 선박이 유구에 표착하는 일도 많았다. 그들 중에는 다시 조선을 송환되는 자도 있었으나 그대로 유구에 머물러 남방무역에 종사하는 자도 적지 않았다.

라고 하여 유구와의 교섭을 구체적으로 기술하였다. 그러나 유구국왕을 추장이라고 표기한 것이나, 조선인이 유구에 표착하여 유구에 머물면서 남방무역에 종사하였다는 기술은 좀더 고증이 필요한 내용이다.

그리고 조선초기 대외관계의 결론으로,[18]

> 조선초기 대외관계는 명에 대한 事大관계와 여타 諸族에 대한 교린관계로 이루어졌다. 그것은 조선이 명으로부터 책봉을 받는 반면에 여타 제족에

---

15) 앞의 『韓國通史』, 228쪽.
16) 위의 책, 229쪽.
17) 같은 책, 229쪽.
18) 앞의 책, 230쪽.

대해서는 授職·회유하는 정책이기도 했다. 이와 같은 의례적인 관계와는 달리, 실제적인 이해관계는 '朝貢'무역에 있었으며, 그것은 관무역을 위주로 하여 약간의 사무역이 수반되는 정도였다.

고 하여 事大와 交隣關係 속에서 조선의 대일관계가 이루어지고 있음을 설명했다. 그러나 조일무역의 성격을 완전히 조공무역이라고 단정하는데는 문제가 있으며, 사무역의 규모도 상당한 만큼 약간의 사무역이라는 표현은 모호한 표현이다.

한편 『다시찾는 우리역사』에서는 '일본 및 동남아 국가와의 교류'의 항목을 설정하여 기술하였는데,[19]

　　조선왕조의 영토확장정책은 남방으로도 미쳤다. 고려말 공민왕 이후로 식량과 문화재를 약탈하기 위해 들어오는 일본 하급무사들, 즉 왜구(倭寇) 때문에 해안지방은 하루도 편한 날이 없었고, 백성들은 산속으로 숨어들어 농사를 제대로 지을 수가 없었다. 일본은 그만큼 식량부족이 심각하고 선진 문명에 대한 욕구가 컸다. …
　　침략과 약탈이 어려워진 것을 알게 된 왜구와 그 배후 조종세력인 호족들은 평화적인 무역관계를 요구해 왔다. 조선은 일본과의 선린을 위해 이를 승인하고 부산과 창원 '내이포'를 개항하여 제한된 무역을 허용했다.

라고 하여, 앞에서와 마찬가지로 왜구를 식량과 문화재를 약탈하기 위해 들어오는 일본 하급무사로 기술하였고, 조일 통교가 왜구와 그 배후 조종세력인 호족들의 평화적인 무역관계에 의해 포소를 개항하면서 이루어졌다고 했다.

이어 대마도정벌과 계해약조, 교역품 등을 소개했고, 왜인은 생활필수품과 고급문화재가 필요하였고, 우리는 무기원료나 기호품이 필요했다고 기술하면서,

---

19) 앞의 『다시 찾는 우리역사』, 230쪽.

　한편, 일본의 무로마치 '室町' 정부는 조선의 불교『대장경』을 구하기 위해 사신을 보내 떼를 쓰기도 하였다(1424, 세종 6). <u>조선은 여러 벌의『대장경』을 소유하여 한질을 건네주었는데, 이것이 일본의 불교발전에 큰 영향을 주었다.</u>

고 하여, 대장경의 사여에 관해 기술하고 있다. 대장경의 구청은 1424년에만 있었던 것이 아닌 만큼 대장경의 구청과 사여에 관해서는 좀더 개괄적인 서술이 필요하다. 즉『朝鮮王朝實錄』에 기록된 대장경 구청에 관한 기사는 1394년부터 1539년까지 정확히 판명되는 것만도 청구횟수는 78회 이상이었고, 50질 이상의 대장경과 각종 불경이 사여되고 있다.

　한편 유구 및 동남아시아 여러 나라와의 교류를 다음과 같이 기술하고 있다.[20]

　　조선과 문물을 교류한 나라는 여진, 일본 이외에도 유구(유구, 오키나와), 섬라(타이), 자바(인도네시아) 등 동남아시아 여러나라가 있었는데, 이들 나라는 조공 혹은 진상의 형식으로 각종 토산품[주로 기호품]을 가져와서 의복, 포류, 문방구 등을 회사품으로 가져갔다. 특히 유구와의 교역이 활발하여, 대장경을 비롯한 불경, 유교경전, 범종, 부처를 건네주어 그 나라의 불교발전에 기여하였다.『朝鮮王朝實錄』에 의하면, 경복궁 대궐 앞은 일본 및 동남아시아 사신들로 붐볐다고 한다. <u>조선은 명나라와 어깨를 나란히 하는 문화수출국의 위치에 있었다.</u>

라고 기술하여, 동남아시아와의 교류를 서술하면서도 문화우위국의 입장을 주장했다.

　이상에서와 같이 조선전기 한일관계의 기술은 왜구문제로부터 출발하여 왜구를 통교자로 전환시키려는 노력, 대마도정벌, 삼포개항, 각종의 통교규정 및 약조, 삼포왜란, 교역품의 소개 등 구체적으로 서술되고 있다. 그러나

---

20) 위의『다시 찾는 우리역사』, 232쪽.

공통적으로 나타나는 특징은 곤궁한 왜구 내지는 왜인(일본)에 대해 규제를 해가면서 통교를 허락해주고, 대마도주를 내세워 통제해가며 경제적인 혜택을 주며, 문화적으로는 선진문화를 일본에 전해주어 일본문화발달에 기여했다는 경향으로 서술되고 있다는 점을 지적할 수 있다.

(2) 일본측 기술

① 사전류

『國史大辭典』에는, 조선전기 한일관계를 개괄적으로 다음과 같이 기술하고 있다.

> … 둘째로 이 시기에 일조관계가 왜구대책을 축으로 전개했다는 것에 의한다.
>
> 조선의 왜구대책은 다음의 두 가지로 분류할 수 있다. 첫 번째는 외교에 의해 일본측에 왜구를 억제시키는 것. 室町막부에는 변경까지 지배를 미칠 수 있는 능력은 없었고, 조선측은 막부와의 관계를 유지하면서도 今川了俊·小式氏·大內氏·宗氏 등의 西國지방 권력에 기대하여 이전부터 관계가 있었던 그들을 계속하여 우대하였다.
>
> 두 번째는 왜구회유책. 이것은 서국의 중소영주와 상인에게 국내의 관직을 부여하여(수직왜인) 관위에 상당하는 대우를 하였으며, 평화적인 무역을 희망하는 자(흥리왜인)에게는 자유로운 무역을 허가한다는 것으로 국내 체제의 정비와 상응하여 그 효과는 컸었다. 그 반면 무역을 요구하여 도항하는 자가 증대하여 조선측은 도항자 통제책으로 전환한다. 통제체계는 수도서제도, 서계·문인제도, 세견선제도, 포소제도 등이 있는데, 대마의 종씨는 여기에서 중요한 역할이 기대되어졌으며, 특히 우대되어 특권적인 지위를 점했다.
>
> 종씨와 조선 사이에 정식의 관계가 시작된 것은 14세기 말인데, 왜구금압에 진력하고 있던 당시의 도주 정무의 사망에 의해 재발을 우려한 조선이 대마의 왜구금절을 모색하여 행했던 것이 1419년(응영 26)의 應永의 外寇(己亥東征)이다. 그러나 세종이 실권을 잡았던 조선은 융화책으로 전환하여

15세기 중엽까지는 상기의 통제책이 정비되어졌다. 이들 통교 전반에 대한 결정, 조선국왕으로부터 종씨에게 사사되어졌던 것이 癸亥約條(가길 3년, 1443년)이다. 15세기 후반이 되면, 무역의 확대를 희망하는 일본인과 억제·축소를 모색하는 조선측과의 알력이 격화되어져, 1510년에는 삼포(부산포, 내이포, 염포)의 일본인이 폭동을 일으켰다(삼포의 난). 이후 삼포의 거류민은 대마로 송환되어졌고, 통교재개 후에도 개항장이 제포(후에 부산으로 변경) 한곳으로 제한되어졌으며, 무역액도 반감되는 등, 규제는 더 한층 엄중하게 되었다(임신약조). 그것에 대해서 종씨는 조선통교 상의 제권익을 대마 이외의 자들도 집중시켜 16세기 중엽에는 거의 독점했다. 그러나 대마측으로부터 보아 조선관계가 거의 손댈 수 없을 정도의 상태였다는 것은 부정할 수 없다. 또한 조선으로부터의 수입품은 불구(대장경·종·불상·불화), 직물(마포·목면포), 모피, 청자 등이었으며, 수출품은 광산물(동·유황·은), 공예품(큰칼·부채 등), 중계물자(염료·향료·약재) 등이다. 근세의 일본에서도 활발하게 생산하게 된 목면은 이 시기에 조선으로부터 도입되어졌다.

한편 대마도정벌과 삼포왜란에 관해서 『日本史辭典』에서는,

應永의 外寇 : 이씨 조선군에 의한 대마도 내습사건. 왜구에 계속 고통받아 왔던 조선은 1419년(응영 26)에 병선 227척, 1만 7천 명의 대군으로 왜구의 근거지인 대마를 습격하여 십 여일 만에 철퇴했는데, 명이 來寇해 온다는 풍설도 흘러들어와 세상의 정세가 소란하였다. 그러나 태종이 죽자 대마 -조선은 수교를 회복하였다.

삼포의 난 : 1510년(영정 7). 조선의 삼포에서 발생한 일본인의 폭동사건. 조선측에서는 경오왜변이라고 불리고 있다. 삼포라는 것은 내이포(현 창원군 웅천면)·부산포(현 부산시)·염포(현 울산시)의 세 항을 말한다. 삼포에 살고 있는 일본인은 항거왜라고 불려져, 互市나 어업에 종사하고 있었는데, 16세기에 중종이 즉위하게 되자, 정치 쇄신을 위해 일본 무역에 대해서도 통제를 엄중하게 하고, 항거왜의 거주권을 압박했다. 그 때문에 항거왜는 4월 대마도주 宗盛順의 원조를 받아 삼포를 공격하여 역인 등을 살해했다. 이 결과 일조간의 국교는 단절되었고, 임신약조에 의해 修好를 이루었는데, 내이포 한 항구에 한정되어졌으며, 거류권은 인정되지 않았고, 세견선·세사

미는 감소했다.

라고 하여, 대마도정벌을 습격사건, 삼포왜란을 폭동사건으로 기술했다. 또한 『日本史辭典』(岩波)에는,

　　　　<應永의 外寇> : 조선군에 의한 대마도 습격사건. 기해동정이라고도 함. 1419년(응영 26), 조선군의 장병 합계 17,285명이 병선 227척을 타고 65일 분의 식량을 준비하여 대마도 서안의 淺茅만에 상륙하여 전투를 개시. 집과 선박을 파괴하고 해적을 絶首하였으며, 포로 중국인을 보호했다. 태풍의 계절이 가까워 왔기 때문에 체재 15일 만에 귀환. 이 강경한 작전은 왜구의 근거지를 무력 제압하지 않으면 안 된다는 조선의 전 국왕 태종의 숙제였었다. 강경자세는 태종이 死去한 1423년까지 계속되었는데, 이후 조선은 세종의 평화적 통교책으로 전환하였다.
　　　　<삼포의 난> : 1510년(영정 7)에 조선의 삼포에 거주하고 있던 일본인 등의 봉기. 경오의 변이라고도 함. 조선정부는 왜인을 회유하고 동심에 통제하기 위해 1426년까지 경상도 남해안에 있는 내이포(제포)·부산포·염포를 개항지로서 삼포의 제도를 정비하였다. 이후 여기에 정주하는 일본인(항거왜)이 증가하였는데, 15세기말, 현지 주민과의 마찰로 불안을 느꼈던 조선정부는 관리를 강화하였다. 이것을 壓政이라고 보았던 항거왜와 대마도민 수천 명이 봉기한 것으로 거제도의 군사거점도 공격하여 패배하였고, 대마도로 도망쳐 돌아왔다. 1512년의 임신약조에 의해 대마와 다시 수교하여 내이포만을 개항하였고, 항거왜는 전면적으로 금지했다.

라고 하여, 대마도정벌은 조선군에 의한 대마도 습격사건. 삼포왜란은 조선정부의 압제에 의한 삼포거주 일본인 등의 봉기라고 기술했다.

② 개설서
室町幕府시기의 조선과의 통교에 관해서, 『詳說日本史研究』에서는,[21]

---

21) 앞의 『詳說日本史硏究』, 180쪽.

조선반도에서는 1392년 왜구를 격퇴해 명성을 얻은 무장 이성계가 고려
를 쓰러뜨리고 조선을 건국했다. 조선도 명과 마찬가지로 통교와 왜구의 금
지를 일본에 요구해왔다. 막부는 즉시 이것에 부응하여 일조관계를 시작했
다. 1419(응영 26)년 조선은 2백 척의 병선과 17,000명의 군병을 가지고 대마
를 공격했다. 이것을 應永의 外寇라고 말하는데 조선의 목적은 어디까지나 왜
구의 격멸에 있었기 때문에 무역은 일시적으로 중단된 후에 계속 이어졌다.

라고 하여, 통교의 계기가 조선이나 명이 모두 일본에 통교를 요구한 것
에 대해, 막부가 이에 응하여 통교가 시작되었다고 서술했다. 그리고 應永
의 外寇가 왜구의 격멸에 목적이 있었다고 서술했다. 이어서 '조선과의 통
교과정'을 비교적 소상하게 기술했다. 이어 삼포의 난에 관해서는,[22]

삼포에 정주하는 일본인도 증가하여 15세기 말에는 3천 명을 넘었다. 그
들은 여러가지 특권을 부여받고 있었는데, 1510(영정 7)년 그 운용을 둘러
싸고 폭동을 일으켜 조선의 役人에게 진압되었다. 이것을 삼포의 난이라고
부르며 무역은 이 뒤에 점차적으로 부진해져 갔다.

라고 하여, 3천 명이 넘는 일본인이 특권을 무시하고, 폭동을 일으킨 것
으로 서술했다.

『槪論日本歷史』에서도,[23]

「朝鮮과의 通交」 李氏朝鮮은 일본과의 통교를 위해 왜구의 취체를 구했
다. 14세기 말에 그 취체를 일본에 요구했던 조선은 일본과의 통교 무역을
제한적으로 허가했다. 그들의 교역을 관리·통제하는 역할을 대마의 종씨에
게 주었다. 1419(응영 29, 세종 원)년에 조선은 왜구의 근거지를 치려고 대
마를 습격한 사건이 있었는데(응영의 外寇), 16세기 후반의 이르러 조선에
의 통교권은 거의 宗氏에게 독점되어 졌다. 무역품으로써 일본으로부터 구

---

22) 위의 책, 181쪽.
23) 위의 『槪論日本歷史』, 78쪽.

리, 소목, 유황, 칠기 등이 수출되었고, 조선으로부터 목면, 대장경, 불구 등
이 수입되었다.

라고 서술하여, 조선에서 일본과의 통교를 위해 왜구의 취체를 구했다고
했다. 그리고 朝鮮을 지칭할 때 국호를 쓰지 않고 李氏朝鮮이라는 용어를
썼다. 그런데 현재 한국에서는 李氏朝鮮이라는 용어는 거의 쓰지 않고 있다.
『Story 日本の歷史』에서는 '日朝의 善隣時代'라는 소주제에서 양국의 통
교관계를 서술했는데,24)

> 이성계는 1392년 막부에 왜구의 금압을 요구하였으며 서일본의 諸大名에
> 게도 같은 요청을 행했다. 남북조의 내란을 종식시켜 자신감을 가지고 있던
> 장군 足利義滿은 이것에 응했고 이후 일조정부의 금합과 회유정책에 의해
> 왜구는 급속하게 감소해갔다. 이 영향을 받아 일본 국왕(足利義滿)과 조선
> 국왕은 1404년 대등한 선린관계로써의 국교를 열게 되었다. 600여 년 만에
> 열린 정식의 국교이다. 또 양국은 명을 종주국으로 받들어 책봉을 받았으며
> 동아시아의 국제관계는 안정되었다. 일조간의 교류는 일찍이 이러한 바가
> 없을 정도로 활성화되었다.

고 했다. 그런데 여기서는 통교의 계기는 조선의 왜구금압 요구에 부응
한 將軍과 諸大名의 노력에 의해 이루어졌다는 점, 1404년 일본국왕과 조선
국왕은 대등한 선린관계를 맺어 600년 만에 국교를 열었다는 점, 조일양국
이 명으로부터의 책봉을 받은 것은 동아시아의 국제관계의 안정을 의미한
다고 매우 긍정적으로 양국관계를 서술했다.
또 '對馬와 三浦'라는 주제로,25)

> 무로마치막부는 도쿠가와막부의 이른바 쇄국과 같은 통제는 아직 없었으

---

24) 앞의 『Story 日本の歷史』, 134쪽.
25) 위의 책, 134쪽.

며 국가에 의해 통교를 단일화하지는 않았다. … 종씨는 원래 왜구의 중심
적 인물이었는데 조선으로부터 도항 증명서(文引) 발급자의 지위를 인정받
아 일조통교의 두목이 되었다. 더욱이 막부로부터 수호직에 임명됨과 동시
에 조선으로부터도 세사품으로써 쌀과 잡곡을 매년 부여받고 있었다. 이전
에 왜구·해적·상인이었던 유력자는 조선에 투항하여 형식상 국왕의 신하가
되었고 통교권을 부여받았다. 그 때문에 교역은 조선으로의 朝貢과 그것에
대한 回賜라는 형태가 되었으며 일본측에게는 매우 유리했다.

라고 하여, 조일통교에서의 宗氏의 역할에 대해 언급하고, 그 외의 유력
자들은 조선에 투항하여 형식상 국왕의 신하가 되었고, 통교권을 받았으며,
그래서 교역은 조선으로의 朝貢과 回賜라는 형태가 되었지만 일본 측에 매
우 유리했다고 서술했다. 이 때문에 일조간의 통교는 특이한 형태를 취했고
국가 간의 사절교환 외에 細川氏와 大內氏 등의 有力守護大名, 對馬島主 宗
氏, 이전의 倭寇와 海賊·海商들이 각자의 레벨에서 조선국과 관계를 맺었다
고 서술했다.

이어 '은과 목면'을 소주제로 하여,[26]

일본으로부터는 동·유황·금 이외에 남해무역에서 얻어진 소목·후추 등,
조선으로부터는 목면이 교역품의 중심이었다. 동은 이윽고 1530년대 이후
로 은으로 바뀌었다. 石見에서 광산이 발견되어 조선으로부터 전해진 '灰吹
き法'이라는 새로운 정련법으로 은이 대량으로 생산할 수 있게 된 결과였
다. 목면은 전부 大名에게 병사의 의료와 철포의 화승으로써, 또 범포(돛에
쓰는 천)와 어망의 재료에도 필수품이었으나 국내 생산은 적었다. 조선의
목면이 그 필요를 충족시키고 있었던 것이었다. 문화면에서도 불교의 경전
(고려판대장경, 현재 한국 경상남도 해인사에 그 판목이 남아있다)·불교·불
상, 도자기 등이 수입되었다. 일조간의 교역은 양자의 이해관계로부터 때로
는 긴장을 초래하였으며, 삼포의 난(1510년 삼포의 일본인이 조선측의 규제
강화에 대해서 폭동을 일으켜 이후 개항장은 부산만이 되었다)과 같은 충돌

---

26) 앞의 책, 135쪽.

　　도 발생하였고 또 다시 왜구의 활동도 있었기는 했지만 거의 무로마치시대
　　를 통해서 계속되었다.

　라고 하여, 교역품의 구체적인 내용뿐만 아니라, 은의 정련법이 조선으로
부터 전래된 사실도 소상히 기술했다. 그러나 삼포의 난을 설명하면서, 이
난의 원인 당초 조·일간에 항거왜인수의 약정이 있었고, 이것을 지키지 않
은 데에 원인이 있었음에도, 단순히 조선측의 규제강화만을 서술했다.

3. 공통점과 차이점

　이상에서 한·일 양국개설서의 서술내용을 살펴보았다. 이 내용을 통해 개
설서에 나타난 한일관계사 서술의 공통점과 차이점을 주제별로 정리해보자.
　첫째, 여몽연합군의 일본침공에 관해서, 한국역사서에서는 사전류에는
일본원정이라는 항목으로 원정의 사실과 이로 인한 고려측의 피해를 서술
했고, 개설서의 경우는 4권 중 2권에만 서술되었는데, 원인과 과정을 주로
서술하였다. 침략의 원인을 설명함에 있어서는 몽고의 일본에 대한 조공요
청과 고려의 조정, 그리고 일본의 거절로 기술하고 있으며, 원정실패에 의
한 고려의 손실을 강조하였다.
　한편 일본역사서에는 사전류에서 몽고의 습래로 설명하면서, 그로 인한
일본사회의 영향을 강조했고, 『국사대사전』에서는 고려에 대한 피해를 강
조했다. 주목되는 기술이다. 개설서에서도 2권에 서술되었으나 1권은 소략
한 반면, 1권은 아주 상세히 元寇의 침입과 그에 대한 응전상황을 서술했다.
그러나 고려나 일본의 피해에 관해서는 언급이 없다. 이상 여몽연합군의 일본
침공에 관해서는 서술의 내용에 차이는 있으나, 특별한 쟁점은 없다고 본다.
　둘째, 왜구에 관해서는, 한국측 역사서에서는 사전류에 일본의 해적으로

규정하였고, 왜구발생을 여몽군의 일본정벌로 파생된 몰락한 무사와 농민
으로 설명하면서 대마도인이 중심이 되었다고 했다. 개설서의 경우, 주요내
용은 왜구침략 시점과 왜구의 규모, 창궐지역과 피해상황, 고려의 외교적
노력과 격퇴과정, 화포의 개발, 박위의 대마도정벌, 이성계의 무장세력으로
성장 등으로, 왜구의 침탈내용이나 피해, 그리고 왜구에 대한 응징을 주로
기술하였다. 그런데 왜구를 일본 하층무사집단으로 서술한 것은 주목된다.

　이에 비해 일본역사서에서는 사전류에, 왜구구성에 대해 왜구에 고려천
민과 제주도인을 포함시켜 기술했고, 『國史大辭典』에는 현재 일본학계의
정설이 되어 있는 3가지 학설을 모두 상세히 소개하고 있다. 다만 『日本史
辭典』(角川)에는 북구주나 세토내해의 어민과 토호로만 기술했다. 개설서에
는 4권 중 3권에서 왜구를 전기왜구와 후기왜구로 나누어, 그 구성과 활동
에 대해 서술하였다. 그런데 『詳說日本史硏究』에서는 전기왜구를 일본인을
중심으로 한 해적집단으로 서술했고, 그 중요한 근거지로 對馬·壹岐·肥前
의 松浦지방으로 서술했다. 그러나 『槪論日本歷史』에서는, 왜구를 민족이나
국경을 초월하여 연합한 세력으로 보고, 1350년 이후 조선반도에서 활발화
한 왜구는 對馬, 壹岐나 北九州를 거점으로 한 일본인이나 조선인을 주력으
로 했다고 기술했다. 그리고 『Story 日本の歷史』에서도 왜구는 해안과 밀접
한 관계를 가진 제민족이 잡거하는 지역에서 활동하였고, 현재의 국적에서
보면 일본인이나 조선인 혹은 그 혼혈을 중심으로 한 잡거집단이라고 서술
했다.

　양국의 개설서에서 왜구가 고려의 각지역을 습격하여 약탈을 자행하고,
고려에서는 이를 막기 위해 외교적 노력과 무력응징의 대책을 강구했다는
점에서는 공통적으로 기술하고 있다. 그러나 왜구의 구성원에서는 상당히
상반된 서술을 하고 있다. 즉 한국개설서는 왜구는 당연히 일본인 또는 몰
락한 일본인 하층무사로 서술했지만, 일본개설서는 왜구의 활동지역을 제
민족의 잡거지역으로 보고, 그 구성도 일본인, 조선인, 또는 혼혈의 잡거집

단으로 서술하고 있다.

셋째, 조선전기 통교부분에 관해서는 한국측 사전류에서 대마도정벌에 관해 왜구의 소굴인 대마도를 정벌한 일로 그 과정을 상세히 기술했다. 그러나 일본에서 규수의 제후를 총동원해서 방어했다거나, 왜구를 종식시킨 결정적인 사건이라고 기술한 부분에 대해서는 재고가 요청된다. 또 삼포왜란에 관해서는 일본인 거류민의 폭동사건으로 규정하면서 그 과정을 상세히 기술했다. 개설서에서는 통교개시의 상황, 삼포개항, 대마도정벌, 각종의 통교규정, 대마종씨 주도, 계해약조, 삼포왜란, 임신약조, 교역품 소개 등 사실에 충실히 서술하였다. 그러나 통교개시가 대마도주의 애걸에 의해서 시작되었다던가, 조선의 선진문화가 일본문화 발달에 기여했고, 조선 사신이 일본에 가서 수상과 동격의 대우를 받았다고 서술했다.

그러나 일본역사서에서는 대마도정벌을 應永外寇로 기술하면서 조선군의 내습 또는 습격사건으로 기술했고, 조일통교가 조선이나 명에서 요구한 것에 대해, 막부가 이것에 부응하여 이루어졌다던가, 삼포의 난의 원인을 조선의 통제에 의한 일본인의 봉기 등으로 기술했다.

한편 이 시기 조선과 유구에 관한 서술이 한국개설서에는 소개가 되어 있는데, 일본의 사전이나 개설서에는 기술되어 있지 않다. 그리고 조선전기 통교관계의 중요한 주제인 위사에 관해서는 양국개설서에 전혀 소개되어 있지 않다.

4. 맺음말

이상에서 현재, 양국에서 통용되고 있는 사전류와 개설서의 고려·조선전기 한일관계사 부분의 서술경향을 비교·분석하였다. 비교·분석의 결과 양국 역사서에서는 거의 동일한 주제들을 다루고 있음을 알 수 있었다. 그러나 같은 주제를 다루면서도 서술에 있어서는 부분적으로 상당한 차이를 보여준다. 예를 들면 왜구의 구성, 조일통교의 성격 등에서 아주 다르게 서술된 부분이 있음을 확인할 수 있었다. 그리고 그 서술경향은 현재 양국 간에 문제가 되고 있는 중·고교 역사교과서의 내용과 크게 다르지 않음을 확인할 수 있었다. 결국 중·고교 역사교과서 서술은 역사서의 내용을 그대로 반영한 것임을 알 수 있다. 따라서 역사교과서 왜곡문제는 교과서 몇 줄을 고쳐서 되는 일이 아니며, 역사인식과 역사서술 전체의 문제임을 직시해야 한다.

끝으로 바람직한 한·일 관계사 서술을 위한 몇 가지 제안을 하면서 결론에 대신하고자 한다.

첫째, 한일관계사가 事件中心이 아닌 通時的인 敍述이 되어야 한다. 일반적으로 전근대의 국제관계사를 서술할 때, 늘 戰爭史 또는 사건 중심의 역사를 서술한다. 그러나 한일관계만을 보더라도 갈등의 시기보다는 평화적이고 우호적인 시기가 더 길다. 이러한 점에서 서술방식이 바뀌어져야 한다. 고려·조선전기의 경우, 進奉船의 시대에서 倭寇의 시대로, 또 조선전기의 三浦를 통한 通交時期에서 임진왜란으로 그리고 다시 通信使와 倭館의 시기에서 개항기 사이는 대립과 갈등보다는 友好交隣을 강조했던 시기가 더 길었던 것이다.

둘째, 양국의 평화적인 관계에 대한 基本的인 歷史事實을 充實해야 한다. 즉 고려전기의 진봉선 무역을 통한 관계, 왜구 구성원이나 성격에 관한 기술, 통교계기와 과정, 三浦를 통한 양국의 평화적인 통교관계 등 양국의 평화적인 통교관계 등이 보다 사실에 충실하게 서술되어야 할 것이다.

셋째, 자국의 입장만을 강조하는 一國史的이고 一方的인 서술을 벗어나 客觀化 시켜가는 서술이 필요하다. 즉 한일관계사가 기본적으로 양국의 관계인만큼 어느 한편의 상황만을 서술해서는 안되고, 쌍방의 입장을 편견 없이 서술해야 한다. 예를 들면 왜구의 구성이나 약탈상에 대한 침략성을 분명히 서술하고, 그로 인한 조선인의 피해를 서술해야 하며, 조선전기 통교관계가 왜구문제를 해결하는 방향에서 이루어졌음을 상호보완적인 입장에서 서술되어야 한다.

넷째, 이 시기의 양국관계사를 정확히 파악하고 있는 專門家가 執筆해야 할 것이다. 왜냐하면 개설서 가운데는 오류가 적지 않고, 또 최근의 연구 성과가 충분히 반영되지 않은 채, 기존의 성과를 답습한 기술이 적지 않기 때문이다. 물론 양국개설서의 집필자 구성이나 방식에는 많은 차이가 있다. 그러나 개설서가 양국인에게 자국사를 이해하는 기본적인 학술서인 만큼 이 점이 충분히 고려되지 않으면 안 된다.

다섯째, 대립과 갈등의 악순환을 지향하고 바람직한 한일관계를 구축하기 위한 미래상을 만들어 갈 수 있는 肯定的인 側面의 韓日關係史를 강조하여 서술해야 한다. 예를 들면 조선전기 三浦와 조선후기 통신사와 부산왜관을 통한 통교관계 속에서 양국 간에는 우호교린을 상징하는 사례가 많다. 이러한 점들을 강조하여 對立과 葛藤보다는 友好와 共存의 歷史가 서술되어야 할 것이다.

제2장
한·일 역사교과서 중·근세 분야 쟁점사항의 비교

1. 머리말

2002년 이후 일본 역사교과서 왜곡문제가 한·일간에 외교문제로 비화되면서, 일본 역사교과서 특히 후소샤 중학교 역사교과서를 중심으로 많은 논의가 이루어졌다. 그러나 대부분의 연구가 해당 교과서 자체에 대한 분석에 그쳤을 뿐, 한·일간의 교과서를 동일선상에서 비교·분석하거나, 고등학교 교과서, 또는 개설서나 역사사전 등 역사서 전반에 관한 총체적인 분석이 이루어지지 않았다. 이 글에서는 이러한 상황을 염두에 두면서, 현재 양국에서 사용되고 있는 중·고교 역사교과서를 대상으로 중·근세 분야에서 쟁점이 되고 있는 부분을 비교 분석하려는 목적에서 작성했다.

중·근세란 한국의 경우, 고려시대부터 조선시대(개항전)까지이며, 일본의 경우는 平安時代 中期 이후부터 德川幕府 末期까지로 대략 10세기부터 19세기 중반까지의 시기이다.

비교 대상교과서는 한국의 경우, 국사편찬위원회 국정도서편찬위원회의 중학교 국사(2002년 3월 1일 초판발행, 2006년 3월 1일 발행)와 고등학교 국사(2002년 3월 1일 초판, 2006년 3월 1일 발행)를 견본으로 했다. 일본의 경우는 중학교의 경우는 도쿄서적(東京書籍)(2006년 2월 발행)과 후소샤(扶桑社)(2006년 3월 발행)판과 고등학교의 경우는 야마가와(山川)출판사(2007년 3월 발행)판을 대상으로 했다.

양국의 교과서의 중·근세 한일관계사분야에서 다룬 주제는, 한국의 경우는 麗·몽군의 일본침략, 왜구, 조선초기의 통교관계 및 쓰시마정벌, 삼포왜란, 임진왜란, 통신사, 왜관 등이며, 일본의 경우는 元寇, 倭寇, 朝鮮과의 通交, 豊臣秀吉의 朝鮮侵略, 通信使, 왜관 등 양국이 거의 비슷한 주제를 기술하고 있다.

이 글에서는 이러한 주제들을 대상으로 어느 주제가 어떻게 기술되고 있으며, 일본 교과서의 왜곡부분이 왜 문제가 되는가를 검토하고, 아울러 일본교과서와 한국교과서의 기술은 어떠한 차이를 보이고 있으며, 우리교과서 기술에는 어떠한 문제점이 있는가를 비교 분석하고자 한다.

2. 주제별 기술경향

1. 여몽연합군의 일본침공(元寇)

1) 한국교과서

한국교과서의 경우 여몽연합군의 일본침공은 중학교 교과서에는 기술되어 있지 않다. 고등학교 교과서의 경우도 별도의 언급은 없고, 다만 원의 내정간섭을 설명하는 부분에서,

> **원의 내정간섭**
> ··· 원은 <u>일본원정</u>을 준비하기 위하여 설치했던 정동행성을 계속 유지하여 내정간섭기구로 삼았고, 군사적으로 만호부를 설치하여 고려의 군사조직에 영향력을 행사하고, 다루가치라는 감찰관을 파견하여 내정을 간섭하였다.

라고 기술하였다.[1] 따라서 이 기술만으로는 내용을 파악할 수가 없다.

---

1) 고등학교 『국사』, 74쪽.

2) 일본교과서

한국교과서에 비해 도쿄서적『역사』교과서에서는 자세히 언급하고 있다.

> **두 번의 來襲**
> 쿠빌라이는 일본을 복종시키기 위해 재차 사자를 보내 왔지만, 집권했던 北條時宗이 이것을 물리쳤기 때문에 고려의 군세를 합하여 공격해 왔다. 1274(文永 11)년에는 쓰시마·이키를 거쳐 북구주의 하카다만에 상륙하여, 집단전법과 우수한 화기에 의해 일본군을 교란시키고 철수했다. (文永의 役)
> 1281(弘安 4)년에는 다시 공격을 해왔는데, 御家人의 활약과 해안에 쌓은 석벽 등의 방비에 의해 원의 대군은 상륙하지 못한 채 폭풍우에 대손실을 입고 퇴각했다.(弘安의 役)
> 이 두 번의 습래(元寇) 후에도 원은 일본에 원정을 행하려 했지만 계획만으로 그쳤다.

라고 하여, 元寇의 침입과정과 그에 대한 응전상황을 소상히 기술했다.[2] 그러나 전쟁으로 인한 고려나 일본의 피해에 관해서는 언급이 없다.
  한편 후소샤 교과서에서는,

> **元寇**
> 쿠빌라이는 동아시아로 지배를 확대해 가는 중에, 드디어 동방에 독립을 유지하고 있던 일본도 정복하려고 획책하였다. 쿠빌라이는 우선 일본에 수차례 사자를 보내 복속하라고 요구하였다. 그러나 조정과 가마쿠라막부는 일치하여 이것을 거부하였다. 막부는 北條時宗를 중심으로 원의 襲來에 대비하기 시작하였다.
> 元軍은 드디어 1274(文永 11)년과 7년 후인 1281(弘安 4), 2회에 걸쳐, 대선단으로 일본을 습격해왔다. 일본 측은 약탈과 폭행의 피해를 입었고, 신기한 병기에도 괴롭힘을 당했다. 가마쿠라 무사들은 이것을 국난으로 받아들였기 때문에 잘 싸웠다. 또 2회 모두 원군은 후에「가미카제(神風)」로 불리는 폭풍우에 시달리며 패퇴했다. 이렇게 하여 일본은 독립을 보전할 수 있었다. 이 2회에 걸친 원군의 침공을 겐코우(元寇)라고 한다.

라고 하여, 몽골군의 일본침입에 대해 기술하고 있지만,[3] 고려군이 합세했다는 기술은 없다. 그리고 일본은 몽골의 침입에 대비했고, 몽골의 약탈

---

2) 도쿄서적,『역사』, 58~59쪽.
3) 후소샤,『새로운 역사교과서』, 70쪽.

과 폭행에 피해를 입었지만, 막부의 무사들과 神風의 덕으로 잘 물리쳤다고
기술했다.

한편 고등학교 교과서에는,[4]

蒙古襲來

징키스칸의 손자 쿠빌라이칸은 중국을 지배하기 위하여 도읍을 대도회 북경으로 옮기고, 국호
를 원으로 정하고, 고려를 전면적으로 복속시킨 후, 일본에 대해 여러 차례 조공을 강요했다. 그
러나 막부의 집권자인 北條時宗이 이것을 거부했기 때문에 원은 고려의 군세를 합쳐 약 3만의
병으로, 1274(文永 11)년, 쓰시마·이키를 공격한 후, 일거에 북구주의 하카다만에 상륙했다. 미
리부터 경계를 하고 있던 막부는 구주지방의 소령을 가진 御家人을 동원하여, 이들을 공격했지
만 원군의 집단전과 우수한 병기에 대해 일본군은 고전을 면치 못했다. 그러나 원군도 손해를
크게 입었고, 폭풍우에 의해 물러섰다.(文永의 역) …

… 두 차례에 걸친 습래의 실패는, 원에 정복된 고려나 남송인 들의 저항에 의한 것도 있지만,
막부의 통제 아래서, 특히 구주지방의 무사가 잘 싸운 것이 큰 이유가 되었다.

라고 하여, 앞의 중학교 교과서와 같은 논조이지만, 몽골과 고려군의 연
합의 사실을 구체적으로 기술했다. 그러나 일본의 피해에 대해서는 언급이
없고, 구주지방 무사들의 선전을 높이 평가하고 있다.

2. 倭寇

1) 한국교과서

중학교 교과서에서는 <홍건적과 왜구의 격퇴>라는 항목에서,[5]

홍건족과 왜구의 격퇴

공민왕 때에는 홍건적과 왜구가 고려에 자주 침입하였다. 홍건적은 원이 쇠약해진 틈을 타서
일어난 한족의 농민 반란군이었다. …

한편, 왜구는 일본의 쓰시마 섬에 근거를 둔 해적으로, 일찍부터 해안 지방에 침입하여 노략질

---

4) 山川出版社, 『상설 일본사』, 100~101쪽
5) 중학교, 『국사』, 117쪽.

> 을 하였다. 공민왕 때에는 왜구에게 강화도까지 약탈당하고, 개경이 위협을 받을 정도였다.
> 왜구의 침입으로 조세의 해상운송이 어려워져 국가재정이 궁핍하게 되었고, 해안에서 멀리 떨어진 내륙까지 큰 피해를 입었다. 이 때 최영, 이성계 등이 나서서 왜구를 토벌하였고, 최무선은 화포를 사용하여 왜구를 격퇴하는데 큰 공을 세웠다. 이어서 박위는 전함 100척을 이끌고 왜구의 소굴인 쓰시마섬을 토벌하여 그 기세를 꺾었다.
> 이와 같이 홍건적과 왜구의 침입을 격퇴하는 과정에서 최영·이성계 등 무인 세력이 성장하게 되었다.

라고 하여, 왜구가 조선을 습격하는 상황과 이를 진압하는 과정을 개괄적으로 소개하면서, 최영·이성계 등이 왜구의 격퇴과정을 통하여 무인세력으로 성장하고 있음을 기술했다. 그리고 그림으로 홍산대첩(최영), 진포대첩(나세), 관음포대첩(정지), 황산대첩(이성계)과 박위의 쓰시마정벌에 관해 상세히 그렸고, 전북 남원에 있는 황산대첩비와 비각의 사진을 넣었다.

한편 고등학교 『국사』에는 <고려의 멸망>이라는 항목에서,

> **고려의 멸망**
> 한편, 북쪽에서 홍건적이 침입해 와 공민왕이 복주(안동)까지 피난하기도 하였고, 남쪽에서는 왜구의 노략질이 계속되어 해안지방을 황폐하게 하였다. 이에 고려에서는 남과 북의 외적에 대한 토벌작전을 수행하였다. 이 과정에서 최영과 이성계는 큰 전과를 올려 국민의 신망을 얻었다.

라고 기술하여, 왜구에 대한 기술이 전혀 되어 있지 않다. 중학교 교과서의 내용에 비하여 너무 소략하며, 고려말 왜구의 침탈과정을 전혀 이해할 수 없다. 본문의 내용이 이러한 반면, 읽기자료에는 진포대첩과 황산대첩의 『고려사』 원문내용이 소개되어 있다. 각기 내용을 소개하면,

> **진포대첩**
> 우왕 6년(1380) 8월 추수가 거의 끝나 갈 무렵, 왜구는 500여 척의 함선을 이끌고 진포로 쳐들어와 충청·전라·경상도의 3도 연해의 주군을 돌며 약탈과 살육을 일삼았다. 고려 조정에서는 나세, 최무선, 심덕부 등이 나서서 최무선이 만든 화포로 왜선을 모두 불태워 버렸다. …
> <고려사>

황산대첩

  운봉을 넘어 온 이성계는 적장 가운데 나이가 어리고 용맹한 아지발도를 사살하는 등 선두
에 나서서 전투를 독려하여 아군보다 10배나 많은 적군을 섬멸했다. 이 싸움에서 아군은
1600여 필의 군마와 여러 병기를 노획하였고, 살아 도망간 왜구는 70여 명밖에 없었다고 한
다. <고려사>

라고, 소개되었다. 본문의 내용과 어울리지 않는 자료로 생각된다. 차후
본문의 내용은 물론 다른 사료와 함께 보완되어야 할 것이다.

2) 일본교과서

왜구에 관해서 도쿄서적, 『역사』에서는6),

동아시아의 변동

  이 무렵 중국에서는 한민족이 명을 건국하고, 몽골민족을 북으로 내 몰았다. 명은 대륙연안을
습격하는 왜의 단속을 일본에 구했다. 이 무렵 西國의 무사나 상인·어민 가운데 집단을 만
들어 무역을 강요하며 해적행위를 행하는 자가 있었는데 왜구라고 불려졌다. 義滿은 왜구를
금하고 정식의 무역선에 명으로부터 받은 勘合이라는 증명서를 써서 일명무역(감합무역)을 시
작했다.
  주) 왜구 속에는 일본인 이외의 사람도 많이 있었다.

라고 하여, 왜구를 서국의 무사나 상·어민 가운데 해적행위를 하는 집단
으로 기술했다. 그런데 주를 달아서 왜구 속에는 일본인 이외의 사람도 많
이 있었다는 내용을 기술하여 다른 해석을 할 수 있게끔 했다.
  한편 같은 중학교 교과서이면서, 현재 한·일간에 가장 심각하게 문제가
되고 있는 후소샤출판의 『새로운 역사교과서』에는7),

---

6) 도쿄서적, 『역사』 64쪽.
7) 후소샤, 『새로운 역사교과서』, 79쪽.

감합무역과 왜구

14세기 후반, 중국에서는 한민족의 반란에 의해서, 원이 북방으로 추방되고, 명이 건국되었다. 명은 일본에 왜구 단속을 청해 왔다. 왜구란 이즈음 조선반도나 중국의 연안에 출몰하였던 해적집단이다. 그들은 일본인 외에 조선인도 많이 포함되어 있었다.

라고 하여, 왜구의 구성에 일본인 외에 조선인을 포함시켜 기술했다. 도쿄서적 교과서의 표현을 보다 명확히 한 것으로 일본인 이외의 사람에 조선인을 포함시키고 있다.

한편 고등학교 교과서에는,

동아시아와의 교역

남북조 동란기, 쓰시마·이키, 히젠 마쓰우라(肥前松浦)지방의 주민을 중심으로 한 해적집단이 조선반도나 중국대륙의 연안을 습격하여 왜구라고 불리며, 공포스럽게 되었다. 왜구는 조선반도 연안의 사람들을 포로로 하며, 쌀과 콩 등의 식료를 약탈했다. 왜구에게 골머리를 앓았던 고려는 일본에 사자를 보내어 왜구의 금지를 청했지만, 일본의 내란 때문에 성공하지 못했다.

라고 하여, 왜구를 쓰시마·이키, 히젠 마쓰우라(肥前松浦)지방의 주민을 중심으로 한 해적집단으로 기술하면서 그들의 약탈행위를 강조했다. 그리고 15세기경의 동아시아라는 지도를 삽입하여, 전기왜구와 후기왜구의 침략지를 그려 넣었다. 왜구 구성에 관해서는 중학교 교과서와는 다르게 비교적 객관적인 기술로 평가할 수 있다.

3. 조선전기 통교관계

1) 한국교과서

중학교『국사』에서는 조선초기의 대외관계에서, 조선전기 한일관계를 다음과 같이 기술하고 있다.[8]

---

8) 중학교,『국사』, 130쪽.

조선초기의 대외관계

　한편, 조선은 수군을 강화하여 왜구의 노략질을 막고, 세종 때에는 왜구의 근거지인 쓰시마 섬을 토벌하였다. 그 후 일본이 평화적인 무역 관계를 요구해 오자, 조선은 일본과 친선 관계를 유지하고자 제포(진해), 부산포, 염포(울산) 등 3포를 개항하였다.

　이곳에서 일본인들은 구리, 황, 향료 등을 가져와 식량, 의복, 서적 등과 교역하였는데, 일본은 주로 생활 필수품과 서적 등 문화 용품이 필요하였고, 조선은 무기의 원료나 양반들의 기호품이 필요하였기 때문이다. 그 밖에 조선은 류큐, 시암(타이), 자바 등 동남 아시아 여러 나라와도 널리 교역을 하였다.

　즉 조선에서는 왜구근절을 위해 쓰시마를 정벌했고, 일본이 평화적인 통교를 요구하자 일본과 친선관계를 맺고, 삼포를 개항했다는 사실과 당시의 교역품에 관해 소개했다. 또한 유구와 동남아 여러 나라와의 교역사실도 기술하여 조선의 대외관계를 폭넓게 소개했다. 그러나 일본과의 친선관계라는 용어보다는 교린관계라는 용어가 더 적합하다.

　한편 고등학교, 『국사』에서는,[9]

일본 및 동남 아시아와 관계

　조선은 일본이나 동남아시아 여러 나라와의 교류에는 교린 정책을 원칙으로 하였다. 고려 말부터 조선 초기까지 계속된 왜구의 침략으로 폐해가 심해지자 조선은 수군을 강화하고, 성능이 뛰어난 전함을 대량으로 건조하였다. 특히, 화약 무기를 개발하여 선박에 장착하는 등 왜구의 격퇴에 노력하였다.

　이에 따라 침략과 약탈이 어려워진 왜구들이 평화적인 무역 관계를 요구해 오자, 조선은 일부 항구를 개방하여 제한된 무역을 허용하였다. 그러나 이후에도 왜구의 약탈이 계속되자, 이를 강력히 응징하기 위하여 왜구의 소굴인 쓰시마 섬을 토벌하였다. 아울러 왜구의 요구를 받아들여 남해안의 부산포, 제포(진해), 염포(울산) 등 3포를 개방하여 무역을 허용하고, 제한된 범위 내에서 교역을 허락하였다.

　또, 조선 초에는 류큐, 시암, 자바 등 동남 아시아의 여러 나라와도 교류하였다. 이들 나라는 조공 또는 진상의 형식으로 기호품을 중심으로 한 각종 토산품을 가져와서 옷, 옷감, 문방구 등을 회사품으로 가져갔다. 특히, 류큐와의 교역이 활발하였는데, 불경, 유교 경전, 범종, 부채 등을 전해 주어 류큐의 문화 발전에 기여하기도 하였다.

---

9) 고등학교, 『국사』, 89쪽.

라고 하여, 조선의 교린정책을 소개했고, 조선은 교린정책 하에서 삼포를 개항하여 일본 및 동남아시아의 여러 나라와 교역을 했음을 기술했다. 이어 쓰시마정벌과 교역품 등을 소개했고, 동남아 특히 유구와의 교역을 소개했다. 그러나 유구와의 교역품 중에는 유교 경전과 부채가 등장하는데 검증되지 않는 부분이다.10)

2) 일본교과서

조선전기(室町幕府시기)의 조선과의 통교에 관해서, 도쿄서적 『일본사』에서는

> **동아시아의 변동**
> … 조선반도에서는 고려가 멸망하고, 대신하여 조선국이 세워졌다. 조선어를 글로 표현한 한글이라는 문자를 만들었고, 일본과의 무역도 열게 되었다.

라고 하여,11) 아무런 설명없이 조선과 무역을 개시했다고만 기술하였다. 이에 반해 후소샤출판의 『새로운 역사교과서』에는,12)

> **조선과 유구**
> 조선반도에서는 14세기에 이성계가 고려를 무너뜨리고 조선국(李氏朝鮮)을 건국하였다. 조선도 명과 마찬가지로 일본에 왜구의 금지와 통교를 요구해왔다. 막부가 이에 응한 결과, 日朝무역이 시작되었다. 그러나 16세기에 들어가면 日朝간에 마찰이 일어나, 조선과의 무역은 부진하게 되었다.

---

10) 이 부분의 기술은 한국사 개설서인 한영우, 『다시찾는 우리역사』 232쪽의 기사를 그 대로 인용한 것으로 추측된다.

> 조선과 문물을 교류한 나라는 여진, 일본 이외에도 유구(유구, 오키나와), 섬라[타이], 자바[인도네시아] 등 동남아시아 여러나라가 있었는데, 이들 나라는 조공 혹은 진상의 형식으로 각종 토산품 [주로 기호품]을 가져와서 의복, 포류, 문방구 등을 회사품으로 가져갔다. 특히 유구와의 교역이 활발하여, 대장경을 비롯한 불경, 유교경전, 범종, 부처를 건네주어 그 나라의 불교발전에 기여하였다.

11) 도쿄서적, 『일본사』, 65쪽.
12) 후소샤, 『새로운 역사교과서』, 87쪽.

라고 기술하여, 조선의 국호를 폄하하여 李氏朝鮮이라고 했으며, 조일통교가 조선의 요구에 막부가 응한 것으로 표현하는 등 역사사실과는 정반대 기술을 하고 있다. 그리고 16세기의 삼포왜란 등의 사건 등을 일조간의 마찰로 단순하게 기술했다.

한편 야마가와출판의 고등학교 상설 『일본사』에는,[13]

동아시아와의 교역

　조선반도에서는 1392년 왜구를 격퇴하여 명성을 높인 장군 이성계가 고려를 무너뜨리고 조선을 세웠다. 조선도 또 통교와 왜구의 금지를 일본에 요구하고 足利義滿도 여기에 응해서 양국 사이에 국교가 열렸다. 일조무역은 明과의 무역과 달리 막부만이 아닌 처음부터 守護·國人·商人 등도 참가하여 번성하게 일어났기 때문에 조선측은 對馬의 宗氏를 통하는 통교에 관한 제도를 정하여 무역을 통제했다. 일조무역은 永応의 외구(주2)에 의해 일시 중단되었지만, 16세기까지 활발하게 행해졌다.(주3)

朝鮮에서의 주된 수입품은 직물류로 특히 목면은 대량으로 수입되었고, 의료 등 사람들의 생활양식에 큰 영향을 미쳤다.(주4) 그러나 이 일조무역도 1510(永正 7)년에 삼포의 난(주4)이 일어난 뒤로 차츰 쇠퇴해갔다

주1) 宗氏의 堂主가 交代하여 왜구의 활동이 활발해졌기 때문에 1419(永応 26)년, 조선군은 왜구의 본거지로 생각되었던 對馬를 습격했다.

주2) 조선은 일조무역을 위해 부산포(부산)·내이포(제포)·염포(울산)의 3항(삼포)를 열고, 이들 3항과 수도 한성(한양)에 일본사절의 접대와 무역을 위한 왜관을 두었다.

주3) 일본에서의 수출품은 동·유황 등의 광산물이나 공예품 외에 유구무역에서 손에 넣은 소목(염료)·향목(향료) 등이었다. 또 수입품 이외에는 대장경도 보여진다.

주4) 삼포에 사는 일본인에게는 다양한 특권이 주어졌는데 이 특권이 차츰 축소되어 가면서 여기에 불만을 품은 일본인이 폭동을 일으켜 진압되었다.

라고 하여, 조일관계 및 통교내용에 관해 비교적 상세히 기술했다. 그러나 중학교 교과서와 마찬가지로 통교의 계기가 조선이나 명이 모두 일본에 통교를 요구한 것에 대해, 막부가 이에 응하여 통교가 시작되었다고 기술했다. 뒤에 상술하겠지만 역사적인 사실과 전혀 다른 기술이다. 그리고 應永의 外寇(쓰시마정벌)가 왜구의 격멸에 목적이 있었다고 기술했다. 이어서 조선과의 무역품을 소개하고, 삼포의 난에 의해서 조일간의 무역이 쇠퇴했

---

13) 야마가와출판, 『상설 일본사』, 131쪽.

다고 기술했다.

4. 豊臣秀吉의 朝鮮侵略

1) 한국교과서

중학교 역사교과서에는 <왜란과 호란의 극복>의 주제하에, 임진왜란을 <왜군의 침입>, <수군과 의병의 활약>, <왜란의 극복>, <왜란의 결과>, <통신사의 파견>의 5항목으로 기술했다.[14] 그 순에 따라 기술부분을 간단히 요약해 보면, 우선 <왜군의 침입>에 관해서는,

---

왜군의 침입

조선이 양반 사회의 분열과 군역 제도의 문란으로 국방력이 약화되어 가던 16세기 말, 동아시아의 국제 정세는 크게 변하고 있었다.

중국 대륙에서는 여진족이 다시 일어나 힘을 키워 갔으며, 일본에서는 도요토미 히데요시가 100여 년에 걸친 전국 시대의 혼란을 수습하여 통일 국가를 이룩하였다. <u>도요토미는 불평 세력의 관심을 밖으로 쏠리게 하고 자신의 대륙 진출 야욕을 펴기 위해 조선을 침략하고자 하였다.</u> 일본은 서양에서 들어온 조총으로 군대를 무장시키고, 침략을 위한 준비를 철저히 하였다. 그리고는 명을 정복하러 가는 데 길을 빌리자는 구실을 내세워 20여만 명의 군사를 <u>출병</u>시켰다. 이를 임진왜란이라고 한다.

1592년 4월, 왜군이 부산진과 동래성으로 침략해 오자, 정발과 송상현 등이 힘껏 싸웠으나 막지 못하고 성이 함락되고 말았다. 그 후, 왜군은 세 길로 나누어 북쪽으로 쳐들어왔다. 조선 정부는 충주에 방어선을 치고 그들의 북상을 막으려 하였으나, 이 역시 실패하고 말았다. 왜군이 한양 근처에 육박하자 선조는 의주로 피란하였다. 왜군은 평양과 함경도 지방까지 북상하여 한반도 전역을 그들의 손아귀에 넣으려고 하였다.

라고 하여, 임진왜란의 원인을 도요토미가 불평세력의 관심을 밖으로 돌리고, 자신의 대륙침략 야욕을 펴기 위해 침략했다고 기술했다. 그러나 20만 명의 군사를 출병시켰다는 표현은 종래 일본교과서에서 문제가 되었던 출병이라는 용어를 그대로 사용했다는 점에서 오해의 소지가 있다. 동원이

---

14) 중학교, 『국사』, 147~150쪽.

라는 용어가 더 적합할 것으로 사료된다.

　다음 <수군과 의병의 활약>과 <왜란의 극복>에서, 일본군의 침략에 대한 응전으로 조선이 수군과 의병의 활약을 기술했고, 조명연합군과 수군의 활약에 의해 왜란이 극복되어 가는 과정을 기술했다. 먼저 <수군과 의병의 활약>에서는,

---

수군과 의병의 활약

　조선은 육전에서와 달리 해전에서는 곳곳에서 왜군에 큰 타격을 입혔다. 이순신이 이끄는 수군이 옥포에서 첫 승리를 거두고, 이어서 거북선을 앞세워 사천, 당포, 한산도 앞 바다 등 여러 곳에서 승리를 거두었다. 조선은 수군의 활약으로 제해권을 장악하여, 왜군의 보급로를 차단하고, 전라도 곡창 지대와 황해안을 지킬 수 있었다.

　수군이 해전에서 승리한 것과 때를 같이하여 전국 각지에서 의병이 일어나, 향토를 방어하고 조국을 구하려고 하였다. 향토 지리에 익숙한 의병은 그에 알맞은 전술과 전략을 개발하여 적은 병력으로도 적에게 큰 피해를 입혔다. 의병은 경상도에서 곽재우가 처음 일으킨 후 조헌, 고경명, 정문부, 유정(사명대사) 등이 여러 지방에서 왜군과 싸웠다.

　라고 하여, 이순신이 이끄는 수군의 활약과 전국에서 일어난 의병의 활약상을 기술했다. 이어 <왜란의 극복>에서는,

---

왜란의 극복

　수군이 승리를 거두고 의병의 활동이 활발하게 전개될 무렵, 명의 원군까지 도착하여 조선은 왜군에 반격을 가하게 되었다. 이 때 김시민은 진주에서, 권율은 행주산성에서 큰 승리를 거두었다.

　이에, 경상도 해안 지방으로 밀려났던 왜군은 전열을 가다듬기 위해 휴전을 제의하였다. 그러나 3년간을 끌어 오던 화의 교섭이 실패하자, 왜군은 다시 공격해 왔다(정유재란, 1597).임진년과 달리 이번에는 조선군도 군비를 잘 갖추고 명군과 협조하여 왜군을 쉽게 물리칠 수 있었다. 또, 물러났던 이순신이 다시 기용되어 명량에서 왜군을 대파하였다.

　마침 도요토미가 사망하고 전세도 불리해지자 왜군은 철수하기 시작하였다. 이 때 이순신은 퇴각하는 왜군을 노량에서 격멸하였으나, 적의 유탄에 맞아 장렬하게 전사하였다. 이로써 7년에 걸친 전쟁은 끝이 났다.

　라고 하여, 조명연합군의 반격, 김시민, 권율의 승리, 강화회담의 실패,

정유재란, 이순신의 활약, 도요토미의 사망, 일본군의 철수 등으로 임란이
극복되는 과정을 기술했다.

이어서 일본군의 침입에 의한 임진왜란 7년 전쟁의 결과와 영향에 대해
서 기술했다. 그 내용을 보면,

왜란의 결과

7년간의 전쟁은 조선의 승리로 끝났고, 일본의 침략 의도는 좌절되었다. 일본은 조선의 항복
을 받지도 못했고, 영토를 얻지도 못했다. 그렇지만 이 전쟁으로 가장 큰 피해를 본 것은 조선
이었다.

전 국토가 황폐하여 경작지가 전쟁 전에 비해 3분의 1 이하로 줄고, 인구도 크게 줄어들었다.
전쟁 중에 수많은 사람들이 일본에 포로로 잡혀갔으며, 일부는 포르투갈 상인에 의해 유럽 등
지에 노예로 팔려 가기도 하였다. 또, 전쟁 중에 노비 문서가 불태워지고 양반의 위신이 떨어져
신분제가 흔들리게 되었다. 문화재의 손실도 매우 커서 불국사, 사고 등이 불에 타 버렸고, 활
자, 서적, 도자기, 그림 등 많은 문화재를 일본에 약탈당하였다.

임진왜란은 조선뿐만 아니라 일본과 중국에도 큰 타격을 주었다. 일본에서는 정권이 바뀌었
고, 명도 전쟁으로 국력이 쇠약해져 결국 만주의 여진족에게 지배권을 내주게 되었다. 그러나
조선으로부터 여러 가지 문화재와 선진 문물이 일본에 전해져, 일본은 문화 발전을 이룰 수 있
었다.

라고 하여, 임진왜란에 의한 조선의 인적, 물적 손실과 문화재의 소실 등
전쟁으로 인한 조선의 피해를 기술했고, 이로 인한 동아시아지역에서의 세
력변동에 대해서도 기술했다. 반면 일본은 조선으로부터 여러 가지 문화재
와 선진문물이 전해져 일본문화의 발전을 이루었다고 기술했다. 조선으로
부터 유학, 활자기술이나 도자기술 등 문화적인 전수가 이루어진 것은 사실
이나 일본문화의 발전을 이룩하였다는 기술은 좀 더 신중해야 한다.

한편 고등학교 『국사』교과서에는, <양난의 극복>이라는 대주제 아래에,
<왜군의 침략>의 항목에서,

왜군의 침략

15세기에 비교적 안정되었던 일본과의 관계는 16세기에 이르러 대립이 격화되었다. 일본인
의 무역 요구가 더욱 늘어난 데 대해 조선 정부의 통제가 강화되자, 중종 때의 3포 왜란(1510)

> 이나 명종 때의 을묘왜변(1555) 같은 소란이 자주 일어났다. 이에, 조선은 비변사를 설치하여 군사 문제를 전담하게 하는 등 대책을 강구하였고, 일본에 사신을 보내 정세를 살펴보기도 하였다.
> 일본은 전국 시대의 혼란을 수습한 뒤 철저한 준비 끝에 20만 대군으로 조선을 침략해 왔다(1592). 이를 임진왜란이라 한다. 전쟁에 미처 대비하지 못한 조선은 전쟁 초기에 왜군을 효과적으로 막아낼 수 없게 되자, 선조는 의주로 피난하여 명에 원군을 요청하였다.

라고 하여, 임진왜란의 원인에 관해, 중학교 교과서와는 다르게 16세기의 삼포왜란이나 을묘왜변 등 한일관계의 갈등만을 기술했으며, 일본측의 목적이나 이유에 관한 언급 없이 철저한 준비 끝에 침략했다고만 기술했다. 매우 모호하고 애매한 기술이다. 재고되어야 할 부분이다.

다음 전쟁의 경과에 관해서는, <수군과 의병의 승리> 항목에서,

> **수군과 의병의 승리**
> 왜군은 육군이 북상함에 따라 수군이 남해와 황해를 돌아 물자를 조달하면서 육군과 합세하려 하였다. 그러나 전라도 지역에서 이순신이 이끈 수군은 옥포에서 첫 승리를 거둔 이후 남해안 여러 곳에서 연승을 거두어 남해의 제해권을 장악하였다. 이로써 곡창 지대인 전라도 지방을 지키고, 왜군의 침략 작전을 좌절시킬 수 있었다.
> 한편, 육지에서는 자발적으로 조직된 의병이 향토 지리에 밝은 이점을 활용하면서 그에 알맞은 전술을 구사하여 적은 병력으로도 왜군에게 큰 타격을 주었다. 전란이 장기화되면서 산발적으로 일어난 의병 부대는 관군에 편입되어 조직화되었고, 관군의 전투 능력도 한층 강화되었다.

라고 하여, 수군과 의병의 전투상황을 기술했다. 전투상황에 관해서는 개괄적으로만 기술했고, <임진왜란 해전도>와 <관군과 의병의 활동>이라는 그림으로 전투상황을 표현했다. 그림을 통해 전투상황을 이해할 수는 있지만, 시간적으로 어떻게 전개되는지를 전혀 이해할 수가 없다.

전쟁의 영향에 관해서는, <전란의 극복과 영향>에서,

> **전란의 극복과 영향**
>
> 수군과 의병의 승전으로 조선은 전쟁 초기의 수세에서 벗어나 반격을 시작하였다. 아울러 명의 원군이 전쟁에 참여하면서 전쟁은 새로운 국면으로 접어들었다. 조·명 연합군은 평양성을 탈환하였으며, 관군과 백성이 합심하여 행주산성 등에서 적의 대규모 공격을 물리쳤다. 이후 명과 경상도 해안으로 밀려난 왜군 사이에 휴전 협상이 이루어졌으며, 조선도 전열을 정비하여 왜군의 완전 축출을 준비하였다. 훈련도감을 설치하여 군대의 편제와 훈련 방법을 바꾸었고, 속오법을 실시하여 지방군 편제도 개편하였으며, 화포를 개량하고 조총도 제작하여 무기의 약점을 보완하였다.
>
> 3년여에 걸친 명과 일본 사이의 휴전 회담이 결렬되자, 왜군이 다시 침입해 왔다(1597). 이를 정유재란이라 한다. 그러나 조·명 연합군이 왜군을 직산에서 격퇴하고 이순신이 적선을 명량에서 대파하자, 왜군은 남해안 일대로 다시 후퇴하였다. 전세가 불리해진 왜군은 도요토미 히데요시가 죽자 본국으로 철수하였다.
>
> 임진왜란은 국내외에 많은 변화를 가져왔다. 국내적으로는 왜군에 의해 수많은 인명이 살상되었을 뿐만 아니라, 기근과 질병으로 인구가 크게 줄어들었다. 토지 대장과 호적의 대부분이 없어져 국가 재정이 궁핍해지고, 식량도 부족해졌다. 또, 왜군의 약탈과 방화로 불국사, 서적, 실록 등 수많은 문화재가 손실되었고, 수만 명이 일본에 포로로 잡혀갔다.
>
> 일본은 조선에서 활자, 그림, 서적 등을 약탈해 갔고, 성리학자와 우수한 인쇄공 및 도자기 기술자 등을 포로로 잡아가 일본의 성리학과 도자기 문화가 발달할 수 있는 토대를 마련하였다. 한편, 조선과 명이 일본과 싸우는 동안 북방의 여진족이 급속히 성장하여 동아시아의 정세가 크게 변화하였다.

라고 하여, 조명연합군의 참전, 휴전회담의 결렬, 정유재란, 왜군에 의한 전쟁피해, 문화재의 손실 등을 기술했고, 일본에 수만 명의 포로가 잡혀갔다고 기술했다. 중학교 교과서와 마찬가지로 포로라는 용어를 그대로 사용했다. 한편 피랍된 성리학자와 조선도공에 의한 일본성리학과 도자기 문화의 발달은 비교적 객관적인 기술로 평가된다.

2) 일본교과서

조선침략에 관해서는 도쿄서적, 『역사』에는,

조선침략

　히데요시는 국내통일만으로 만족하지 않고, 조선, 인도, 루손(필리핀), 고산국(대만) 등에 편지를 보내, 복속을 요구했다. 1592년(文祿 元)에는 명(중국)의 정복을 목표로 조선에 대군을 파견했다. 일본군은 수도 한성(서울)을 점령하고 조선북부로 나아갔지만, 구원하러 온 명군에게 밀리고 말았다. 또 각지에서 조선 민중에 의한 의병이 저항운동을 일으켰고, 조선남부에서는 이순신의 수군이 일본수군을 격파하여 일본으로부터의 보급로를 막았다.

　이 때문에 히데요시는 조선남부에 군대를 주둔시킨 채, 명과의 강화교섭을 시작했는데, 황제의 국서에 불만을 품고 다시 전쟁을 시작했다. 일본군이 병사하고 히데요시가 병사하면서 전군에 철수를 명령했다. 7년간에 걸친 싸움에서 조선에서는 많은 사람이 살해되었고, 일본에 연행되었다. 일본의 무사나 농민도 많은 무거운 부담으로 고통당했고, 다이묘간에 불화도 표면화되어 토요토미씨 몰락의 원인이 되었다.

　라고 하여, 항목의 제목으로 조선침략의 용어를 썼으며, 히데요시의 정복욕을 전쟁의 원인으로 기술했다. 이후 전쟁의 진행과정을 기술했고, 전쟁의 결과에 대해 조선인의 살해와 피랍, 일본의 무사나 농민에게도 부담이 가중되어 토요토미 정권의 몰락의 원인이 되었다고 기술했다.

　이에 반해, 후소샤판 『새로운 역사교과서』는,

조선 출병

　약 100년 만에 전국통일을 달성한 히데요시의 의기는 충천했다. 히데요시는 중국의 明을 정복하여 천황과 함께 대륙으로 옮겨가 살면서, 동아시아로부터 인도까지 지배하려는 거대한 꿈을 가지게 되었다. 1592년(문록 원) 15만 대군을 조선에 보내었다. 加藤淸正과 小西行長 등의 무장에게 지휘된 일본군은 순식간에 수도인 한성(현재의 서울)을 무너뜨리고, 조선 북부까지 나아갔다. 그러나 조선측의 이순신이 이끄는 수군의 활약 및 민중의 저항, 明의 조선에의 원군 등으로 불리하게 되어 明과의 和平교섭을 위해 撤兵하였다.(文祿의 役) 그런데 명나라와의 교섭은 잘 진행되지 않아 1597년(慶長 2), 히데요시는 다시 약 14만의 대군을 파견했다. 그런데 이번에는 조선 남부로부터 더 나아갈 수가 없었고, 이듬해 히데요시의 죽음과 더불어 군을 철수시켰다.(慶長의 役) 두 차례에 걸쳐 이루어진 출병 결과, 조선의 국토와 사람들의 생활은 현저히 황폐해졌다. 이 출병으로 막대한 비용과 병력을 소비한 토요토미家의 지배도 흔들렸다.

　라고 하여, 조선침략이라고 하지 않고, <조선출병>이란 제목 하에 기술했다. 히데요시의 원대한 정복야욕을 기술했고, 이어 전쟁의 진행상황을 간단히 소개했으나, 전쟁의 결과나 피해에 대해서는 소략하게 기술했다.

한편 야마가와출판의『상설 일본사』에는 <秀吉의 대외정책과 조선침략>
에서,15)

秀吉의 대외정책과 조선침략

  1587(天正 15)년 秀吉은 대마 宗氏를 통해서, 조선에 대한 입공과 명으로 출병하기 위한
선도를 구했다. 조선이 이것을 거부하자 秀吉은 肥前의 名護屋에 본진을 구축하여 1592(文錄
元)년 15만 남짓의 대군을 조선으로 파병했다(文錄의 役). 부산에 상륙한 일본군은 철포의 위
력 등에 따라 얼마되지 않아 漢城(現, 서울)·平壤(現, 평양)을 점령했지만, 李舜臣이 이끈 조
선수군의 활약과 조선의병의 저항, 명의 원군 등에 의해 점차 전국은 불리해졌다. 그 때문에
현지의 일본군은 휴전하고, 秀吉에게 명과의 강화를 구했지만, 秀吉이 강경한 위세를 계속 취
했기 때문에 교섭은 결렬되었다.
  1597(慶長 2)년, 秀吉은 다시 조선에 14만여의 군사를 보냈지만(慶長의 役) 일본군은 처음
부터 苦戰을 면치 못하고 익년 秀吉이 병사하자 철병했다. 전후 7년에 걸친 일본군의 조선침
략은 조선사람들을 전화에 끌어들여 많은 피해를 입혔다. 또 국내적으로는 막대한 전비와 병력
을 무단히 써 없애는 결과를 낳아, 豊臣정권을 쇠퇴시키는 원인이 되었다.

라고 하여, <조선침략>이라는 소제목 하에 임진왜란을 기술했다. 임진왜
란의 원인을 히데요시의 조선입공요청과 그에 대한 조선의 거부를 들고 있
다. 이어 전쟁의 진행사항을 기술했고, 일본군의 조선침략이 조선사람들에
게 많은 피해를 주었음을 기술했다.

5. 通信使

1) 한국교과서

통신사에 관하여 중학교『국사』에는,16) <임진왜란>의 뒷부분에 이어서,
<통신사의 파견> 항목에서,

---

15) 야마가와출판,『상설 일본사』, 155쪽.
16) 중학교,『국사』, 150쪽.

통신사의 파견

　왜란 후, 일본은 조선에 사신을 보내어 통교할 것을 여러 차례 요청해 왔다. 이에 조선은 승려 유정을 일본에 파견하여 조선인 포로들을 데려온 뒤, 다시 국교를 맺었다. 그러나 조선은 일본 사신이 서울에 들어오는 것을 금하고, 동래의 왜관에서만 일을 보고 돌아가게 하였다. 이에 비해, 통신사는 일본의 에도(도쿄)까지 가서 막부의 장군을 만나는 등 활발한 외교 활동을 벌였다.

　통신사는 일본의 요청을 받고 일본에 건너가 극진한 대우를 받았으며, 일본의 문화 발전에 공헌하였다. 그들이 다녀간 후에는 일본 내에 조선의 문화와 풍속이 퍼질 정도였다.

　그러나 일본에서 통신사에 대한 반대 여론이 확산되어, 200여 년간 유지되어 오던 통신사의 파견은 19세기 초에 막을 내렸다.

라고 되어 있다. 통신사의 파견이 왜란 후, 일본의 요청에 의해 승려 유정을 파견하여, 포로송환 이후 국교를 맺으면서 이루어졌다고 기술했다. 그러나 승려 유정이 송환해 온 조선인은 전쟁에 참가한 포로가 아니라, 죄 없이 끌려간 피랍된 조선인 즉 피로인이었다. 잘못 표기된 용어이다. 또한 통신사의 파견이 일본문화 발전에 기여했다거나 일본 내에 조선문화와 풍속이 퍼질 정도였다는 표현은 좀 더 고증되어야 할 부분이다.

　한편 고등학교 『국사』교과서에는, 통신사에 관해, <대외관계의 변화>라는 별도의 주제하에 조선후기 <청과의 관계>와 별도로 <일본과의 관계>라는 항목에서[17)]

일본과의 관계

　임진왜란으로 침략을 받은 조선은 일본과의 외교 관계를 단절하였다. 그러나 일본의 도쿠가와 막부는, 경제적인 어려움을 해결하고 선진 문물을 받아들이기 위하여 쓰시마 섬 도주를 통하여 조선에 국교를 재개하자고 요청해 왔다. 조선은 막부의 사정을 알아보고 전쟁 때 잡혀간 사람들을 데려오기 위하여 유정(사명대사)를 파견하여 일본과 강화하고 조선인 포로 7,000여 명을 데려왔다(1607). 곧이어 일본과 기유약조를 맺어 동래부의 부산포에서 다시 왜관을 설치하고, 제한된 범위 내에서 교섭을 허용하였다(1609).

　한편, 일본은 조선의 선진 문화를 받아들이고, 도쿠가와 막부의 쇼군(將軍)이 바뀔 때마다 그 권위를 국제적으로 인정받기 위하여 조선에 사절의 파견을 요청해 왔다. 이에 조선에서는

---

17) 고등학교, 『국사』, 103~4쪽.

> 1607년부터 1811년까지 12회에 걸쳐 통신사라는 이름으로 사절을 파견하였다. 통신사 일행은 적을 때에는 300여 명, 많을 때에는 400~500명이나 되었고, 일본에서는 국빈으로 예우하였다. 일본은 이들을 통하여 조선의 선진 학문과 기술을 배우고자 하였다. 따라서, 통신사는 외교 사절로서 뿐만 아니라, 조선의 선진 문화를 일본에 전파하는 역할도 하였다.

라고 하여, 임란 후 쓰시마 섬 도주의 강화요청, 유정(사명대사)의 강화노력, 기유약조에 의한 통교의 재개 등을 비교적 상세히 기술했다. 그러나 여전히 조선인 포로라는 용어를 그대로 사용했다. 이어 12회에 걸친 통신사 파견과 이들을 통해 일본인이 조선의 선진학문과 기술을 배우고자 했다고 기술했다.

그런데 통신사의 기술에 이어서, 울릉도와 독도에 관한 기술을 다음과 같이 하고 있다.

> 한편, 울릉도와 독도는 삼국 시대 이래 우리의 영토였으나, 일본 어민이 자주 이곳을 침범하여 충돌이 빚어지기도 하였다. 숙종 때, 안용복은 울릉도에 출몰하는 일본 어민들을 쫓아내고, 일본에 건너가 울릉도와 독도가 조선의 영토임을 확인받고 돌아왔다. 그 후에도 일본 어민의 침범이 계속되자, 19세기 말에 조선 정부에서는 적극적으로 울릉도 경영에 나서 주민의 이주를 장려하였고, 울릉도에 군을 설치하여 관리를 파견하고 독도까지 관할하게 하였다.

라고 하여, 울릉도와 독도가 한국의 영토이며, 이 시기에 일본 어민이 자주 침범하여 갈등을 빚었는데 안용복에 의해 조선의 영토임이 확인되었으며, 이후에도 일본 어민의 침범이 계속되자, 19세기 말에 조선정부가 적극적인 경영에 나섰다고 기술했다. 일본과의 관계에서 울릉도와 독도 기술이 직접적으로 언급된 것은 처음으로 최근의 독도 영유권 분쟁을 의식한 기술로 사료된다.

2) 일본교과서

통신사에 관해, 도쿄서적 『역사』에는 <쇄국하의 대외관계>의 주제 아래

<조선과 유구> 항목에서,18)

> **조선과 유구**
> 　이에야스(家康)의 시대에 조선과 강화를 맺고, 쇼군이 바뀔 때마다 400~500인의 사절(통신사)
> 이 오는 관례가 생겼다. 쓰시마번은 국교의 실무를 담당하면서 무역을 허가받아 조선의 부산에
> 세워진 왜관에서 은과 동 등을 수출하고, 목면, 조선인삼, 비단 등을 수입했다.

고 아주 간단하게 통신사의 왕래 사실과 왜관을 통한 조일무역을 기술했다.
또한 후소샤판 교과서에는, <쇄국하의 대외관계>의 <조선·유구·蝦夷地>
에서,

> **조선·유구·蝦夷地**
> 　막부는 이에야스 때, 쓰시마의 宗氏를 통하여 히데요시의 출병으로 단절된 조선과의 국교를
> 회복했다. 양국은 대등한 관계를 맺고, 조선으로부터는 쇼군이 바뀔 때마다 조선통신사라고 불
> 리는 사절이 에도를 방문하여 각지에서 환영을 받았다. 조선의 부산에는 宗氏의 왜관이 설치되
> 어, 약 500인의 일본인이 살면서, 무역이나 정보를 수집했다.

라고 하여, 조선통신사와 왜관에 관해 간략히 기술했다. 그러나 <宗氏의
왜관>이라는 표현을 씀으로서, 왜관이 마치 宗氏나 일본이 설치한 시설로
오해할 소지를 남기고 있다.
한편 야마가와 『상설 일본사』에는 <조선과 유구·蝦夷地>에서,19)

> **조선과 유구·蝦夷地**
> 　도쿠가와 이에야스(德川家康)는 조선과의 강화를 실현하고, 1609(경장 14)년, 쓰시마번주
> 宗氏는 조선과의 사이에 기유약조를 맺었다. 이 조약은 근세일본과 조선과의 관계의 기본이 되
> 었고, 부산에 왜관이 설치되어, 宗氏는 조선외교의 특권적인 지위를 인정받았다.(주1) 조선으로
> 부터는 전후 12회의 사절이 來日하였고, 4회부터는 통신사로 불렸다. 래일의 명목은 새로운 쇼
> 군의 경하가 태반을 넘었다.(주2)

---

18) 앞의 도쿄서적 『역사』, 97쪽.
19) 야마가와출판, 『상설 일본사』, 175쪽.

주1) 宗氏의 특권이란 대조선 무역을 독점하는 것이다. 이 무역이윤을 종씨는 나누어 주며 주
　　종관계를 맺었다. 쓰시마는 경작지가 없었기 때문에 무역이윤이 知行의 대신이 되었다.
주2) 1회의 조선사절의 인원은 약 300~500인으로, 초기 3회는 문록·경장의 역 때 조선인 포로
　　의 반환을 목적으로 한 사절로서, 1회에 1,240인, 2회에 321인, 3회에 146인의 포로가 반
　　환되었다. 통신사란 믿음(信)을 통하는 수호를 목적으로 한 사절이란 의미이다.

라고 하여, 조선과 강화가 되고, 기유약조에 의해 왜관이 설치되는 과정
을 기술했다. 특히 조일관계에서 宗氏의 무역이윤에 대한 특권을 주를 달아
서 설명했고, 통신사가 믿음을 통하는 사절이라는 사실을 밝히기도 했다.

3. 공통점과 차이점

이상에서 한·일 양국개설서의 기술내용을 살펴보았다. 이 내용을 통해
양국 교과서 상에 나타난 쟁점주제에 대한 공통점과 차이점을 주제별로 정
리해보자.

첫째, 여몽연합군의 일본침공에 관해서, 한국의 중학교 교과서에는 기술
되어 있지 않으며, 고등학교 교과서에도 별도의 기술은 없고, 원의 내정간
섭기구인 정동행성이 일본원정을 위한 기구였다는 사실만 기술되어 있다.
따라서 이 내용만으로는 여몽연합군의 일본정벌에 대한 내용이 기술되었다
고 보기는 어렵다.

반면 일본 중학교 교과서에는 元寇의 침입과 그에 대한 응전상황을 기술
했다. 그러나 1274년 제1차 침입(文永의 役)때에 원군이 고려의 군세와 합
세하여 공격해 왔다고만 기술되어 있다. 그러나 같은 중학교 교과서임에도
후소샤판에는 고려군이 합세했다는 기술은 없고 몽골의 약탈과 폭행에 피
해는 입었지만, 막부 무사들과 神風의 덕으로 잘 물리쳤음을 기술했다.

한편 야마가와판 고교 교과서에는 기본적으로는 앞의 도쿄서적판과 같은

논조이지만, 몽골과 고려군의 연합군 3만 명이 쓰시마·이키를 공격한 후, 하카다에 상륙했다는 사실을 소상히 기술했다.

양국 교과서의 기술을 분석할 때, 한국의 경우 여몽연합군의 일본원정 사실을 좀더 구체적으로 언급해 주어야 하며, 일본의 경우, 원정군의 구성과 실패원인에 관해 보다 객관적으로 기술해 주어야 할 것이다.

둘째, 왜구에 관하여, 한국의 중학교 교과서에는 왜구가 조선을 습격하는 과정과 최영, 이성계 등이 진압하는 내용이 소개되었고, 전황을 지도로 상세히 표시했다. 그러나 고등학교 교과서에서는 왜구의 노략질이 계속되었고, 최영과 이성계가 이를 막았다는 두 줄의 소략한 내용뿐이며, 본문의 기술과 어울리지 않게 진포대첩과 황산대첩의 『고려사』 사료가 실려 있다. 왜구 약탈에 대한 전반적인 기술이 필요하다.

한편 일본중학교 교과서에는 왜구가 西國의 무사나 상인·어민으로 구성된 해적집단이라고 기술하면서도, 주를 달아 왜구 속에는 일본인 이외의 사람이 많이 있었다고 했다. 일본에서의 최근의 연구 상황을 추가한 것으로 사료된다.[20]

양국교과서에서 왜구가 고려의 각 지역을 습격하여 약탈을 자행하고, 고려에서는 이를 막기 위해 외교적 노력과 무력응징의 대책을 강구했다는 점에서는 공통적으로 기술하고 있다. 그러나 왜구의 구성원에서는 상당히 상반된 기술을 하고 있다. 즉 한국교과서는 왜구를 당연히 일본인으로 취급하고 있지만, 일본교과서는 쓰시마, 이키, 구주지방의 주민이 해적집단화 한 것으로 기술하면서, 그들 중에 일본인 이외의 사람, 또는 조선인을 포함하고 있다고 기술했다.

---

20) 일본에서의 최근의 연구상황이란, 왜구를 민족이나 국경을 초월하여 연합한 세력으로 보고, 1350년 이후 조선반도에서 활동한 전기왜구는 쓰시마, 이키, 북구주를 거점으로 한 일본인이나 조선인의 집단 또는 일본인과 조선인의 혼혈집단, 또는 제주도민을 포함시키는 설 등이다(손승철, 「고려·조선전기 한일관계사 기술의 공통점과 차이점」, 『한일관계사연구』 25, 2006).

셋째, 조선전기(室町時代) 통교부분에 관해서는, 양국교과서에서 모두 기술했다. 한국교과서에는 포소의 개항, 쓰시마정벌, 삼포개항, 그리고 류큐 등 동남아 여러 나라와의 교역도 소개했다. 특히 고등학교 교과서에서는 조선의 교린정책을 소개했고, 교린정책 하에서 삼포를 개항하여 일본 및 동남아 여러 나라와 교류가 활발했음을 기술했다. 그러나 류큐와의 교역에서 유교경전, 부채 등을 전해주어 류큐문화 발전에 기여했다는 기술은 검증이 필요한 부분이다.

한편 일본 중학교 교과서인 도쿄서적에는 단순히 조선의 개국후 일본과의 무역을 열게 되었다고만 기술했고, 후소샤판에는 조선의 건국 후, 명과 마찬가지로 일본에 통교를 요청했다고 했고, 막부가 이에 응하여 무역이 시작되었다고 했다. 나아가 야마가와판 고등학교 교과서에도 같은 맥락에서 조선이 요청하고 막부가 응한 것으로 기술했다. 역사적인 사실과 전혀 맞지 않는 사실의 왜곡부분이다.

넷째, 임진왜란(秀吉의 조선침략)에 관해서도, 양국교과서의 기술은 대체적으로 일치한다. 즉 전쟁발발의 원인과 과정, 전쟁의 경과(일본군의 진격과 한양, 평양 함락), 명의 참전, 의병 궐기, 강화회담, 정유재란 발발, 이순신의 응전, 豊臣秀吉의 죽음, 전쟁의 종결, 전쟁의 영향(조선의 피해) 등에 대해 사실적으로 기술했다.

그러나 한국교과서에서는 전쟁원인이 히데요시가 불평세력의 관심을 밖으로 돌리려 했다던가, 대륙진출의 야욕을 펼치려 했다던가, 16세기의 조일 관계의 갈등 등을 기술했고, 국가와 민족의 생존을 위해 전국민이 단합하여 침략에 대항해 간다는 점, 전생의 피해로 인해 조선인은 깊은 상처를 입었고, 많은 조선인이 붙잡혀 갔던 반면, 일본은 성리학자와 우수한 도공과 인쇄기술자를 잡아가 성리학과 도자문화가 발달하는 계기가 되었다고 했다.

그러나 전쟁에 의해 끌려간 민간인을 <포로>로 표기한다던지, 히데요시군의 <출병>이라는 용어를 쓴 것은 수정되어야 할 부분이다.

다섯째, 통신사에 관련된 부분인데, 양국교과서에 모두 기술되어 있다. 한국교과서에는 임란후 단절되었던 조일관계가 승려 유정에 의해 재개되었고, 통신사가 에도를 방문하여 쇼군을 만나는 등 활발한 외교활동을 벌였음을 기술했다. 그러나 통신사가 일본의 문화발전에 공헌했다던가, 통신사가 다녀 간 후에 일본 내에 조선문화와 풍속이 퍼질 정도 였다는 기술은 검증되어야 할 표현이다.

고등학교 교과서에서는 유정에 의한 국교재개 과정과 통신사가 12회 파견되는 과정을 보다 소상히 기술했다. 그러나 국교가 재개되는 과정에서 유정이 조선인 포로를 데려왔고, 통신사가 조선의 선진문화를 일본에 전파하는 역할을 했다는 기술은 수정되어야 한다.

또한 왜관에 관해서는 중학교 교과서에만 '조선은 일본사신이 서울에 들어오는 것을 금하고, 동래의 왜관에서만 일을 보고 돌아가게 하였다'라고 소략하게 기술했으며, 고등학교 교과서에서는 왜관에 대한 언급이 없다.

반면 울릉도와 독도가 한국영토이며, 안용복에 의해 확인되었고, 19세기 말에 조선정부가 적극적인 경영에 나섰다고 기술했다. 최근 벌어지고 잇는 일본과의 독도영유권분쟁을 반영한 결과라고 판단된다.

한편 일본 중학교 교과서에서는 조선과의 강화를 맺고 쇼군이 바뀔 때마다 조선통신사로 불리는 사절단을 파견했다고 공통적으로 기술하고 있는데, 후소샤판은 조선과 일본의 대등한 관계를 기술했다. 주목되어지는 표현이다. 그러나 왜관에 관해서는 도쿄서적에는 기술이 없고, 후소샤판은 宗氏의 왜관이라는 용어를 써서, 宗氏나 일본이 세운 시설로 표현했다.

또한 야마가와판 고등학교 교과서는 조일무역에서의 宗氏의 역할과 특권에 대해 비교적 상세히 기술하고 있고, 통신사가 믿음(信)을 통하는 수호를 목적으로 파견되었다는 기술을 했다. 위의 대등관계라는 표현과 함께 주목되는 부분이다.

4. 맺음말

이상에서 현재 한일양국에서 사용되고 있는 중·고교 교과서 중·근세 분야의 쟁점사항을 중심으로 어느 부분이 어떻게 기술되어 있으며, 기술부분의 공통점과 차이점은 무엇이며, 차이점에 대한 한국학계의 연구현황을 소개했다.

이상의 논의를 통해 볼 때, 첫째, 한일 양국 모두 자국의 입장만을 강조하는 一國史的이고 一方的인 기술을 벗어나 客觀化 시켜가는 기술이 필요하다. 즉 한일관계사가 기본적으로 양국의 관계인만큼 어느 한편의 상황만을 기술하는 것 보다는 쌍방의 입장을 편견 없이 기술해야 한다. 예를 들면, 통신사가 일본문화 발전에 공헌했다던가, 조선문화와 풍속이 퍼졌다는 기술, 또 임진왜란의 경우, 일본의 침략성을 분명히 기술하고, 그로 인한 조선인의 피해를 통해 양국간에 다시는 있어서는 안되는 불행한 전쟁임을 확인할 수 있어야 한다.

둘째, 양국관계의 기본적인 歷史事實을 충실하게 기술해야 한다. 즉 왜구 구성원이나 성격에 관한 기술, 통교계기와 과정, 三浦를 통한 양국의 평화적인 통교관계, 임진왜란에 관한 원인이나 성격에 관한 사실적인 기술, 양국의 피해상황, 국교재개를 위한 양국의 노력, 통신사의 성격과 역할, 부산왜관을 중심으로 한 양국의 통교관계 등이 보다 역사사실에 충실하게 기술되어야 할 것이다.

셋째, 이 시기의 양국관계사를 정확히 파악하고 있는 專門家의 집필 내지는 검증을 받아야 한다. 왜냐하면 교과서임에도 오류가 적지 않고, 또 최근의 연구 성과가 충분히 반영되지 않은 채, 기존도서의 내용을 그대로 답습한 기술이 적지 않기 때문이다. 예를 들면 한국교과서의 경우 류큐와의 무역품, 피랍조선인을 포로로 표기한다던지, 일본군의 출병이란 용어를 그대로 쓰고 있다는 점, 조선전기 통교가 일본의 허락에 의해 이루어진다는 점

등 사실의 오류가 적지 않다.

　　현재 한일 양국에서는 제2기 <한일역사공동연구위원회>를 설립하여, 교과서왜곡으로 야기된 갈등을 해소하고자 노력하고 있다. 특히 제2기에는 <교과서위원회>를 설치하여, 양국 교과서에 대한 검토가 이루어질 전망이다. 이러한 양국교과서의 비교분석이 상호간의 문제점을 직시하고 갈등을 해소하려는 시도에 일조가 되었으면 좋겠다. 또한 일본의 역사교과서의 왜곡부분을 시정하는 것만큼이나 우리교과서의 잘못된 부분도 고쳐나가야 할 것이다.

제3장
일본 역사교과서 왜곡의 사적 전개와 대응

1. 머리말

한국과 일본은 서로의 역사에서 많은 부분이 중첩되어 있다. 그것은 상호간의 관계가 그만큼 밀접했다는 것을 의미한다. 그러나 지나온 역사과정을 돌이켜 보면, 상호간에 선린우호의 과정도 있었지만, 대립과 갈등, 침략과 약탈, 지배와 예속의 적대적인 관계도 있었다. 이러한 과정에서 상호간의 중첩된 역사사실에 대한 異見이 생기게 되었다.

역사적 사실은 객관적이어야 하며, 객관적 사실을 인정하는데에는 이견이 있을 수 없다. 반면 역사적 사실은 객관적이지만, 그것을 해석하고 이해하는 데에는 다양한 방법이 용인된다. 그리고 이 다양한 해석과 방법에 의해 역사의 메시지를 제대로 들을 수 있다.

그런데 한일간에는 역사적 사실의 존재 자체를 인정하는 데에도 의견을 달리하는 부분이 있으며, 또 함께 인정하는 역사적 사실에 대한 해석에서도 현격한 차이를 드러내기도 한다. 양국 사이에 이러한 역사사실에 대한 인식의 차이 및 사실해석에 대한 이견으로 인해 역사분쟁이 진행되고 있다.

한일간의 역사분쟁은 기본적으로 일본 제국주의 학자들의 황국사관 내지 식민사관 때문에 발생하였다. 그리고 20세기 후반에는 이들이 역사관을 계승한 군국주의적·극우적 역사관을 적용하는 역사관에 의해 더욱 가열되었다. 뿐만 아니라 21세기에 들어서 한일간의 역사분쟁은 학자간의 문제에 그치지 않고, 양국 정부간의 외교문제로 비화되면서, 한일양국의 상호이해와 발전을 저해하고, 동아시아지역의 공동번영에도 심각한 위협이 되고 있다.

이 때문에 2002년 이후, 한일양국은 민관합동기구인 '한일역사공동연구위원회'를 발족시켜 2기에 걸쳐 6년간 활동하여, 나름대로 소기의 성과를 거두었다고 하나, 아직도 갈 길은 요원하다.

이 글은 이러한 문제의식에서 한·일간에 일고 있는 역사분쟁의 발단과 과정, 그리고 그것을 해결하려는 노력, 그리고 전망 등에 관해, 개괄하려는 목적에서 작성하는 것이며, 향후 역사분쟁을 해소하는데 일조가 되었으면 하는 바램을 가진다.[1]

2. 역사왜곡의 사적 전개

1) 제1차 교과서 공격

해방 직후, 일본에 군정을 실시한 미국은 일본의 제국주의적 이념을 심어주는 역사교육을 금지시켰다. 그리하여 연합국군 최고사령부(GHQ)의 지도로 제작된 역사교과서는 일본이 패망하기 전과는 전혀 다른 내용으로 기술했으며, 경우에 따라서는 문제가 되는 부분을 까맣게 칠한 '먹칠교과서'를 사용하기도 했다. 예를 들면 전쟁의 책임을 일부 우익정치인과 군부에 전가한 역사관이 문제였지만, 1931년 일본의 만주침략, 1937년 중일전면전쟁, 동남아시아 점령 등을 모두 '일본의 침략'으로 기술하였다.

그러나 1955년부터 일본의 극우세력들은 역사교과서에 대한 본격적인 통제를 기도하며 군국주의를 찬양하는 등 황국사관의 부활을 기도했고, 역사교과서의 '침략' 기술을 문제 삼기 시작했는데, 이것을 '제1차 교과서 공

---

1) 조광·손승철 편, 『한일역사의 쟁점』, 경인문화사, 2010, 참조. 이글의 제2장과 제3장은 이 책의 총론 부분을 재구성하여 작성하였다.

격'이라고 한다. 일본 정부는 이때부터 교육에 국가정책을 본격적으로 반영하기 시작했으며, 검정을 전문으로 하는 교과서 조사관 인력을 확보하여 교과서 검정을 통해 이를 실현하려고 하였다. 그래서 문부성령으로 교과용도서 조사관제도를 상설화하고 교과용도서 검정심의회의 인원도 16명에서 80명으로 늘렸다. 이들 가운데 황국사관을 가진 상당수의 사람들이 사회과 교과서 조사관에 포함되었다. 당시 문부성은 검정제도를 강화하고 문제의 교과서들을 불합격시켜 일본의 가해 사실을 은폐하기 시작했다. 그리고는 1958년부터는『학습지도요령』개정판이 일본 정부의『관보』에 고시되면서 이 법령 자체가 법적 구속력을 갖게 되었다.

그후 1961년도에는 소학교 교과서의 82%를 제1차 검정에서 불합격 처리하는 등 교과서 검정제도를 사실상 정부가 장악하였다. 이러한 경향은 중·고교 역사교과서 검정에도 그대로 적용되어 불합격된 경우가 속출하였다. 불합격된 교과서에는 조선을 식민지로 지배하며 한국인들에게 고통과 피해를 주었다는 사실, 1937년의 남경대학살 등 중국을 침략하고 중국인들에게 고통을 주었다는 서술, 그리고 한국인과 중국인의 저항에 관한 언급이 없었다. 왜냐하면 일본 정부가 검정 지도를 통해 일본이 일방적으로 나쁜 것처럼 기술해서는 안되며 전쟁은 부득이했다고 취급하도록 했기 때문이다. 이에 따라 일본이 한국에 '진출'했으며 한국병합을 합법적이고 정당한 것처럼 언급하도록 했을 뿐만 아니라, 일본이 중국을 지배하고 불행하게 했다는 것은 부적당하며, 태평양전쟁이란 단어는 역사적 용어가 아니므로 대동아전쟁으로 표기하라고 검정 지도한 경우도 있었다.

그러나 일본의 침략을 은폐·옹호하고 황국사관을 조장하는 등 교과서에 대한 국가통제의 강화는 1965년 이에나가 사부로(家永三郎) 교수를 중심으로 소위 '이에나가 교과서 소송'을 야기시킨다. 재판은 1965년의 제1차 손해배상소송, 1967년의 제2차 검정처분의 취소소송, 1984년부터 1997년까지 13년간 진행된 제3차 손해배상소송 등 32년간 진행되었다. 특히 제2차 소

송에 대해 1970년 7월 동경지방재판소의 스기모토(杉本) 판결은 이후 역사
교과서 서술에 큰 영향을 끼쳤다. 왜냐하면 이에나가측에서 승리했을 뿐만
아니라 재판과정에서 벌어진 논쟁으로 교육이론과 법이론에서 국민교육과
진리교육이 강조되고, 검정기준이 집필자의 사상까지 통제할 수 없다는 결
론이 내려졌기 때문이다.

그 결과 1974년도판 고등학교 일본사교과서(自由書房)에서부터 남경대학
살에 관한 언급이 다시 기술되었고, 1975년도판 중학교 역사교과서 2개 출
판사의 교과서에서 이를 언급하였다. 중국에 대한 침략 사실을 있는 그대로
서술하려는 경향은 1970년대 후반으로 갈수록 더욱 강화되었다. 나아가 조
선에 대한 지배를 '식민지 정책'으로 기술했고, 일본의 지배에 대해 의병운
동과 3·1운동을 통해 한국인이 저항했으며, 이를 일본이 무력을 앞세워 진
압했다는 사실을 모든 출판사의 교과서에서 기술하였다.

그러자 위기감을 느낀 자민당과 일본 정부는 반격을 시작하였다. 1979년
11월 이시이(石井一朝)는 <새롭게 우려할만한 교과서 문제>라는 글에서 교
과서 집필자 등을 실명 거론하며 공격하였고, 자민당은 『자유신보』에 1980
년 1월부터 8월까지 19회에 걸쳐 <지금 교과서는-교육정상화 문제>라는 글
을 연재하였다. 뿐만 아니라 1980년 7월 법무상인 오쿠노(奧野誠亮)는 "현
재의 교과서는 대단히 나라를 사랑하는 것에 배치되는 등 큰 문제가 있다"
고 발언하였고, 우익 정치인들의 망언도 잇따랐다. 이에 우익 언론과 경제
계가 합세했고, 일본 정부와 자민당은 이 여세를 몰아갔다.

그리하여 자민당에서는 1980년 12월 자민당 내에 '교과서문제소위원회'
를 설치하여 검정을 강화하고, 교과서 채택지구를 광역화하며, '교과서통제
법'을 제정하는 것을 골자로 하는 <교과서제도개혁초안>을 확정하였다. 일
본 문부성은 이것을 받아 1981년 11월에 '교과서문제소위원회'를 설치하여
교과서제도를 전반적으로 수정하는 작업에 착수하였고, 이 제도에 따라 새
로운 교과서가 검정통과 되었다.

2) 제2차 교과서 공격

이러한 사실에 대해 일본내의 양심적인 학자·변호사 및 교과서운동 관계자들이 문제를 제기하고, 문부성의 검정사례가 일본의 언론을 통해 보도되면서 교과서의 내용이 세상에 알려지게 되었다. 그 내용은 8·15 광복을 "일본이 지배권을 상실했다"로 언급하였고, '침략'을 '출병'으로, '출병'을 '파견'으로, '수탈'을 '양도'로, '3·1운동'을 '데모와 폭동'으로, 강압적인 신사참배에 대해서는 '신사참배도 장려됐다'라는 식으로 문부성에서 검정 지도했다고 보도하였다. 1982년 당시 이러한 역사왜곡 행위를 '제2차 교과서 공격'이라고 한다.

이 내용은 1982년 6월 경부터 일본 언론을 통해, 국내에 전해졌고, 8월에 한국정부에서는 일본의 역사왜곡에 강력히 대응하기로 결정하고, '한국관 시정사업'의 강화책을 제시하는 한편, 왜곡내용의 분석작업을 국사편찬위원회에 의뢰했다. 한편, 이 때부터 '독립기념관' 건립 모금운동이 추진되었고, 국민성금으로 세워진 독립기념관이 1987년 8월 15일에 개관하였다.

국사편찬위원회는 1983년도부터 사용될 예정으로 검정된 고등학교용 일본사(10종), 세계사(10종), 현대사회(2종) 등을 대상으로 ① 즉각 시정이 필요한 사항, ② 조기 시정이 필요한 사항, ③ 기타시정이 필요한 사항 등으로 나누어 분석을 진행한 결과, 24항목 167곳이 왜곡되었다는 결론을 내렸다. 한국 정부는 이후 9월 27일에 '즉시 시정' 항목 19개를 포함하여 모두 45개 항목의 수정·검토사항을 일본 정부에 정식으로 제출하고 수정을 공식적으로 요구하였다.2)

---

2) 국사편찬위원회, 『일본역사교과서의 한국사 왜곡내요의 분석』, 국사편찬위원회, 1983, 참조.

〈일본교과서 시정요구 항목〉

① 즉각 시정이 필요한 사항	② 조기 시정이 필요한 사항	③ 기타 시정이 필요한 사항
1. 일본의 한국 침략	1. 왜관	1. 한사군위치
2. 제2차 한일협약	2. 조선시대의 대일교섭	2. 대방군위치
3. 고종 퇴위	3. 임진왜란	3. 고구려 건국
4. 한일 신협약	4. 통신사용래	4. 발해영토
5. 의병	5. 한일교섭	5. 한국문화의 東流
6. 안중근 의사 의거	6. 운양호사건	6. 임나경영설
7. 한국병합	7. 강화도조약	7. 통일신라와 일본과의 관계
8. 무단통치	8. 임오군란	
9. 토지 약탈	9. 갑신정변	
10. 3·1 독립운동	10. 방곡령	
11. 관동대지진	11. 동학농민운동	
12. 신사참배강요	12. 갑오개혁	
13. 한국어말살	13. 명성황후 시해	
14. 창씨개명	14. 한일의정서	
15. 징병	15. 제1차 한일협약	
16. 징용	16. 해신밀사(海身密使)	
17. 정신대	17. 3·1 운동의 원인	
18. 항일독립운동	18. 식민통치의 전환	
19. 일제의 강점연장	19. 광주학생운동	

이에 대해 일본 정부에서는 역사교과서 왜곡 내용에 대한 시정을 약속하면서 1982년 9월 14일 문부대신 이름으로 '교과용 도서검정조사심의회 사회과부회'에 한국 정부의 항의 내용에 대한 자문을 요청하였다. 그 결과, 1982년 11월에는 "인근 아시아 제국과의 관계에 관한 근현대의 역사적 사실에는 국제이해와 국제협조의 견지에서 필요한 배려가 있어야 한다"는 '근린제국조항'이 교과서 검정의 새로운 기준으로 설정되었다.[3]

그리하여 일본 정부는 이 새로운 검정기준에 의해서 1982년에 7개항,

---

3) 『동아일보』 1982년 11월 25일자. 『아시히신문』 1982년 11월 24일자.

1984년까지 8개항 합계 15개항이 수정되었다고 한국정부에 통보해 왔다. 일본 정부가 교과서의 시정을 약속한 것은 1955년도와 비교할 때 상당히 발전된 것이었다. 그러나 그 시정은 부분적 시정에 불과하였고 성실하게 수행되지 않았다는 평가를 받기도 했다.

하지만 1986년의 교과서 개편에서 『신편 일본사』(原書房)의 내용이 문제가 되었다. 이 교과서는 '일본을 지키는 국민회의'가 편찬한 책으로 일본의 아시아 침략 사실을 은폐하는 논지를 담고 있었다. 문부성은 주변국의 반발로 검정 합격 상태에 있던 이 교과서를 이례적으로 재심사하여 4차례에 걸쳐서 문제된 부분을 수정시켜 합격시켰다.

그런데 이 과정에서 문부상 후지오 마사유키의 다음과 같은 망언을 하여 한국을 자극했다.

> "19세기의 대한제국에는 독립 국가를 유지해갈 능력도 기개도 없어 … 한일 간의 불행한 역사를 낳은 책임의 절반은 대한제국측에도 있었던 것이 아닌가. … 병합된 한국에 대해 일본이 매우 악의를 가지고 있었을리도 없는 것이 아닌가. 가령 기초적인 교육에 대해서도 일본은 많은 예산을 투여했던 만큼 … 반드시 나쁜 짓만을 한 것은 아니다."

결국 일본 정부는 한국측의 항의에 못이겨 후지오 문부상을 사임시키고, 나카소네 총리가 중의원 본회의에서 후지오 발언에 대한 유감의 뜻을 표함으로써 갈등 상황을 정리하였다. 결국 1986년 교과서 왜곡사건도 한국측의 적극적인 대응에 일본이 일정 정도 응함으로써 일단락 될 수 있었다.

3) 제3차 교과서 공격

1998년 10월 김대중 대통령은 오부치(小淵惠三) 수상과 함께 '21세기 한일 파트너쉽 공동선언'을 발표하였다. 이 선언을 통해 한일은 "과거사에 대

해 통절히 반성하고 자라나는 세대들의 역사인식을 심화시킴으로써 우호
협력의 미래를 열어가자'라고 하였다.

그러나 이 선언과는 반대로 극우파 세력들은 기존의 역사교과서가 '自虐
史觀'[4])에 의해 기술되었으므로 일본의 청소년들에게 '自由主義史觀'에 의해
국가와 민족의 자긍심을 키워주는 새로운 역사교육을 실시할 것을 주장하
면서, '새로운 역사교과서를 만드는 모임'을 결성하였다. 그리고 그 표본으
로 1999년에는 니시오 간지(西尾幹二)의 『국민의 역사』를 간행하였다. 그
후 중학교 역사교과서를 편찬하여 2001년에는 후소샤(扶桑社)에서 간행한
『새로운 역사교과서』(新しい歷史敎科書)가 검정에 통과되었다. 이것이 이
른바 '제3차 교과서공격'이라고 부른다.

이에 한국정부는 '일본역사교과서 대책반'을 구성하여 교과서 수정요구
안을 일본정부에 전달하였다. 당시 제출한 수정요구안은 다음과 같다.

---

4) 1997년 1월 일본 동경대학의 후지오카 노부가쓰, 만화가 고바야시 요시노리 등이
   모여, 일본의 역사 교과서가 일본을 비하하고 부정적으로 기술하는 '자학사관'에
   입각해서 쓰였음을 비판하며, '자유주의적 내셔널리즘'의 사관에 입각해서 '새역사
   교과서'의 교육을 주장하고, '새역사교과서를 만드는 모임'을 결성했다. 이들은 기
   존의 일본 중학교의 교과서가 일본의 치부를 드러내므로, 앞으로는 국가와 민족에
   게 자긍심을 주는 '밝은 역사'를 가르쳐서 '건전한 민족주의'를 만들어 갈 것을 주
   장했다. 그러면서 그간 일본이 저지른 침략 전쟁과 식민지 지배 등에 대한 반성적
   역사기술을 '자학사관'에 입각된 '어두운 역사'를 가르치는 것이라고 주장하면서,
   이른바 '자학사관'을 극복한 '건전한 민족주의 사관'에 입각해서 편찬한 교과서가
   후소샤[扶桑社] 교과서이다.

〈후소샤 교과서 수정요구안〉

주제명	교과서 왜곡내용
1. 임나일본부설	- 바다를 건너 조선에 출병 … 임나라는 곳에 거점을 둔 것. - 야마토 군대는 백제와 신라를 도와 고구려와 … 싸웠다. - 고구려는 … 백제와 임나를 지반으로 한 일본군의 저항으로 인해 - 임나로부터 철퇴하고, 반도정책에 실패한 야마토 조정
2. 4세기 후반 삼국관계	- 고구려는 반도 남부의 신라 및 백제를 압박
3. 6세기 삼국 및 국제관계	- 고구려가 쇠퇴하기 시작하고 지원국인 북위(北魏)도 조락 - 신라와 고구려가 연합하여 백제를 위협
4. 삼국조공설	- 고구려가 야마토 조정에 접근 … 신라와 백제가 일본에 조공
5. 왜구	- 일본인 외에 조선인도 많이 포함 … 대부분은 중국인
6. 조선국호, 통교허락	- 고려를 무너뜨리고 이씨조선을 건국 조선도 명과 마찬가지로 일본에게 왜구 금지와 통교를 요구해 왔다. 막부가 이에 응한 결과 일·조 무역이 시작.
7. 임진왜란	- 제목에 '조선 출병' - 히데요시는 명을 정복 … 인도까지 지배하려는 거대한 꿈에 빠져 들어 대군을 조선에 보내었다. - 출병 결과 조선의 국토와 사람들의 생활은 현저히 황폐해졌다.
8. 조선통신사	- 막부는 … 조선과의 국교를 … 회복 - 장군이 바뀔 때마다 사절이 에도를 방문 - 부산에 '소씨의 왜관'이 설치되어
9. 조선의 서구열강에 대한 인식과 국제적 지위	- 구미열강의 무력위협을 충분히 인식하지 못하고 있었다. - 중국의 복속국이었던 조선도 마찬가지
10. 전근대 동아시아의 국제질서와 조선	- 조선과 베트남은 완전히 그 내부에 들어가 중국 역대왕조에 복속 - 일본은 중화질서 바깥에서 자유롭게 행동
11. 일본은 무가사회. 조선은 문관사회론	- 중국·조선 양국은 문관이 지배하는 국가였으므로 열강의 위협에 충분히 대응하지 못했다는 생각도 있다.
12. 정한론	- 1873년, 개국 권유를 거절한 조선의 태도가 무례하다고 하여 … 정한론이 터져 나왔다. - (사이고는) 자신이 조선에 가서 살해당하면 그것을 명목으로 일본 이 출병
13. 강화도사건	- 일본군함이 조선의 강화도에서 측량하는 등 시위행동을 하였기 때 문에 조선의 군대와 교전한 사건
14. 한반도 위협설	- 일본을 향하여 대륙에서 한 개의 팔뚝이 돌출 - 조선반도가 일본에 적대적인 국가의 지배하에 들어가면 일본을 공 격하는 절호의 기지가 되어
15. 일본정부의 조선중립화론	- 일본 정부 가운데는 … 조선을 중립국으로 하는 조약을 각국에 체

	결하도록 하고, 중립보장을 위해 일본의 준비를 증강시켜야 한다는 생각도 있었다.
16. 조선의 근대화와 일본과의 관계	- 조선의 개국후, 근대화를 돕기 위해 군제개혁을 지원했다. 조선이 외국의 지배에 굴하지 않는 자위력 있는 근대국가가 되는 것은 일본의 안전에 있어서도 중요했다.
17. 조선을 둘러 싼 청·일의 대립	- 청은 최후의 유력한 조공국인 조선만은 잃지 않으려고, 일본을 가상적국으로 하게 되었다. - 1884년 … 김옥균 등의 쿠데타가 일어났으나 … 청의 군대는 친일파를 철저하게 탄압
18. 동학농민운동과 청일전쟁	- 동학의 난(갑오농민전쟁)이라고 불리는 농민폭동 … 동학당은 서양의 기독교(서학)에 반대하는 종교를 믿는 집단 - (동학농민군의 기세가) 수도 한성에 육박 - 일본도 갑신사변 후 청과의 합의에 따라 군대를 파견하였으며, 일청양군이 충돌하여 일청전쟁이 시작
19. 러일전쟁	- 러시아는 … 조선 북부에 군사기지를 건설하였다. - 러시아의 … 극동에 있어서의 군사력은 일본이 감당할 수 없을 정도로 증강되는 것은 명확 … 일본정부는 더 늦기 전에 러시아와의 전쟁을 시작할 결의를 굳혔다. - 일본은 한국(조선)의 지배권을 러시아에 인정받았고 … 유색인종인 일본이 당시 세계 최대의 육군대국이었던 백인제국 러시아에 승리한 것은 세계 속의 억압된 민족에게 독립의 한없는 희망을 주었다.
20, 한국강제병합	- 일본 정부는 한국병합이 일본의 안정과 만주의 권익을 방위하기 위해 필요하다고 생각했다. 영국, 미국, 러시아 3국은 … 이에 이의를 제기하지 않았다. - 한국 국내에서는, 일부에서 병합을 수용하자는 목소리도 있었으나
21. 식민지 개발론	- 일본은 식민지화한 조선에 철도·관개시설을 정비하는 등의 개발을 하고
22. 관동대지진과 조선인	- 조선인 및 사회주의자 사이에 불온한 책동이 있다는 소문이 퍼져 주민의 자경단 등이 사회주의자 및 조선인·중국인을 살해하는 사건이 일어났다.
23. 강제동원과 황민화정책	- 징용이나 징병 등은 식민지에서도 시행되어 … 조선에서는 일본인으로 동화시키려는 황민화 정책이 강화
24. 군대위안부	관련 내용이 빠져 있음
25. 한국전쟁	- 맥아더가 지휘하는 미군 주체의 국련군은 반격 … 중국군이 북조선측에 참가 - 종래의 국경선인 북위 38도선 부근에서 전황은 정체

〈기존 7종 교과서 수정요구안〉

주제명	교과서 왜곡내용
(1) 고대 한일관계 (東京書籍, 大阪書籍, 敎育出版, 日本書籍, 日本文敎出版, 淸水書院)	- 한(漢)의 영향을 받아 … 조선반도 북부에서 소국을 통일한 고구려가 일어났다. - 한은 조선반도와 베트남의 일부까지 영토를 확장했다.
(2) 임나일본부설 (東京書籍, 大阪書籍, 日本書籍, 淸水書院, 日本文敎出版, 帝國書院)	- 6세기에 야마토국이 한반도에서 세력을 잃었다. 야마토 정권이 한반도 남부에 세력을 뻗쳤다.
(3) 왜구 (淸水書院, 帝國書院)	- 무역에 종사하는 일본인을 중심으로 한 집단 - 왜구란 제주도와 북구주의 섬들을 거점으로 - 일본인만이 아닌 조선인과 중국인 등도 섞여 합류
(4) 임진왜란 (東京書籍, 大阪書籍, 敎育出版, 淸水書院, 帝國書院, 日本文敎出版)	- 조선이 (명을 공격하기 위한) 일본군의 통행 허가를 거절하자 … 대군을 조선에 보냈다. - '군대를 보냈다', '바다를 넘는다'
(5) 정한론 (東京書籍, 敎育出版, 帝國書院, 日本文敎出版)	- 일본 정부는 조선에 국교를 열 것을 요구했으나 조선이 응하지 않아 국내에 정한론이 일어났다. - 중국의 속국으로 위치해 있던 조선은 … 일본과의 국교도 거절했다.
(6) 강화도사건 (帝國書院, 敎育出版)	- 일본의 군대가 강화도에서 포격당하는 사건이 일어났다. - 청은 조선을 종속국으로 간주
(7) 동학농민운동 (大阪書籍, 淸水書院)	- 동학을 믿는 농민들이 큰 반란을 일으켜 - 일본은 조선지배를 계기로 삼아 중국으로 진출 - 청의 출병을 알게 된 일본은 군대를 보내 … 전쟁을 시작하였다.
(8) 한국 강제병합 (日本文敎出版)	- 안중근이 이토를 암살했다. 그래서 일본은 한국을 병합하며, 식민지로서 지배했다.
(9) 황민화정책 (東京書籍, 日本文敎出版)	- 지원한 조선의 젊은이들(사진 설명), 조선에서는 지원병제도가 실시되었다. - '천황의 백성'에 걸맞은 황국신민이 되도록 동화를 강요당했다.
(10) 군위안부·강제징용 (東京書籍, 大阪書籍, 敎育出版, 日本文敎出版)	- 여성과 어린이를 포함한 일반 사람들도 많은 희생(군위안부 관련 내용 누락)

당시 검정 통과된 8종의 교과서를 보면, 전체적으로 일본 중학교 역사교과서의 한국 관련 내용은 기존 교과서보다 상대적으로 분량이 줄어들었다. 이는 수업시수가 줄어들고 전반적으로 교과서의 양을 줄이는 추세이기 때문이다. 1982년 '교과서 파동' 이후 1990년대 말까지 기존 7종 교과서의 한국 관련 내용은 그 분량과 서술 면에서 긍정적인 변화도 있었다. 그러나 개정된 학습지도요령(교육과정)에 의해 개발된 '새역모'측 새 교과서의 내용은 황국사관에 의한 역사 서술과 한국사 인식에 여러 가지 문제점이 있는 것으로 널리 알려져 있다. 그 대표적인 예가 4세기 이후 임나일본부설을 주장하고 있고, 일본은 미화하고 한국은 폄하했으며, 임진왜란이나 강화도 사건 등 일본이 일으킨 사건의 책임을 상대국에 지우고 있다. 또한 일본이 끼친 피해를 축소 내지 은폐하고 있고, 식민지 지배에 대한 반성이 없으며, 군대위안부나 강제동원 사실을 은폐하였고, 이웃나라와의 평화 교류협력을 무시하고, 인종주의를 내세우며, 학계의 연구성과를 제대로 반영하지 않았다.

그후 2010년에는 "새역모"의 내분에 의해, 후소샤교과서보다 더욱 개악된 새로운 교과서인 자유사판『신편 새로운 교과서』가 검정 통과되어 중학교 역사교과서는 9종이 되었다.[5]

한편 고등학교의 역사교과서는 日本史와 世界史로 구분되어 있는데, 일본사와 세계사는 다시 각기 분야별로 A(근현대사 중심)·B(통사)로 나누어져 있다. 현재 고등학교에서 사용되고 있는 역사교과서는 일본사 26종(일본사A-7종, 일본사B-19종)에 세계사 29종(세계사A-10종, 세계사B-19종)이며, 3년에 걸쳐 연차적으로 계속된다.

그러나 일본 고등학교 역사교과서의 역사왜곡 현황도 중학교 교과서와 별반 차이가 없다. 뿐만 아니라 그러한 경향은 일본의 역사서 전반에 걸쳐 만연되어 있으며, 결국 이러한 경향이 중학교 교과서에 그대로 반영된 것이

---

5) 자유사판 교과서의 출현 배경과 기술내용에 관해서는, 연민수, 「"신편 새로운 교과서"의 역사관과 전망」, 『전환기 일본교과서 문제의 제상』, 경인문화사, 2010, 참조.

라는 사실에 주목해야 한다.6)

더구나 2011년 4월에는 중학교 역사교과서의 왜곡에 가세하여, 모든 공민(지리)교과서에 '독도를 일본땅으로 표기'했고, "한국이 불법적으로 점유하고 있다"고 기술함으로써 교과서문제는 최악의 상황이 되었다.

3. 역사왜곡에의 대응

1) 1960~70년대의 대응

일본역사교과서에 기술된 한국내용에 관한 관심은 1965년 한일국교 재개 때부터 시작되었다고 볼 수 있다. 그러나 뚜렷한 성과는 드러나지 않았고, 1975년 이후, 문교부 편수국이 중심이 되어 '한국관 시정사업'을 시작하면서 본격화 되었다. 이듬해인 1976년에 들어서면서 한국 <역사교육연구회>와 일본 <조선사연구회>에서 이 문제를 주제로 협의회와 심포지엄을 개최하면서 좀 더 본격적으로 거론되기 시작했다.

예를 들면 이원순은 「일본사 교육에서의 한국사의 제문제」를 발표하였다. 이 논문은 『한국학보』 제4집에 게재되어 일본의 역사왜곡 연구에 기초를 마련했다. 그 후 1979년에는 문교부 차관을 위원장으로 하는 '한국관시정사업추진협의회'가 다시 결성되어 외국 교과서의 한국 관계 왜곡 서술 문제를 다루기도 하였다. 이상의 사례들에서 볼 수 있는 바와 같이 1970년대까지만 히더라도 일본의 역사왜곡에 관한 문제는 전문적 연구자들 사이에서 진행되던 우려사항에 불과했고, 전 국민적 관심의 대상이 되지 못하였다. 뿐만 아니라 언론계의 반응도 미미했다.

---

6) 한일관계사학회·한국사연구회, 『일본역사서의 왜곡과 진실』, 제2부 <일본역사서(사전류와 개설서)의 왜곡과 진실>, 2008, 참조.

2) 1980~90년대의 대응

그러나 1982년도의 '제2차 교과서 공격' 때에는 대응양상이 전혀 달랐다. 우선 한국의 언론에서는 일본 정부가 교과서 검정권한을 악용해서 일본 역사교과서의 왜곡작업을 수행하고 있다는 비난을 제기하면서, 종전과는 달리 한국 사회의 전체적 관심사로 부각시켰다. 이로써 한일 간의 역사분쟁이 본격화되었고, 중국 정부도 자국과 관련된 역사문제에 관해 일본에 항의하면서, 역사교과서 왜곡문제가 동아시아 전체에 국제분쟁으로 전개되어 갔다. 그리하여 1982년 7월 말 이후 국내에서는 반일여론이 급등하게 되었고, 역사왜곡문제에 대한 국민적 관심은 독립기념관의 건립으로 이어지기도 했다.

그리고 국사편찬위원회가 일본역사교과서를 분석하여, 왜곡기술된 39개 항목을 일본 정부에 수정 요구했고, 일본 정부에서는 15개 항목을 수정했다고 통보해 왔다.

이러한 분위기에서 한국과 일본은 양국 간 문화교류의 촉진을 목적으로 각기 '한일문화교류기금'과 '일한문화교류기금'을 발족시켰다. 한일문화교류기금은 LG, 삼성, 현대, 대우, 한진, 포항제철, 동아건설, 대림산업, 쌍룡, 태평양화학, 삼양사, 제주은행 등 여러 기업체와 명지학원, 전경련 등이 참여하였고, 일한문화교류기금은 일한의원연맹과 경제단체연합회가 주도한 재단법인체로 발족되었다. 그 후 양국의 기금에서는 학술회의의 개최와 함께 청소년·교사·연구자의 교류 등 다방면에 걸쳐 상호 이해를 위한 사업을 현재까지 진행하고 있다.[7]

한편, 1983년 『역사교육』에서는 일본의 역사교육을 특집으로 다루어 중등학교 역사교과서의 한국사 관계 왜곡 문제에 대한 본격적인 학술연구를 통한 대응 방안이 촉진되기 시작하였다. 이 특집에는 <일본 역사교육의 변천>(이원순), <일본의 역사교육과정과 교과서>(윤세철), <일본역사교육의

---

7) 한일문화교류기금, 『한일문화교류기금 25년사(1985-2010)』, 2011, 경인문화사 참조.

한국관>(최양호·정재정) 등의 논문이 수록되어 있다.

일본의 중등학교 역사교과서 왜곡은 1980년대 후반기에 이르러서도 한국사회에 지속적인 반발을 야기하였다. 특히 1986년 '일본을 지키는 국민회의'가 제출한 『신편 일본사』가 검정에 통과되자, 또다시 한국 사회의 여론이 비등해졌고, 역사분쟁이 재연되었다. 당시 이에나가 교수는 교과서 소송을 다시 제기하여 일본의 침략, 조선인의 저항, 731부대의 만행, 남경대학살 등 검정에서 문제가 된 역사적 사실과 사상문제에 관한 10개 항에 대해 검정의 위헌성을 제기하였다.

이때에 이르러 양국 문화교류기금의 활동도 점차 강화되었다. 특히 한일문화교류기금은 학술회의 등을 주관하면서 한국학자들의 연구를 지원하는 사업 등을 전개하였다. 또한 그 지원사업의 일부로 한일 간의 역사분쟁과 관련된 주제에 대한 연구를 추진한 바 있다. 특히 한일문화교류기금은 양국 간의 역사분쟁의 해소를 위한 노력을 직접 전개하여, 1989년 사업에 '역사교과서 서술의 제문제'에 관한 심포지엄을 개최하였다.[8]

그러나 한일문화교류기금 내지 일한문화교류기금은 역사문제를 전담하는 기구로 설립된 기관은 아니었다. 하지만 이 기금의 설립으로 비록 부정기적이었다 하더라도 일본 중등학교 역사교과서가 가지고 있는 문제를 논의할 수 있는 창구가 한일 양국에 '민간차원'에서 마련될 수 있었다. 이후 한일 양국에서는 일본 중등학교 역사교과서와 관련되어 발생하는 역사분쟁의 해결을 위한 순수 민간차원의 노력이 좀 더 활발하게 진행될 수 있었다.

1990년대에 들어서는 교과서 분쟁 해소 노력과 관련하여 민간연구기관인 '국제교과서연구소'의 활동이 주목된다. 이 연구소는 1995년 국제화시대

---

8) 한일문화교류기금 편, 『일본고교 역사교과서의 고대 한국에 대한 기술의 문제점』, 1989, 『일본에 있어서의 교과서문제와 식민지 지배의 반성』, 1989, 『일본의 교과서에서 본 조선조 시대 ; 한일간의 신시대에 상응하는 서술을 바라며』, 1989, 한일문화교류기금 간행.

의 역사교육과 역사교과서에 대한 연구를 주도하였다. 물론 이 연구소는 일본교과서 왜곡문제만을 전문적으로 다루지는 않았지만, 주요 활동으로 일본 역사교과서 문제가 포함되어 있었다.

그리고 1990년대 후반에는 '유네스코 한국위원회'가 중심이 되어 교과서 분쟁을 해결하여 국제이해를 심화시키고자 하는 노력을 전개했다. 그 결과 유네스코 한국위원회는 1997년 유네스코 독일위원회와 함께 '21세기 교과서포럼'을 개최하여 역사교과서가 국제평화에 미치는 영향을 집중적으로 논의하였다. 그리고 이와 같은 작업을 바탕으로 하여 1998년 유네스코 한국위원회에서는 『21세기 역사교육과 역사교과서 : 한일 역사교과서 문제해결의 새로운 대안』을 간행하여 역사분쟁 해결을 위한 방안이 모색되었다.

역사분쟁과 관련된 민간의 활동이 활성화되면서, 1993년 김영삼 대통령의 문민정부가 수립된 이후 대일외교의 치욕적 과거를 청산해야 한다는 여론이 비등하였다. 특히 1990년부터 '한국정신대문제대책협의회'에서는 '종군위안부' 문제에 대한 역사적 반성과 교육을 주장해왔다. 이에 일본 정부에서는 종군위안부 문제를 역사교육에 포함시키겠다는 뜻을 천명하였고, 1994년 '종군위안부'에 관한 내용이 9종의 고등학교 역사교과서에 수록되었다. 그리고 1997년에는 중학교 역사교과서 일부에도 이와 같은 내용이 수록되었다.

뿐만 아니라 한국 사회에서는 과거사 문제에 관해 일본 헌법상 일본국을 대표하는 천황의 사과를 요청하였다. 그러나 이 요구는 관철되지 못하였고, 대신 무라야마(村上) 수상이 "통절히 반성하고 자라나는 세대들의 역사인식을 심화시킴으로써 우호협력의 미래를 열어가자"라는 사과담화를 발표하였다. 이를 계기로 하여 역사 문제에 대한 좀 더 심화된 접근이 가능하게 되었다. 그러나 이에 반발한 극우단체들은 '자학사관'과 '자유주의 사관'을 내세우며, 1997년 1월 '새로운 역사교과서를 만드는 모임'을 결성하였다.

한편 1997년에는 '한일역사연구촉진 공동위원회'가 양국의 학계와 언론들로 구성되어 두 차례에 걸쳐 전체회의를 가졌고, 2000년 5월 31일에는 <최종보고·건의서>를 양국정부에 제출하였다. 이 <최종보고·건의서>에는 '역사연구를 촉진하기 위한 한일역사연구회의의 설치'를 비롯하여, 상호이해의 촉진을 위해 지방자치단체, 학교, 시민단체 등의 교류확대 지원 등 6개에 걸친 건의사항을 제안하여, 훗날 '한일역사공동연구위원회'의 기틀을 마련했다.

3) 2000년대의 대응

1999년에 일본 극우파 그룹이 '자학사관'과 '자유주의 사관'을 내세우며, 『국민의 역사』를 간행하고, 2001년 후소샤에서 『새로운 역사교과서』가 검정통과 되자, 역사교과서 문제로 인해, 한국측의 반일감정은 고조되고, 이로 인해 양국관계는 급속히 냉각되었다.

이 과정에서 양국정부는 정상간의 합의에 의해, '한일역사공동연구위원회'를 발족시켜, 양국정부의 공식적인 지원 아래 역사분쟁을 해소하기 위한 노력을 시작하였다.

한편 2000년대부터 국내의 연구 기관에서도 일본과의 역사분쟁 해소를 위한 노력을 전개하였다. 즉, 2000년을 전후하여 한국교육개발연구원에서는 일본 중등학교 역사교과서의 내용을 분석하고, 일본 교과서에 대한 왜곡대책을 모색하였다. 아울러 일본의 교과서 검정규정 및 역사교육과정 등에 관한 연구도 수행하였다.[9] 이와 함께 역사분쟁을 해소시키기 위한 국제적 경험에 관한 연구를

---

9) 한국교육개발원, 『일본중등학교 역사교과서의 한국관계 내용에 대한 분석』, 1999. 장영순·김기봉·한운석, 『독일폴랜드 역사교과서 협의사례연구』, 2002. 이찬희, 『일본역사교과서 왜곡대책 및 한국바로알리기 수탁사업결과 평가분석 보고서』, 2002. 이찬희, 『일본 고등학교 교과용도서 검정규정 및 역사교과서 검정결과』, 2002. 한국교육개발원 편, 『국제화해 게오르크 에케르트 국제교과서연구소 25주년 기념논총』, 2002. 이찬희, 『한일역사교육과정 비교』, 2007.

수행하였다. 또한 이 시기 일본교과서 문제의 연구에는 정신문화연구원·한국학 중앙연구원 및 고구려연구재단·동북아역사재단을 비롯한 여러 연구기관이 참여하여 일본교과서 왜곡문제를 개선하기 위한 노력을 기울였다.

또한 학계에서도 2001년 한국사연구회가 중심이 되어 이에 대한 반대의 입장을 분명히 하였고, 역사학 관련 학회의 공동심포지엄을 개최하여 이 문제에 대한 학문적 대응방안을 모색하였다. 뿐만 아니라, 2001년 12월에는 일본을 대표하는 역사학연구회·일본사연구회·조선사연구회 등 학회와 역사교육자협의회·역사과학협의회 등 5개 학회와 단체들이 한국을 대표하는 한국사연구회와 역사학회 그리고 한국역사연구회·역사교육연구회·일본사연구회 등 5개 학회를 초청한 공동심포지엄을 일본에서 개최하였다.

이때 양국의 학자들은 일본에서 부적절한 교과서가 간행된 사실을 비판하는 내용의 '합의문'을 채택하였으며, 이 모임은 2003년 6월 한국의 서울에서 계속되었다. 이 심포지엄은 일본과 한국의 역사연구자들이 일본 중등학교 역사교과서 상에 나타난 한일관계 분야의 서술이 가지고 있는 문제점을 상호 검토하고 그 해결방향을 토론하였다.

또한 일본 역사교과서 왜곡에 대해서 남북한의 공동대응이 시도되기도 하였다. 즉, 2001년 3월에는 평양에서 '일제의 조선강점 비법성에 대한 남북 공동자료전시회'와 함께 학술토론회가 개최되었고, 교과서 왜곡의 시정을 요구하는 공동성명이 발표되었다. 이와 같은 공동성명의 발표가 가능했던 배경에는 남북한이 현실적으로는 비록 상이한 역사관을 가지고 있다 하더라도, 오랫동안 하나의 역사공동체를 이루어온 역사를 가지고 있다는 인식을 가지고 있었기 때문이다.

한편, 한일 간의 역사분쟁을 위한 해결책을 모색하면서 역사분쟁을 성공적으로 해소시키고 있는 다른 나라의 사례들에 대한 관심도 높아졌다. 그리하여 독일과 프랑스, 독일과 폴란드 사이에 전개된 역사대화의 사례에 관한 검토 작업이 수행되었다. 그리고 전시의 점령자와 피점령자 사이의 관계에 대한 연구와 함께 식민지 지배국과 피식민국 사이의 대화에도 관심을 갖게 되었다.

한일 간의 역사분쟁을 해소하는 데에 도움이 되는 외국사례에 대한 연구는 이미 한일문화교류기금 및 유네스코 한국위원회의 활동업적을 통해서도 확인된다. 그러나 이 시기에 이르러서는 보다 연구가 구체적으로 진행되었고, 주로 독일과 폴란드의 사례를 비롯하여, 독일의 게오르크-에케르트 연구소에서 전개하고 있는 유럽에서의 국제교과서 협의활동을 검토하였다. 그리하여 2008년에는 독일과 프랑스의 공동역사교과서인 『1945년 이후 유럽과 세계』(휴머니스트)가 간행되기에 이르렀다.

또한 2001년에 후소샤의 『새로운 역사교과서』 문제가 제기되자 시민단체에서도 역사분쟁의 해소를 위한 노력을 강화하였다. 예를 들면, 한국에서는 84개의 시민단체들이 연합하여 '일본교과서 바로잡기 운동본부' 등을 발족시켜, 이 문제에 대해 지속적인 반대여론을 제기하였다. 그리고 일본에서도 '어린이와 교과서 전국 네트워크21'과 같은 NGO 및 역사교육자협의회를 비롯한 학계와 교육계의 결속이 진행되었다. 이러한 시민단체들은 한중일 3국의 연대활동을 전개하였고, '아시아평화와 역사교육연대'와 같은 단체의 활동으로 발전되었다. 같은 기간 동안 한국과 일본의 학계에서는 공동역사교과서의 편찬문제가 연구·협의되어, 여러 형태의 연구업적이 선을 보였다.[10]

---

10) 이에 관한 주요 업적으로는 다음과 같은 저서를 들 수 있다.
   ① 鄭在貞·石渡延男, 『韓國發日本の歷史敎科書への批判と提言 ; 共存の敎科書づくりのために』, 桐書房, 2001.
   ② 韓日가톨릭主敎會議 編, 『가깝고도 가까운 나라』, 한국천주교주교회의, 2002.
   ③ キリスト敎學校敎育同盟 關西地區國際委員會編, 『日韓の歷史敎科書を讀み直す新しい相互 理解を求めて』, 2003.
   ④ 한일공통역사교재 제작팀, 『조선통신사』, 한길사, 2005.
   ⑤ 한중일3국 공동역사편찬위원회, 『미래를 여는 역사』, 한겨레신문사, 2005.
   ⑥ 전국역사교사모임·역사교육자협의회 한일공동역사교재편찬위원회, 『마주보는

한일간에 '공동역사교과서'를 편찬하고자 하는 시도가 2000년대에 들어와서 여러 방면에 걸쳐 전개되었다. 이와 같은 성과는 그동안 한일 양국의 학계와 교육계에 축적된 연구성과와 반성에 힘입어 나타날 수 있었다. 그러나 한일 양국은 역사교과서를 검정제도 아래에서 간행하고 있으므로 엄밀한 의미의 공동 역사교과서 채택에는 정당한 절차가 따라야 할 것이다.

4. 한일역사공동연구위원회의 활동

1) 제1기 한일역사공동연구위원회

2001년 4월의 후소샤의 『새로운 역사교과서』를 비롯한 일본 중학교 교과서의 검정통과는 한·일간에 외교 갈등을 불러 일으켜, 드디어 그해 10월 15일, 김대중 대통령과 고이즈미 총리의 한일정상회담에서 '한일역사공동연구기구'를 설치할 것을 합의했다. 그리하여 2002년 3월 5일, '한일역사공동연구위원회'와 '한일역사공동연구지원위원회'가 설치되었다. 이 위원회는 한일 양국 정부의 공식적인 지원 아래 역사분쟁을 해소하기 위해 설치된 민관합동기구였다.

이 위원회는 '한일관계사에 대한 양국간의 학설·해석의 차이가 있다고 여겨지는 분야를 학자·전문가간에 논의하여, 학설·역사인식에 대해 공통점을 도출하도록 노력함과 동시에, 차이점은 차이점으로 정확히 파악함으로써, 상호 이해와 인식의 심화를 지향한다'는 것을 목적으로 하였다. 연구의 활용에 관해서는 '연구성과를 적의 활용할 수 있도록 양국 정부 및 관련 기

한일역사』, 사계절, 2006.

⑦ 역사교육연구회·역사교과서연구회, 『한일교류의 역사』, 혜안, 2007.

⑧ 歷史敎科書研究會·歷史敎育研究會, 『日韓歷史共通敎材日韓交流の歷史』, 明石書店, 2007.

관, 국회의원, 대학 등을 포함한 연구기관, 각종 도서관, 교과서 작성자, 민간(각 언론사, 한일관계 및 역사관련 지식인 등) 등에 널리 배포시켜 주지시키며, 또한 인터넷 홈페이지에 공개하여, 한일 양국민간의 상호이해가 확대되도록 하고, 장래에 역사교과서가 편수되는 과정에서 참고로 고려될 수 있도록 한다'는 것을 합의하였다.

제1기 한일역사공동연구위원회는 양국에서 위원장 1인씩과 위원 10인씩(제1분과 고대사 3인, 제2분과 중근세사 3인, 제3분과 근현대사 4인으로 각국 11인씩) 총 22인으로 구성하였다.[11] 한편 한일 양국은 '한일역사공동지원위원회'를 한일양국의 민간지식인 및 정부관계자 각 6명씩으로 구성하여, '한일양국간의 역사관련 사업을 유기적으로 연계시키고, 통일된 개념하에 추진함과 동시에, 한일 양국정부가 책임지고 개별사업이 원활히 실시되도록 지원하기로 하고, 양국이 각자의 사정에 따라 적절히 사무국을 설치하도록 했는데, 한국은 교육부가 지원하는 별도의 사무국을 설치했고, 일본은 일한문화교류기금에 사무국을 설치하였다.

제1기 한일역사공동연구위원회는 공동연구주제를 19개 선정하여[12],

---

11) 제1기 위원명단은 다음과 같다.
　한국측 : 조동걸(위원장), 조광(총간사), 김태식(제1분과 간사) 김현구, 노중국, 손승철(제2분과 간사), 정구복, 정재정(제3분과 간사), 이만열, 김도형, 김성보, 그외 김장권, 강창일, 유병용 위원은 중간에 교체됨.
　일본측 : 三谷太一郎(위원장), 森山茂德(총간사 겸 제3분과 간사), 浜田耕策(제1분과 간사), 石井正敏, 佐藤信, 吉田光男(제2분과 간사), 田代和生, 六反田豊, 小此木政夫, 原田環, 古田博司.
12) 제1기 한일역사공동연구위원회의 19개 공동연구주제는 다음과 같다.
　제1분과 : ① 4세기 한일관계, ② 5세기 한일관계, ③ 6세기 한일관계.
　제2분과 : ① 위사, ② 임진왜란, ③ 통신사.
　제3분과 : ① 한일간의 제조약, ② 동아시아 국제관계와 근대화, ③ 청일전쟁-러일전쟁기의 한일관계, ④ 조선 주둔 일본군의 실태(1876-1945), ⑤ 일제의 식민통치정책과 한민족의 대응, ⑥ 식민지기 문화와 사회의 변용, ⑦ 전시체제기 국가총동원체제와 그 실상, ⑧ 식민지개발론과 수탈론,

2002년 5월부터 2005년 5월까지 3년간 활동하였는데, 전체회의(6개월 1회) 6회, 각 분과회의(2개월 1회)를 1분과가 20회, 2분과가 11회, 3분과가 14회 실시하여, 『한일역사공동연구보고서』 전6책을 발간하였다.

공동연구의 결과 주요쟁점은 다음과 같았다. 예를 들면 제1분과의 경우, 한국측은 4~6세기 일본의 한반도 남부 지배는 성립할 수 없다는 주장을 했고, 일본측은 공개적으로 임나일본부설은 주장하지 않았으나, 광개토왕릉비에 비추어 4세기 당시 왜가 강성했다는 점을 강조하였다.

제2분과의 경우, 왜구의 주체에 대해 한국측은 그 주체가 일본인이며 성격은 해적집단이라는 점을 논증했던 반면, 일본측은 왜구를 일본인이나 조선인 혹은 혼혈의 잡거집단으로 해석하였다. 통신사의 경우, 한국측은 통신사는 막부의 간청을 받아들여 파견했다고 주장했으나, 일본은 室町시대에 가상의 조공사절로 간주했다. 임진왜란에 관련해서는 한국측은 임진왜란은 일본의 침략욕구로 일어났고, 조선의 승리였다고 주장했으나, 일본측은 침략이라는 용어 대신 출병, 파병의 용어를 쓰면서 피해상황을 축소했다.

제3분과에서는 개항기에 대해서, 한국측은 일본의 한국강점은 국제법이나 절차에 비추어 불법적이고 부당한 것으로 규정했고, 일본측은 일본이 힘의 우위를 배경으로 조약을 맺었어도 그것은 근대 국제법이 안고있는 모순임을 강조했다. 식민지기에 대해서는 한국측은 일본의 조선지배가 폭압·동화정책이었으며, 한국인은 다양한 독립운동을 전개하였다고 했다. 반면 일본측은 조선민족의 저항을 한국내의 근대적 관료제의 이식과 국제화의 진전에 대한 반발로 간주했다. 해방이후기에 관해서, 한국측은 한일협정이 식민지 지배에 대한 사과와 반성이 결여된 반면, 한·미·일 반공전선 구축에 기여하고, 한국경제의 대미·대일 결합을 강화시킨 것으로 이해했다. 반면,

---

⑨ 한일회담과 한일조약, ⑩ 1945년 이후 조일관계, ⑪ 1945년 이후 한일간 경제관계의 전개, ⑫ 근현대 한일간의 상호인식, ⑬ 근현대 한일관계 연구사.

일본측은 한일관계의 강화와 경제발전은 양국 및 지역의 평화와 안전에 기여한 점을 지적했다.

이상의 공동연구서 6책의 발간외에도 한국측에서는 공동연구주제를 지원하기 위한 세부연구주제(소주제) 83개와 특설과제 6개 등 총 89개의 과제를 별도로 연구하여, 『한일관계연구논집』 전10책, 『대일과거청산 소송자료집』 전10책, 『러일전쟁 전후 한국관련 러시아 신문기사자료집』(1900~1906), 『근현대 한일관계 연표』를 간행하였다.[13]

이와 같이 '한일역사공동연구위원회'는 해방 이후, 처음으로 양국 정부간의 공식기구를 통하여 양국간에 갈등을 빚고 있는 역사쟁점 주제에 대해 양국의 학자들 간에 공동연구가 이루어졌다는 점에 커다란 성과가 있었다. 그러나 운영상에 여러 문제점이 있었다. 예를 들면 주제선정 및 운영방식에 대한 사전협의에 많은 기간을 소요했으며, 위원수에 비해 주제가 너무 많았고, 또 실질적인 공동연구가 이루어지지 않아, 주제는 같았지만 내용이 다른 경우가 많았고, 연구의 진척사항을 비공개로 하며, 기록을 남기지 않아 위원회 활동이나 연구성과를 널리 알리는데 한계가 있었다. 또한 역사쟁점에 관해서는 연구진척이 있었지만, 현실적으로 문제가 되고 있는 '교과서문제'에 대해서는 실질적인 논의가 이루어지지 않았다. 그럼에도 불구하고 역사쟁점에 관한 상호간의 공통점과 차이점을 분명히 인식할 수 있었으며, 최종 연구성과물은 한일관계사 연구에 큰 발전을 가져왔다.

---

13) 『한일역사공동연구보고서』는 당초 협약대로 400질을 발간하여 양국정부 및 관련 기관, 연구기관, 국회, 대학, 도서관, 교과서 출판기관 등에 배부했으며, 인터넷(교육부, 한국학중앙연구원)을 통해 공개했다. 그 외의 성과물은 공동보고서와는 별도로 경인문화사에서 발간하였다.

2) 제2기 한일역사공동연구위원회

제1기 한일역사공동연구위원회 활동이 끝난 2005년은 '한일우정의 해'였다. 주지하다시피 2005년은 광복 60주년, 한일협정 40주년, 을사조약 100년이 되는 해로 굴절된 한일관계사를 잘 보여주는 해이다. 그런데 그해 초부터 일본 시마네현에서는 독도를 일본 땅이라고 주장하면서, 소위 '다케시마의 날'을 제정했고, 5월에는 2006년도용 일본중학교 역사교과서 검정을 발표했다. 이를 계기로 6월에 한일정상회담이 열렸고, 그 자리에서 '한일역사공동연구위원회' 제2기 구성을 합의했고, 이번에는 '교과서위원회'를 신설하여 양국교과서 편수과정에 참고하도록 명문화 했다. 제2기 위원회의 목적과 연구활용은 제1기 때와 같았고, 다만 교과서 위원회가 추가 설치되어, 제1기때와는 달리 교과서문제를 직접 다룰 수 있게 하였다.

그러나 '북핵문제', '독도', '야스쿠니 신사참배' 등으로 양국간에 긴장관계와 일본의 정권교체 등의 문제로 출범에 난항을 겪다가 2007년 6월에야 비로소 제2기 한일역사공동연구위원회가 발족하게 되었다.

제2기 한일역사공동연구위원회는 양국에서 위원장 1인씩과 위원 16인씩(제1분과 고대사 3인, 제2분과 중근세사 3인, 제3분과 근현대사 4인, 교과서 소위원회(교과서분과) 6인으로) 각국 17인씩 총 34인으로 구성하였다.[14] 또한 제1기 때와 마찬가지로 한일 양국은 '한일역사공동지원위원회'를 한일양국의 민간지식인 및 정부관계자 각 6명씩으로 구성였고, 한국은 교육인적자

---

14) 제2기 위원명단은 다음과 같다.

한국측 : 조광(위원장), 손승철(총간사 겸 제2분과 간사), 김태식(제1분과 간사), 노태돈, 조법종, 이계황(제2분과), 한명기, 주진오(제3분과 간사), 하종문, 류승렬, 이석우, 이찬희(제4분과 간사), 정재정, 김도형, 정진성, 현명철, 신주백. 총간사가 정재정에서 손승철로 중간에 교체됨.

일본측 : 鳥海靖(위원장), 原田環(총간사), 浜田耕策(제1분과 간사), 坂上康俊, 森公章, 須川英德(제2분과 간사), 桑野榮治, 佐伯弘次, 有馬學(제3분과), 大西裕, 春木育美, 古田博司(제4분과 간사), 山内昌之, 重村智計, 永島廣紀, 木村幹, 山室建德.

원부가 지원하는 별도의 사무국을 설치했고, 일본은 일한문화교류기금에 사무국을 설치하였다.

제2기 한일역사공동연구위원회는 공동연구주제를 24개를 선정하여[15], 2007년 6월부터 2010년 3월까지 2년 9개월간 활동하였는데, 전체회의 5회, 각 분과회의를 1분과가 18회, 2분과가 14회, 3분과가 15회 실시하여, 『제2기 한일역사공동연구보고서』 전7책을 발간하였다. 공동연구서 7책의 발간 외에도 한국측에서는 공동연구주제를 지원하기 위한 세부연구주제(소주제) 66개와 특설과제 6개 등 총 72개의 과제를 별도로 연구하여, 『한일관계연구논집』 전11책, 『한일역사의 쟁점』 전2책, 『한일역사과 교육과정 비교연구』 등을 간행하였다.

제2기 한일역사공동연구위원회의 성과를 분과별로 평가해 보면, 제1분과

---

15) 제2기 한일역사공동연구위원회의 12개의 공동연구주제는 다음과 같다.

　　제1분과 : ① 고대 한일관계의 성립, ② 고대왕권의 성장과 한일관계, ③ 고대 동아시아 국제질서의 재편과 한일관계.

　　제2분과 : ① 14~15세기 동아시아 해역세계와 한일관계-왜구의 구성문제를 포함하여-, ② 동아시아 세계와 임진왜란-국제관계와 원인문제를 포함하여-, ③ 17~8세기 동아시아세계와 한일 관계-통신사와 왜관의 의미를 포함하여-.

　　제3분과 : 제1부 한일근대국가의 수립과정과 상호관계
　　　　　　　① 제1장 주권과 독립, ② 제2장 권력과 국민
　　　　　　제2부 일제식민시기의 조선과 일본의 사회변동
　　　　　　　③ 제1장 지배체제와 이데올로기, ④ 제2장 근대화, ⑤ 제3장 전시체제,
　　　　　　제3부 제2차 세계대전 이후 한일관계의 형성과 변화
　　　　　　　⑥ 제1차 경제, ⑦ 제2장 외교, ⑧ 제3장 대중문화
　　　　　　제4부 여성과 사람의 이동
　　　　　　　⑨ 세1장 여성의 사회진출의 한일상호비교
　　　　　　　⑩ 제2장 사람의 이동의 한일상호비교

　　제4분과 : 교과서의 이념(2주제)-교과서와 근대·근대성
　　　　　　교과서의 편찬(2주제)-교과서 편찬제도의 변천, 교과서문제의 사적전개
　　　　　　교과서의 기술(4주제)-교과서에 나타난 전쟁, 교과서에 나타난 근대법질서와 국가, 교과서에 나타난 현대·현대사, 교과서에 나타난 민족·민족운동

의 경우, 양국 연구자가 시기별로 개관하는 연구를 진행함으로써 역사 인식
의 공통점과 차이점이 자연스럽게 부각시켜, 역사교과서 집필자들에게 참
고자료로 제공할 수 있는 기초를 마련했다. 특히 일본의 벼농사와 금속문화
는 한반도 남부에서 전래되었다는 것은 분명하며, 왜가 가야7국을 평정했다
는 의미를 가진 '임나일본부'라는 용어의 사용은 적절하지 않다는 데에 의
견 일치를 보았다. 제2분과의 경우는, 학계 최초로 한일 양국의 고려시대
한일관계에 대한 연구사를 정리, 양국의 중·근세 한일관계 연구현황 파악
과 내용 분석을 통해 한일 간 인식과 관점의 차이를 확인했으며, 쟁점 주제
였던 왜구의 주요 구성원(일본측, 전기 왜구에 조선인 포함)에 대해 壹岐,
對馬島, 松浦지역의 海民이라는 것에 양국 위원 간 의견 일치를 보았다. 또
한 『중근세 한일관계 사료해제집』을 한일 양국 모두 처음으로 정리하여 정
선된 학술 정보를 제공하는 기반을 마련하였다. 제3분과의 경우는, 근·현대
사의 10개 주제를 선정·연구하였으나 주제가 광범위하고 내용이 다양하여
쟁점 부각에 어려움을 겪었지만, 그 과정에서 양국 학자간에 뚜렷한 역사관
과 역사인식의 차이가 있었음을 확인했다. 제4분과는 정부차원에서 양국 교
과서에 대해 공동연구를 처음 실시함으로써 제1기 위원회에 비해 진전되었
다고 볼 수는 있지만, 일부 위원들의 편향된 자국 중심의 역사관에 의해 역
사교과서 내용에 대한 본격적인 논의는 저조하였다.

　전체적으로 보면, 제2기 위원회는 제1기 위원회를 보완·발전시킨 한 단
계 진전된 형태의 연구를 진행했으며, 교과서 집필자 및 연구자 등에게 책
임있는 자료 제공의 계기를 마련했다.

　그러나 제1기, 제2기 위원회 활동을 통해볼 때, 몇가지 한계점이 드러나
기도 했다. 우선 운영상의 문제로, 양국 위원간에 위원회에 대한 기본인식
의 차이점이 있었다. 예를 들면 한국측에서는 역사교과서 쟁점을 해소하기
위한 교육적 접근을 목적으로 한 반면, 일본측에서는 개인적인 연구에 치중
하는 성향을 나타냈다. 따라서 한일간의 역사쟁점과 관련이 없는 주제를 선

정하거나, 포괄적인 주제를 선정하여 위원회의 본래 취지가 약화되기도 했다. 또한 제3분과(근·현대사)에서는 위원의 숫자에 비해, 너무 많은 주제를 선정하여, 공동연구원 또는 연구협력자를 위촉하는 바람에 공동연구의 일체감과도 결여되었고, 또 주어진 기간 동안 연구를 진행하는데 어려움을 겪었다. 한편 교과서위원회(제4분과)가 설치되어 양국의 교과서 내용을 연구하고 토론한 것은 제1기에 비해 새로운 진전이었지만, 교과서 문제를 다루는 시각이 상이하여 상호이해와 역사화해를 향한 공동연구가 되지 못하고 자기 합리화, 상대방 비하 등의 태도가 나타나기도 했다. 또한 연구성과물과 관련해서는 위원회의 목적이 한일관계사 쟁점에 대해 공동연구함으로써 인식의 차이점과 공통점을 도출하는 것임에도 불구하고, 일부 논문은 개별적 연구에 그친 측면이 있었다. 나아가 공동연구보고서가 비매품이고 한정판이기 때문에 연구성과를 전파하는데 한계가 있었다.

그러나 총체적으로 보면, 이러한 공동연구는 한일 상호간에 역사인식의 공통점과 차이점을 추출해 가는 과정으로 역사교과서 문제 해결을 위한 시발단계 수준으로 독·불, 독·폴 간 역사교과서 문제 해결 과정에서도 같은 양상을 드러냈었던 문제로 보여진다. 그런 의미에서 2기에 걸쳤던 '한일역사공동연구위원회'의 활동은 양국정부와 학자들이 역사교과서 문제 내지 역사분쟁의 해소를 위한 공식적인 관심을 표명했고, 공동으로 노력을 시작했다는 점에 있어 그 의의를 찾을 수 있을 것이다.

5. 맺음말

일본의 중·고교 역사교과서는 교과서 집필자의 서술내용에 대한 문부과학성의 검정을 통해서 간행되고 있다. 그러므로 역사교과서의 문제점에 대한 실질적인 책임은 교과서 검정의 최종 권한을 가지고 있는 일본 교육행

정 당국 내지 일본 정부가 가질 수밖에 없다.

위에서 언급한 대로, 1955년 '제1차 교과서 공격'으로부터 시작된 '일본 역사교과서 왜곡' 문제 역시 문부성에 '교과용도서 조사관제도'를 상설화하고, '교과용도서 검정심의회'를 법령으로 제정화하면서 시작되었고, 이 위원회에 황국사관을 가진 사람들이 다수 포함되면서 본격화하기 시작했다. 그러나 국가에 의한 통제강화는 1965년 소위 '이에나가 교과서 재판'을 계기로 1974년 교과서부터는 일부 시정되기도 했으나, 1980년 자민당을 중심으로 '교과서제도 개혁초안'이 확정되면서 다시 개악되기 시작했다.

1982년 개악된 교과서가 검정을 통과하면서 시작된 '제2차 교과서 공격'에 의해 한국에서는 반일여론이 고조되어, '독립기념관'을 건립하는 계기가 되었으며, 일본정부에 그 시정을 강력히 요구했다. 이에 일본에서는 '근린제국조항'을 교과서 검정에 새로운 기준으로 설정하여, 한국의 수정요구를 일부 수용하기도 했다.

그러나 1990년대 말부터 일본내의 극우파들에 의해 제안된 '자학사관'과 '자유주의 사관'에 의해, 새로운 역사교육을 실시할 것을 주장하면서, 후소샤의 『새로운 역사교과서』가 편찬되면서 '제3차 교과서 공격'이 시작되었다.

일본의 교과서 공격에 대한 한국의 대응은 70년대에 개인학자의 노력에 의해 시작되다가, 80년대에 들어, 국사편찬위원회, 한일문화교류기금 등이, 90년대에는 유네스코 한국위원회, 역사교육연구회, 한일관계사학회, 국제교과서연구소, 한국교육개발원 등이, 2000년대에는 한국사연구회 등 5개학회가 중심이 되어 일본학회 및 역사교육자협의회와 함께 교과서문제에 대한 문제점을 지적하며 본격적인 연구를 시작했다. 또한 '아시아평화와 역사교육연대'와 같은 시민단체에서도 일본 NGO 등과 연대하였고, 한국과 일본의 학계에서는 공동역사교과서 형태의 업적들이 나오기도 했다. 그러나 한일양국은 역사교과서를 검정제도 아래서 간행하고 있으므로, 엄밀한 의미의 공동역사교과서 채택에는 정당한 절차가 필요하다.

　이러한 사회적 요구는 결국 2002년 양국 정상의 합의에 의한 '한일역사 공동연구위원회'의 설치로 이어졌고, 2기에 걸친 공동연구위원회의 노력은 양국 정부와 학자들에 의해 민관합동으로 역사교과서 문제 내지 역사분쟁의 해소를 위해 공식적인 활동을 시작했다는데 커다란 의의를 지닌다.

　그러나 한일역사공동연구위원회는 2010년 3월, 제2기 활동을 끝으로 현재 중단된 상태이다. 이런 상황에서 2011년 4월, 2012년 사용될 일본역사교과서의 검정이 이루어졌고, 새로이 극우파 역사교과서인 이쿠호샤(育鵬社)의 『새로운 일본의 역사』가 출현하여, 양국간에 갈등이 고조되고 있다.

　이러한 시점에서 제3기 한일역사공동위원회의 설치의 필요성과 그 방향을 제시하면서 결론에 대신하고자 한다. 우선 제1기, 제2기 위원회의 설치가 양국 정상간의 합의를 필요로 한다는 점에서 정치적인 변수에 의해 위원회가 지속적으로 이루어지기가 어렵다. 따라서 위원회의 활동기간을 2년 1기로 활동기간을 정하여 지속적으로 운영함으로서, 연속성을 갖을 수 있도록 상설기관으로 설치하여야 한다. 또한 위원회의 공동연구의 목적을 쟁점 위주에서 쟁점 → 화해 → 교류의 방향으로 유도하여 대결구도에서 협력구도로 바꾸어가야 한다. 아울러 교과서 검정을 결국 국가가 주도하므로 정부의 업무지원을 받는 지원위원회를 유지하여야 한다.

　또한 제1기와 제2기에서 문제점으로 지적된 것처럼, 너무 많은 주제와 위원구성은 운영상 효율적이지 못하므로, 위원은 10명 내외로 하되, 위원수와 주제를 맞게 정하고, 주제와 운영방식을 사전에 조율하여 연구가 정해진 기간내에 진행될 수 있도록 한다. 또한 연구결과물을 활용할 수 있는 권고안이나 시스템을 마련하여 연구성과물이 교과서 편찬에 활용될 수 있도록 하여야 한다. 아울러 연구성과를 극대화하기 위해, 양국 모두 공동연구의 필요성과 역사대화의 의미를 공감하는 위원으로 하되, 한일관계사를 기본으로 하는 한국사·일본사의 전문가 및 역사교육 연구자로 구성하여야 한다. 또한 역사교과서의 기술 내용을 공동연구하는 문제에 있어, 제1기와 제2기에서 진통을 겪었었는데, 이 위원회의 설치 이유가 역사교과서로 비롯된 역사분쟁을 해소하는 데 있는 만큼, 현재와 같이 시대사를 중심으로 분과 구분을 하되, 역사교과서의 내용과 함께 학계의 연구동향을 함께 다룰수 있어야 한다.

　그동안 한일간의 역사분쟁을 위한 해결책을 모색하면서 역사분쟁을 성공적으로 해소시킨 유럽의 사례들이 주목받고 있다. 독일 - 프랑스, 독일 - 폴란드가 공동교과서 및 보조교재를 발간하는데 50년 이상의 시간이 필요했다. 오늘날 유럽통합이라는 기본적인 인식의 공유 아래 완전하지는 않지만, 자민족중심주의적인 역사인식의 극복이라는 기본적인 합의가 이루어졌고, 아울러 공동의 역사교과서를 바탕으로 후속세대들에게 상대국에 대한 인식뿐만 아니라 자국에 대한 올바른 역사인식 형성의 토대가 마련되어 가고 있다. 이러한 사례들을 바탕으로, 그간의 양국정부와 학자, 시민단체들의 노력이 상호이해와 공동 번영의 미래를 향한 새로운 길을 모색할 수 있기를 염원한다.

제3편

현행 검인정 교과서의
조선시대 대외관계 분야 서술

제1장
중학교 『역사』, 조선시대 대외관계 분야 서술

1. 머리말

2017년 현재, 중학교에서 사용되고 있는 「역사」 교과서는 '2009년 개정 교육과정에 따른 역사교과서 집필기준'에 따른 교육과정과 집필규정에 의해서 편찬된 책이다.

이 규정에 따르면 중학교의 교육은 초등학교 교육의 성과를 바탕으로 학생의 학습과 일상생활에 필요한 기본 능력을 배양하며, 다원적인 가치를 수용하고 존중하는 민주시민의 자질 함양에 중점을 두는 것을 목표로 하고 있다. 그러한 면에서 학생들에 대한 역사교육은 민주시민뿐만 아니라 국제 사회의 일원으로 성장해 가는데 매우 중요한 과정이다.

현재 한국에서는 중·고등학교 역사교육과 역사교과서에 대한 관심이 매우 높다. 이것은 한국사가 대입 필수과목이 되면서 한국사 교육의 강화가 이루어지고, 국정제에서 검인정체제로의 변화, 다시 국정제로의 변화를 추진하는 과정에서 역사교육뿐만 아니라 역사교과서에 대한 학계와 일반인들의 관심이 증가한 것에 기인한다. 대입 필수과목으로 대표되는 한국사 교육의 강화는 일본 우익교과서의 역사왜곡, 중국의 동북공정 등으로 역사교육을 강화해야 한다는 사회적 공감대를 바탕으로 하고 있다. 국정제로의 변화 추진은 미래 세대가 올바른 역사관과 국가관을 확립하고 통일시대를 준비하면서 헌법가치에 충실한 올바른 역사교과서를 만들어야 한다는 취지이지만, 국민적 합의가 충분하게 이루어지지 않아 사회적 물의를 일으켰고, 결국은 검인정체제를 그대로 유지하기로 결론이 났다.

그러나 기존의 검정체제에서 편찬된 중학교『역사』교과서는 총 9종이나 되고, 편찬체제나 내용도 상당히 다르다. 교과서가 9종이나 되어 서술에 있어 다양성의 측면에서는 의미가 있다고는 하지만, 교과서마다 체제나 용어, 내용면에서 편차가 너무 커서 교사와 학생들에게는 오히려 큰 혼란을 야기시키고 있다.

이 글은 현행 중학교『역사』검인정 교과서·9종에 수록된 조선시대사 대외관계 부분의 서술 내용을 다음과 같은 내용으로 분석해 보고자 한다.

첫째, 각 분야별로 교과서의 구성과 서술 내용을 검토한다. 각 교과서들이 가지는 장·절의 구성, 소단원·소주제의 구성이 적합한지, 이에 대한 서술이 객관적이고 합리적인지에 대해서 종합적인 분석이 필요하다.

둘째, 교과서 편찬 기준에서 제시한 목표가 교과서의 장·절 구성과 내용에 제대로 반영되고 있는지, 주요 쟁점 주제들에 대한 서술이 어떻게 되었는지 검토할 필요가 있다.

편찬 기준에서는 최신의 검증된 학설에 따라 학계에서 널리 인정되는 학설을 수록하는 것을 원칙으로 하되, 역사 교과 지식 상호 간의 연계성을 고려하여 맥락이 통하는 서술이 되도록 하고 있다. 이에 따른 '편찬 방향'과 '편찬 유의점'이 제시되었는데, 이러한 편찬 기준을 최대한 참조하면서 교과서의 구성과 내용이 이루어졌는지 분석할 필요가 있다.

셋째, 교과서에 수록된 사진·그림·도표·지도·사료·기타자료 등 학습 자료를 종합적으로 분석할 필요가 있다.

교수·학습의 효과를 높이기 위해 학습자의 발달 수준에 적합한 사진·삽화·도표 등 다양하고 활용도가 높은 자료를 선정하고, 학생들이 흥미를 느낄 수 있도록 구성할 필요가 있다. 각 교과서에 제시된 학습 자료들을 총괄적으로 검토하여 교과서에 인용된 자료의 적절성, 통계자료와 지도의 정확성, 사용되는 빈도 등의 문제를 종합적으로 검토하고 개선 방안을 찾아볼 필요가 있다.

이글은 이러한 문제의식에서 다음의 8가지 기준에 의거하여 정리·분석하고자 한다.

① 교육과정 및 집필기준은 적절한가?

집필상의 유의점 및 주요학습용어(키워드)들이 제대로 서술되어 있는지?

② 교과서의 장·절의 분량은 적절한가?

③ 단원의 구성 체제 : 중단원 도입, 사진, 지도, 삽화/그래픽, 읽기자료, 탐구활동, 특집자료, 중단원 마무리의 구성은 적합한가?

④ 목차 및 명칭은 적절한가?

⑥ 본문 내용 측면의 정리와 분석 : 필요한 내용이 포함되고 적당한 용어가 선택되었는가?.

중요한 학습용어를 키워드(중학교 5개)로 정하여 제대로 서술되었는가? 그리고 교과서 별로 어떠한 편차를 보이며, 학계의 연구 성과가 충분히 반영되었는가?

⑦ 통계, 사료, 지도[역사부도], 삽화, 기타자료의 정리와 분석 : 정확하고 적합한 자료가 사용되었는가?

⑧ 읽기자료 : 사료의 인용은 적절한가?

⑨ 향후 교과서 집필에 무엇을 어떻게 보완해야 하는가?

2. 교육과정과 집필기준

2009년 개정교육과정에 의하면 '역사'는 과거에 있었던 다양한 인류의 삶을 이해하고, 현재 우리의 삶과 모습을 과거와 관련시켜 살펴봄으로써 인간과 그 삶에 관하여 폭넓은 이해와 안목을 키우는 과목으로 정의하고 있다. 그리고 중학교의 역사 과목은 초등학교에서 학습한 한국사에 대한 기초적 이해를 바탕으로 과거와 현재, 우리나라와 세계를 연관시켜 체계적으로 이해하는데 주안점을 두었고, 특히 중학교 과정에서는 정치사와 문화사를 중심으로 내용을 구성하여 역사학습에 대한 흥미를 유발하고 문화적 창조 능력을 키울 수 있도록 하며, 고등학교 과정에서는 사회·경제사, 사상사 및 대외관계사를 연계하여 한국사의 특성을 심층적으로 파악하는 것을 목표로 하고 있다.

'내용의 영역과 기준'을 보면 내용체계로서 한국사영역에 조선시대는 '조선의 성립과 발전'과 '조선사회의 변동'의 두 영역에 ○조선 건국과 통치체제의 정비, ○민족문화의 발달, ○사림 세력의 성장 배경, ○양란의 배경과 극복 노력, ○조선후기 정치 운영의 변화, ○사회 개혁 방안의 내용과 그 의미, ○문화 변동의 배경과 양상, ○세도 정치 시기 농민 봉기의 사례와 의미 등 8개의 내용요소로 되어 있으며, 그 가운데 대외관계는 양란의 배경과 극복노력이다.

그리고 영역 및 학습내용 성취 기준에서는 '(5)조선의 성립과 발전에서 조선의 성립 이후 문물제도의 정비를 통한 정치·문화적 발전과 왜란과 호란의 극복과정을 다룬다. 그리고 세부항목 ④에서 왜란과 호란의 대내외적 배경을 알고, 외침에 맞선 다양한 노력을 중심으로 양란의 전개 과정을 설명한다'고 되어 있다.

따라서 이러한 교육과정과 집필기준만으로는 구성체제나 서술 내용들을 전혀 가늠하기가 어렵다.

이에 비해 '2015 개정교육과정'에는 교육과정 중역 15-04에서는 '왜란과 호란의 배경을 파악하고, 외침에 맞선 다양한 국난 극복 노력을 이해한다'고 되어 있고, 소주제 '왜란과 호란'을 정하고, 주요학습요소로 '의병, 이순신, 후금의 성장, 광해군의 중립외교, 인조반정'을 제시했다. 그리고 성취기준으로 '왜란과 호란의 배경을 파악하고, 외침에 맞선 다양한 국난 극복 노력을 이해한다'고 되어 있고, 집필방향으로 'ㅇ일본의 정치적 변화가 임진왜란의 배경이 되었음을 설명하고, 이 전쟁이 조선과 일본뿐만 아니라 명도 관련된 국제전쟁이었음을 서술한다. ㅇ의병과 수군의 활동, 군사제도의 정비 등 다양한 노력을 통해 임진왜란이 극복되었음을 서술한다. ㅇ여진의 성장과 후금의 건국, 명의 쇠퇴, 조선의 정치적 변화 등 국내외 정세의 변동이 호란의 배경이었음을 설명하고 전쟁의 과정은 간략히 설명한다'고 되어 있다.

나아가 집필 유의점으로 'ㅇ전쟁 전 동아시아 국가들 간의 경제·문화적 갈등이나 붕당 사이의 대립 등 조선 내부의 요인을 전란의 주요 원인으로 설명하지 않도록 유의한다. ㅇ의병장의 활동지역이나 주요 전투 장소 등은 지도에서 한꺼번에 표시하도록 하고, 인명과 지명이 나열식으로 제시되지 않도록 유의한다'고 제시했다.

집필방향이나 유의점, 학습요소의 구체적인 제시라는 측면에서 2009 교육과정보다는 진일보했지만, 여전히 실제 집필에서는 분량, 내용, 구성체제 등 많은 문제점이 그대로 남아있다. 또한 시기적으로도 조선시대 대외관계를 전체적으로 조명하지 못하고 있다. 조선전기 대외관계의 기본틀이나, 전개과정, 조선후기의 한일, 한중 관계의 전개과정을 이해하는 내용은 전무하다. 뿐만 아니라 대외관계를 전쟁사 위주로만 서술하고 있어 대외관계 전체 모습을 그려볼 수가 없다. 자칫 대외관계사를 갈등의 역사로만 이해할 여지가 있다.

3. 구성요소의 분석

중학교 「역사」의 조선시대 대외관계사 부분의 구성요소는 <시기별 서술 분량>, <중단원 도입>, <사진>, <지도>, <삽화/그래픽>, <읽기자료>, <탐구

활동>, <특집자료>, <중단원 마무리> 등의 보조단과 <본문 내용>으로 구성
되어 있다. 그리고 본문의 체제구성은 <중단원>, <소단원>, <소항목>, <본
문>으로 되어있다.

구성요소의 분석은 위의 항목 순으로 한다.

1) 서술 분량의 비교

대외관계 분야의 서술 분량을 비교하면 다음 표와 같다.

〈9종 교과서의 분량 정리(단위-쪽)〉

구분	교학사	금성출판	동아출판	미래앤	비상교육	신사고	지학사	천재교과서	천재교육
전기	무	1	0.5	1	1	1	2	무	1
왜란	3	5	2	5	4	4	4	4	3
호란	3	3	4	3	3	3	3	2	3
통신사, 연행사	무	0.1	0.1	0.5	1.5	0.2	0.2	무	0.2
계	6	9.1	6.6	9.5	9.5	8.2	9.2	6	7.2

이 표의 내용을 검토해보면,
- 조선전기 대외관계(사대교린, 중국과 일본과의 관계)가 전혀 서술이 되
  어 있지 않은 교과서가 2개(교학사, 천재교과서)이며, 서술한 경우도
  0.5쪽에서 2쪽까지 차이가 많다.
- 임진왜란은 모두 서술하고 있으나 2쪽(동아출판)에서 5쪽(미래엔)까지
  편차가 심하다.
- 호란도 모두 서술하고 있으나 2쪽(천재교과서)에서 4쪽(동아출판)까지
  편차가 심하다.
- 통신사와 연행사에 대해서는 서술하지 않은 교과서가 2개(교학사, 천재
  교과서)이며, 대부분이 한두줄에 그쳤고, 비상교육은 1.5쪽을 서술하

였다.

- 전체적으로는 6쪽에서 9.5쪽에 이르기까지 편차가 심하다.

2) 구성체제 분석

구성은 <중단원 도입>, <사진>, <지도>, <삽화/그래픽>, <읽기자료>, <탐구활동>, <특집자료>, <중단원 마무리> 등의 보조단과 <본문 내용>으로 구성되어 있다.

▶ 조선전기 대외관계

구분	교학사	금성출판사	동아출판	미래엔
지도	없음	지도 (조선의 대외관계)	지도 (조선초기 대외관계와 영토확장)	지도 (중국과 일본의 교역로)

비상교육	신사고	지학사	천재교과서	천재교육
지도 (조선전기의 대외관계)	지도 (조선의 대외관계와 지도)	지도 (조선초기의 국제관계)	없음	지도 사진(해동제국기)

○ 분석

대부분의 교과서에서는 지도를 넣어 사대교린의 개념도와 교역품을 표시했다.

그러나 전혀 언급이 없는 교과서도 2종이 있었고, 미래엔 교과서는 교역로라고 표기했으나, 교역로가 아니라 사행로이다.

▶ 왜란과 호란
〈중단원 도입〉

구분	교학사	금성출판사	동아출판	미래엔
중단원 (소단원) 도입	[삽화+설명] 명량대첩 - 핵심용어 : 임진왜란, 의병, 한산도대첩, 정유 재란, 동의보감, 중립외 교, 병자호란, 북벌운동, 나선정벌	[사진+설명] [자료로 여는 역사] 어떤 장면이 그려져 있을 까?(동래부순절도, 육군사 관학교 육군박물관)	[설명] [생각열기] 임진왜란	[사진+설명] [역사 속으로] 17세기 이탈리아에서 그려진 한복을 입은 조선인

비상교육	신사고	지학사	천재교과서	천재교육
[삽화+설명] [역사 속으로] 이순신이 난중일기를 남기다	•[사진+설명] [생각 해 볼까?] 선조의 한 글 교서 •[삽화+설명] [생각 해 볼까?] 청의 군신 관계 요구	•[사진+사료] 이순신 동상(전남 진도), 이순 신(이수광, 지봉유설) •[삽화+사료] 김상헌	중단원 도입 - [역사 속으로 출 발](만화로 중단원 도 입) - 의병이 왜군과 맞 서 싸운 이유는 무엇 일까? •소단원 도입 - [연표+설명]	[사진+설명] 귀 무 덤(일본 교토)

o 분석

대부분의 교과서에서 삽화나 사진을 넣고 임진왜란과 병자호란을 설명하고 있으나 편차가 심하다. 교학사에서는 명량대첩을 설명했고, 금성출판사는 동래부순절도 그림 넣었으며, 동아출판과 미래엔은 도입부분 없이 생각열기로 처리했다. 비상교육은 이순신 장군이 난중일기를 쓰는 모습을 삽화로 넣었고, 신사고는 한글교서, 지학사는 천자총통과 대장군전(무기), 천재교육은 귀무덤을 넣었다.

〈사진〉

구분	교학사	금성출판사	동아출판	미래엔
사진	•동래부순절도(육군사관학교) •한산도대첩(민족기록화) •행주산성 충장사(경기 고양) •동의보감(국립중앙도서관) •강홍립과 후금의 전투(조선군과 후금군의 대립, 조선군과 후금군의 전투, 조선군의 항복) •남한산성 서문(경기 광주) •삼전도 비(서울 송파)	•동래성 발굴 현장과 발굴 유물 •북관대첩비(함북 김책) •귀 무덤(일본 교토) •통신사 행렬도(국사편찬위원회) •동의보감 •광해군 묘(경기 남양주) •삼전도 비(서울 송파)	•동래부순절도(육군박물관) •통신사 행렬도(부분, 국사편찬위원회) •동의보감(국립중앙도서관) •남한산성 수어장대(경기 광주)	•일본의 조총(일본 병사 삽화 포함) •부산진순절도(변박, 육군박물관) •난중일기 •행주대첩도 •울산성 전투(일본 나고야 성 박물관) •비격진천뢰와 총통 •귀 무덤(일본 교토) •광해군 묘(경기 남양주) •세검정(서울 종로) •삼전도 비(서울 송파) •남한산성(경기 광주)

비상교육	신사고	지학사	천재교과서	천재교육
•도요토미 히데요시 •부산진순절도(육군박물관) •징비록(한국국학진흥원) •귀 무덤(일본 교토) •일본을 방문한 통신사의 행렬(일본 고베 시립박물관) •동의보감(국립중앙박물관) •덕수궁 석어당 •삼전도 비	•동래부순절도(육군박물관) •비격진천뢰(국립진주박물관) •중완구(국립진주박물관) •정왜기공도병(국립중앙박물관) •사명대사 유정(전남 해남 표충사) •에도성에 들어가는 통신사 행렬도 •동의보감 •양수투항도(충렬록) •삼전도 비(서울 잠실) •이완이 썼던 투구	•사명대사 •국서누선도(국립중앙박물관) •통신사가 에도를 방문한 모습을 재현한 그림 •남한산성 수어장대(경기 성남) •효종의 한글 편지(국립중앙박물관) •만동묘(충북 괴산)	•부산진순절도(육군박물관) •귀 무덤(일본 교토) •강홍립이 후금의 누르하치에게 항복하는 장면(양수투항도) •남한산성 동문(경기 광주)	•부산진순절도(육군박물관) •통신사 행렬도(국사편찬위원회) •호병도(국립중앙박물관) •남한산성(경기 광주)

ㅇ 분석

사진은 임진왜란과 병자호란에 관계된 사진 가운데, 동래부순절도 3종, 부산진순절도가 4종에 수록되어 있다. 전투에 관련된 사진이 많았는데, 한산도대첩, 행주대첩도 등이 있었으며 귀무덤 사진, 통신사 행렬도 5종, 남한산성과 삼전도비는 8종 모두 수록되어 있다.

구분	교학사	금성출판사	동아출판	미래엔
지도	•관군과 의병의 활약 •정묘호란과 병자호란 •나선정벌	•정묘·병자호란	•관군과 의병의 활약 •정묘호란과 병자호란	•관군과 의병의 활동 •병자호란

〈지도〉

비상교육	신사고	지학사	천재교과서	천재교육
•왜란의 전개과정 •호란의 전개과정 •나선정벌	•관군과 의병의 활동 •정묘호란과 병자호란의 전개과정 •나선정벌	•관군과 의병의 활동 •호란의 전개	•관군과 의병의 활동 •정묘호란과 병자호란	•임진왜란 때의 주요 전투 •정묘호란과 병자호란

ㅇ 분석

8종 모두에 임진왜란, 병자호란 전황도가 삽입되어 있다. 그러나 금성출판사에는 임진왜란 전황도가 없다. 나선정벌에 관해서도 교학사와 비상교육 2종에 수록되어 있다.

〈삽화그래픽〉

구분	교학사	금성출판사	동아출판	미래엔
삽화 그래픽				•전후 상황과 국제정세 (명 쇠퇴, 여진 성장, 조선 약화, 에도 막부 등장, 동아시아 지도 위에 삽화)

비상교육	신사고	지학사	천재교과서	천재교육
• 연표(1592~1597) • 연표(1609~1623) • 연표(1624~1636)				• 연표(1592~1597) • 연표(1623~1654) • 17세기 초 조총부대

ㅇ 분석

6종의 교과서에 삽화그래픽이 없고, 연표가 들어 있는 교과서가 2종(비상교육, 천재교육)이 있다. 비상교육에는 전후상황과 국제정세를 삽화로 소개하였다.

〈읽기자료〉

구분	교학사	금성출판사	동아출판	미래엔
읽기 자료	• [역사 자료실] 조선의 국방력 약화(유성룡, 징비록) • [역사 자료실] 임진왜란 때 백성들의 삶(인구와 농지의 격감 표/굶주리는 백성, 대동야승) • [더 알아보기] 소현세자의 서구문물 도입	• [마주 보는 역사] 조선과 일본의 조총 도입(임진왜란 당시 쓰였던 조총) • [더 알아보기] 전쟁으로 운명이 바뀐 사람들(이삼평비, 일본 아리타)	• [역사 읽기] 임진왜란과 조선의 무기(행주산성 전투, 선조실록/승자총통/현자총통/대완구와 비격진천뢰) • [역사 읽기] 광해군의 중립외교(만화 삽화)	• [자료 톡톡] 지옥 같은 전쟁 그리고 반성의 기록, 징비록(한양 수복, 징비록) • [역사 지식을 넓혀요!] 전쟁을 승리로 이끈 수군과 의병의 활약(거북선, 모형/관옥선도/의병장 곽재우 동상) • [자료 톡톡] 통신사(마상재/일본 효고현 미쓰 정 무로쓰카이 역관에 소장된 통신사 행렬 모형)

비상교육	신사고	지학사	천재교과서	천재교육
• [인물 다가가기] 의병으로 활약한 사명대사 유정(인터뷰 형식/유정) • [알쏭 달쏭 궁금증 해결!] 임진왜란 당시 사용된 무기와 전술은 무엇일까요?(승자총통, 국립진주박물관/승자총통 사용 모습 삽화/조총, 국립진주박물관/현자총통, 국립진주박물관/현자총통 사용 모습 삽화/비격진천뢰, 국립고궁박물관/관옥선, 복원 모형,	• [자료로 만나는 역사 지역] 병자호란의 격전지, 남한산성(수어장대/남한산성 행궁/남한산성도) • [자료로 만나는 역사 인물] 서양문물에 눈을 뜬 소현세자(베이징 남천주당/천구의, 숭실대박물관/자명종, 숭실대박물관/소현세자가 아담 샬에게 쓴 편지)	• [역사 가로지르기] 일본의 통일과 조선침략(도요토미 히데요시) • [도움글] 이순신과 조선 수군의 활약(남해 해전도) • [역사적 인물 이야기] 강항과 김충선(사야카) • [도움글] 동의보감(동의보감) • [도움글] 주화론과 척화론(대화 삽화)	• [이것이 궁금해요] 조선 수군이 여러 차례 승리한 비결은 무엇인가요?(판옥선, 각선도본, 서울대 규장각) • [자료 더 알아보기] 의병활동의 기록, 호남절의록(고경명, 호남절의록)	• 고경명의 의병을 모으는 격문 • [생각 넓히기] 이순신이 바다에서 승리할 수 있었던 배경은 무엇이었나요?(대완구, 육군박물관/황자총통, 국립중앙박물관/학익진, 상상도/판옥선도, 서울대 규장각 한국학연구원/거북선, 복원, 전쟁기념관) • [세계사와의 만남] 청과 러시아의 충돌, 그리고 나선정벌(나선정벌

				지도)
국립해양유물전시관/안택선, 복원 모형/학익진 전법 삽화) • [문화 다가가기] 일본에 전해진 조선의 도자기(히바카리 찻잔, 일민미술관) • [자료실] 광해군의 외교정책(누르하치에게 항복하는 강홍립)				

ㅇ 분석

무기에 관해서는 3종(금성출판사, 동아출판, 천재교육), 징비록 2종(교학사, 미래엔), 의병과 승병에 관해서는 3종(미래엔, 천재교과서, 천재교육), 서구문물에 관해서는 3종(교학사, 신사고, 천재교육) 등이 소개하였다.

〈탐구활동〉

구분	교학사	금성출판사	동아출판	미래엔
탐구 활동	• [탐구활동] 의병과 백성의 활동(의병의 조직, 선조수정실록/의병의 활약, 이충무공전서) • [탐구활동] 전쟁을 할 것인가, 화친을 할 것인가?(윤집의 주장, 인조실록/최명길의 주장, 최명길, 지천집)	• [활동] 청과의 전쟁에 대한 두 입장(최명길, 지천집/최명길 삽화/윤집, 인조실록/윤집 삽화)	• [주제탐구] 홍의장군 곽재우(곽재우, 선조실록/곽재우, 충익사) • [주제탐구] 척화론과 주화론(척화론, 인조실록/주화론, 최명길, 지천집)	• [역사탐구] 광해군의 중립외교(광해군과의 인터뷰 형식/후금을 정벌하기 위해 출병한 강홍립이 후금에 항복하는 모습) • [역사탐구] 싸울 것인가, 화의할 것인가(조정회의 만화 삽화)

비상교육	신사고	지학사	천재교과서	천재교육
• [탐구] 싸울 것인가, 화의할 것인가?(주화파 최명길의 주장, 최명길, 지천집/척화파 윤집의 주장, 인조실록/삽화)			• [스스로 활동하기] 광해군과 인조의 가상 역사재판(삽화)	• [역사탐구] 서인 입장에서 평가한 광해군의 외교정책(광해군 죄목, 광해군일기/광해군묘, 경기 남양주) • [역사탐구] 척화론과 주화론(현절사, 경기 광주)

o 분석

8종 중 6종이 탐구활동을 넣었고, 그 중 5종(교학사, 동아출판, 미래엔, 비상교육, 천재교육)이 주전론과 주화론에 관한 내용이었다.

〈특집자료〉

구분	교학사	금성출판사	동아출판	미래엔
특집자료		● [생각 키우기] 임진왜란의 전개과정(임진왜란 전개도/수군 활약도/평양성전투도, 국립중앙박물관/칠백의총, 충남 금산/진주성, 경남 진주)	● [한걸음 더] 임진왜란을 승리로 이끈 조선 수군(판옥선, 복원도, 한국콘텐츠진흥원/거북선, 복원도, 한국콘텐츠진흥원/일본 수군의 배, 세키부네, 복원도, 한국콘텐츠진흥원/이순신/학익진, 난중일기/학익진 삽화)	● [신나는 역사체험] 임진왜란의 3대 승전지(한산도 전경/학익진 모형/진주성/행주산성/말풍선 삽화)

비상교육	신사고	지학사	천재교과서	천재교육
● [역사 체험 활동] 조선의 문화사절단, 통신사(통신사의 행로/통신사로 파견된 사람들)	● [이 주제 더 알아보기] 임진왜란의 참상과 영향(쇄미록에 나타난 임진왜란의 참상/귀 무덤, 일본 교토/임진왜란 전후 인구변화/임진왜란 전후 농경지 면적 변화/일본의 도자기 신사, 일본 사가현)	● [깊이 있는 역사] 정승과 장군이 본 임진왜란(거북선, 복원/유성룡, 징비록/유성룡/이순신, 난중일기/이순신)	● [길에서 만나는 역사] 이순신의 해전 유적지를 찾아서(남해안 지도/진남관, 전남 여수/한산정 활터, 경남 통영/울돌목, 전남 해남/학익진 전법, 삽화/노량해전, 한산도 대첩, 옥포 해전 설명)	

o 분석

교학사와 천재교육 2종을 제외한 6종에 특집자료를 넣었는데, 주로 임진왜란에 관한 내용으로 임진왜란 전개도, 조선 수군과 일본 수군의 배 비교, 징비록과 난중일기 등이었다. 비상교육에서는 통신사행로와 파견된 사람들을 소개하였다.

〈중단원 마무리〉

구분	교학사	금성출판사	동아출판	미래엔
중단원 마무리	• [확인해 봅시다] 정책의 목적 쓰기, 빈 칸 채우기	• [스스로 확인학습] ○ × 표시하기, 빈 칸 채 우기, 관계된 것 연결하기	• [중단원 확인하기] - 단답형 질문 - 관련 부분 색칠하기	• [내용 정리 쏙쏙] 관계된 것 연결하기, 시 대순 나열, 빈 칸 채우기

비상교육	신사고	지학사	천재교과서	천재교육
• [스스로 정리해보 자!] ○ × 표시하기, 빈 칸 채우기	• [배운 내용 정리 해요] 빈 칸 채우기, 관계된 것 연결하기, 단답형 질문	• [학습 내용 확인 하기] 맞는 것 고르 기, 관계된 것 연결 하기, 빈 칸 채우기	• [되짚어 보기] ○ × 표시하기, 구 분하기	• [스스로 정리하기] 빈 칸 채우기 • [스스로 정리하기] 빈 칸 채우기

ㅇ 분석

중단원 마무리는 문제형식으로 빈칸채우기나 ○ ×로 표시하는 방식으로
처리했다.

ㅇ 총평

출판사별로 구성체제를 도표화하면 다음표와 같다.

구분	교학사	금성 출판	동아 출판	미래엔	비상 교육	신사고	지학사	천재 교과서	천재 교육
중단원도입	1	1	1	1		2	2	3	1
사진	7	7	4	11	8	10	6	4	4
지도	3	1	2	2	3	3	2	2	2
삽화/그래픽				1	연표				연표
읽기자료	3	2	2	3	4	2	5	2	3
탐구활동	2	1	2	2	1			1	2
특집자료		1	1	1	1	1	1	1	
중단원 마무리	1	1	1	1	1	1	1	1	1
계	17	14	13	22	19	19	17	14	13

- 자료의 양이나 종류 선정에서, 객관적인 기준이나 원칙이 없이 출판사
의 자의에 의해서 선정되었으며, 출판사별로 편차가 심하다.

3) 본문의 체제구성(중단원, 소단원, 소항목)

교학사	금성출판사
4. 외세 침략의 극복 1) 왜란의 벼경과 결과 ① 일본군의 침략을 받다 ② 의병과 수군이 활약하다 ③ 일본군을 물리치다 ④ 광해군이 왜란을 수습하고 중립 외교를 펼치다 2) 호란의 배경과 결과 ① 청군의 침략을 받다 ② 북벌운동을 추진하다	Ⅲ. 조선의 성립과 발전 1. 조선의 건국과 체제정비 3) 사대와 교린의 대외관계 4. 왜란과 호란의 극복 1) 일본의 침략을 물리친 조선 ① 임진왜란의 발발 ② 수군과 의병의 활약 ③ 일본의 재침략 ④ 왜란의 영향 ⑤ 일본과의 국교재개 2) 실리를 추구한 광해군의 중립 외교 ① 광해군의 전쟁 복구 정책 ② 광해군의 중립외교 3) 청의 침략과 북벌 정책 ① 정묘호란과 병자호란의 발발 ② 북벌정책의 대두

동아출판	미래엔
3. 조선의 성립과 발전 1. 조선의 건국과 통치 체제의 정비 2) 성리학적 사회질서가 확산되다 ③ 이웃 나라와 교류하고 영토를 확장하다 4. 왜란과 호란의 극복 1) 일본의 침략을 물리치다 ① 일본이 침략하다 ② 수군과 의병이 활약하다 ③ 국토가 황폐해지고 인구가 감소하다 2) 청의 침략에 맞서 싸우다 ① 광해군이 중립외교를 펼치다 ② 정묘호란과 병자호란이 일어나다 ③ 북진을 추진하다	1. 조선의 건국과 통치체제의 정비 3) 사대교린의 외교정책을 펴다 4. 왜란과 호란의 극복 1) 일본의 침략을 이겨내다 ① 임진왜란의 발발 ② 전세의 변화 ③ 정유재란 ④ 전후 상황과 국제 정세 2) 광해군이 쫓겨나고 인조가 왕위에 오르다 ① 광해군의 중립외교 ② 인조반정 3) 청의 침략에 맞서 싸우다 ① 정묘호란 ② 병자호란 ③ 청과의 화의 ④ 북벌론의 대두

비상교육	신사고
1. 조선의 건국과 통치 질서의 확립 1) 조선의 성립과 국가 기틀의 마련 ② 대외관계와 외교정책 4. 왜란과 호란의 발발과 극복 1) 일본의 침략을 막아내다 ① 왜란의 발발과 전개 ② 수군과 의병의 활약 ③ 왜란의 영향 ④ 일본과의 관계회복 2) 전쟁 피해를 복구하고 중립외교를 꾀하다 ① 왜란 후 실시한 복구정책 ② 광해군의 중립외교 3) 호란과 북벌운동 ① 친명 배금 정책과 정묘호란 ② 병자호란과 조선의 항전 ③ 북벌을 위한 움직임 <역사체험활동> 조선의 문화 사절단, 통신사	V. 조선의 성립과 발전 1. 조선의 건국과 민족 문화의 발달 1) 조선의 건국 ⑤ 실리 외교를 펴며 영토를 확장하다 3. 왜란과 호란 1) 왜란과 그 영향 ① 일본이 조총을 앞세워 침략해 오다 ② 수군과 의병이 승리를 거두다 ③ 동아시아의 질서가 바뀌다 2) 호란과 북벌운동 ① 광해군, 중립외교를 펴다 ② 친명배금 정책으로 호란이 일어나다 ③ 북벌운동을 추진하다

지학사	천재교과서
4. 국제관계의 변화와 외세의 침략 극복 1) 조선 초기의 국제관계 ① 명과 친선관계를 유지하다 ② 4군 6진을 개척하다 ③ 왜구를 물리치다 2) 임진왜란의 극복 ① 동아시아 정세가 변화다 ② 의병과 수군이 왜군을 물리치다 ③ 조선이 전쟁에서 승리하다 ④ 국토가 황폐해지고 인구가 감소하다 3) 병자호란과 북벌운동 ① 중립외교정책을 펼치다 ② 후금의 공격을 받다 ③ 병자호란이 일어나다 ④ 북벌운동이 일어나다	4. 왜란과 호란의 발발과 극복 1) 왜군의 침략을 물리치다 ① 왜란의 발생과 전개 ② 의병 활동의 전개 ③ 왜란의 종결과 그 영향 <이순신의 해전 유적지를 찾아서> 2) 청의 침략에 맞서 싸우다 ① 광해군과 인조반정 ② 호란의 발생과 북벌 추진

천재교육

1. 조선의 건국과 통치체제의 정비
2) 국가 기틀의 마련
① 왕권의 강화와 대외 정책의 확립
② 유교 정치의 발전과 영토의 확장

4. 외세의 침략과 조선의 대응
1) 일본의 침략과 조선의 대응
① 일본의 조선침략
② 의병과 수군의 활약
③ 전쟁의 결과
2) 청의 침략과 조선의 대응
① 광해군의 중립적인 외교정책
② 청의 조선침략
③ 북벌의 추진

ㅇ 분석

① 편제의 차이

교학사와 천재교육에는 조선전기 대외관계 서술이 없으며, 7종 교과서 모두에서 조선전기 대외관계를 조선의 건국과 통치체제의 소단원에서 서술하였다.

> 1유형 - 조선전기의 대외관계 서술하지 않음(교학사, 천재교육)
> 2유형 - 임진왜란과 병자호란을 나누어 서술(교학사, 금성출판사, 동아출판, 신사고, 지학사, 천재교과서)
> 3유형 - 임진왜란, 광해군의 중립외교, 호란(미래엔, 비상교육)

② 중단원의 명칭

> 동아출판과 미래엔 외에는 7종이 모두 다름
> 교학사 - 외세침략의 극복
> 금성출판사 - 왜란과 호란의 극복
> 동아출판 - 왜란과 호란의 극복

미래엔 - 왜란과 호란의 극복
비상교육 - 왜란과 호란의 발발과 극복
신사고 - 왜란과 호란
지학사 - 국제관계의 변화와 외세의 침략 극복
천재교과서 - 왜란과 호란의 발발과 극복
천재교육 - 외세의 침략과 조선의 대응

③ 소항목의 구성

○ 조선전기

지학사, 천재교과서를 제외하고 대부분 1항목으로 소주제를 서술하였다.
교학사 : 없음
천재교육 : 없음
금성출판사 : 사대와 교린의 대외관계
동아출판 : 이웃나라와 교류하고 영토를 확장하다
미래엔 : 사대교린의 외교정책을 펴다
비상교육 : 대외관계와 외교정책
신사고 : 실리외교를 펴며 영토를 확장하다
천재교육 : 유교정치의 발전과 영토의 확장
지학사 : 조선초기의 국제관계 (명과 친선관계를 유지하다, 4군 6진을
        개척하다, 왜구를 물리치다)

○ 임진왜란, 병자호란

의병, 이순신, 후금의 성장, 광해군의 중립외교, 인조반정(5개)
소단원을 왜란과 호란으로 구분한 경우와 구분하지 않은 경우가 있으며,
임란과 호란의 소항목도 출판사마다 전부 다름

- 임진왜란
전쟁의 과정을 발발, 전개와 극복, 전쟁이 가져온 변화 등 여러 유형으로
서술함
1유형 - 왜란을 3개의 소항목으로 서술(동아출판, 신사고, 천재교과서, 천

　　　　재교육)
　　2유형 - 왜란을 4개의 소항목으로 서술(교학사, 미래엔, 비상교육, 지학사)
　　3유형 - 왜란을 5개의 소항목으로 서술(금성출판사)

　　- 병자호란
　　1유형 - 호란을 2개의 소항목으로 서술(교학사, 금성출판사, 천재교과서)
　　2유형 - 호란을 3개의 소항목으로 서술(동아출판, 신사고, 비상교육, 천재
　　　　교육)
　　3유형 - 호란을 4개의 소항목으로 서술(지학사, 미래엔)

ㅇ 광해군과 중립외교
　　1유형 - 호란에 삽입하여 서술(교학사, 동아출판, 신사고, 지학사, 천재교
　　　　과서, 천재교육)
　　2유형 - 별도의 소항목을 만들어 서술(금성출판사, 미래엔, 비상교육)

4) 본문 내용 분석

　본문의 내용 분석에 있어서는 2009 교육과정에는 학습요소가 없기 때문에 키워드로 2015 개정교육과정의 학습요소 5개를 기준으로 분석하였다.

ㅇ 키워드 - 5개
　　왜란과 호란 - 의병, 이순신, 후금의 성장, 광해군의 중립외교, 인조반정

● 의병

▷ 교학사

전국 각지에서 의병장이 군사를 모았고, 백성들은 목숨을 걸고 일본군과 맞서 싸웠다. 의병은 일본군에 비해 성능이 떨어지는 무기를 지녔지만 자기 고장의 지리에 익숙하였으므로, 그곳에 알맞은 전술을 구사하여 적은 병력으로도 일본군에게 큰 타격을 줄 수 있었다. 정부에서도 의병이 더 많이 일어나도록 의병을 공적인 군대로 인정하였다. 이에 의병의 수는 훨씬 늘어났다.

ㅇ 분석

의병의 모집방법과 의병이 일본군에게 큰 타격을 주었으며, 정부에서 공
적인 군대로 인정하였다고 서술하였다.

▷ 금성출판사

> 이 무렵 전국 각지에서 일어난 의병은 자신의 고을과 나라를 지키기 위해 싸웠다. 곽재우, 조헌,
> 정문부 등이 이끄는 의병은 익숙한 지리를 이용한 전술로 일본군에게 큰 타격을 주었다. 휴정
> 과 유정 등의 승려들도 승군을 조직하여 일본군에 대항하였다.

ㅇ 분석

곽재우, 조헌, 정문부 등 의병장과 휴정, 유정 등 승병의 이름을 서술하였다.

▷ 동아출판

> 한편, 각지에서는 의병이 일어났다. 의병은 왜군에 맞서 스스로 일어난 군대로 자기 고장의 익
> 숙한 지형을 이용하여 왜군에게 큰 타격을 입혔다.

ㅇ 분석

전국각지에서 의병이 일어났고, 왜군에게 큰 타격을 입혔다고 서술하였다.

▷ 미래엔

> 전국 각지에서 곽재우와 같은 유생과 승려 휴정과 유정이 이끄는 의병이 조직되었고, 여기에
> 농민이 합세하여 일본군을 공격하였다.

ㅇ 분석

곽재우와 휴정, 유정의 이름을 서술했고, 유생과 농민이 합세하여 일본군
을 공격했다고 서술하였다.

▷ 비상교육

> 이 무렵 육지에서는 사림과 전직 관리 등이 지역 농민들을 모아 의병을 결성하여 왜군에 대항하였다. 의병은 향토 지리에 익숙하였기 때문에 그곳에 알맞은 전술을 펼쳐 왜군에게 큰 타격을 줄 수 있었다. 승려들도 휴정과 유정 등을 중심으로 승군을 조직하여 항전하였다.

○ 분석

의병은 사림과 전직 관리, 농민들로 결성하였다고 했고, 휴정과 유정 등이 승군을 조직하여 항전하였다고 서술했다.

▷ 신사고

> 이 무렵 육지에서는 곽재우를 비롯한 의병장들이 각지에서 의병을 일으켜 왜군에 맞서 싸웠다. 자기 고장을 지키기 위해 일어난 의병들은 익숙한 지형을 이용하여 적은 병력으로도 왜군에게 큰 타격을 주었다.

○ 분석

곽재우를 비롯한 의병들이 왜군에게 큰 타격을 입혔다고 서술하였다. 그러나 승병에 관해서는 서술이 없다.

▷ 지학사

> 전국 각지에서는 유생, 승려, 농민들이 의병을 조직하여 일본군과 맞서 싸웠다. 이들 의병의 항전은 조선이 임진왜란에서 승리한 최대의 원동력이었다.

○ 분석

유생, 승려, 농민들이 의병을 결성하여 일본군과 맞서 싸웠고, 임진왜란에서 최대의 원동력이었다고 서술하였다.

▷ 천재교과서

> 왜군의 침입에 맞서 전국 각지에서는 의병이 일어났다. 의병들은 지역의 유력자를 중심으로 자발적으로 일어나 왜군과 싸웠으며 양반에서 천민에 이르기까지 여러 신분층의 사람들이 참여하였다. 의병들은 익숙한 지리를 이용한 전술을 구사하며 왜군에 큰 타격을 주었다. 의병 부대들은 활동을 지속하면서 점차 관군에 편입되었다.

○ 분석

의병이 자발적으로 일어나 왜군과 싸웠으며 의병부대들은 활동을 지속하면서 점차 관군에 편입되었다고 서술하였다.

▷ 천재교육

> 조선에 불리한 전세를 바꾸어 놓은 계기는 의병과 수군의 활약이었다. 전국 각지에서 일어난 의병은 익숙한 지리를 잘 활용한 전술로 일본군에 큰 타격을 주었다. 곽재우, 조헌, 고경명, 정문부 등이 의병장으로 활약하였고, 유정(사명대사)은 승병을 조직하여 싸웠다.

○ 분석

의병은 익숙한 지리를 잘 활용한 전술로 일본군에 큰 타격을 주었으며 곽재우, 조헌, 고경명, 정문부 등이 의병장으로 활약하였고, 유정(사명대사)은 승병을 조직하여 싸웠다고 서술하였다.

○ 총평

의병이 일본군에게 큰 타격을 주었다는 점에서는 일치하나, 의병장의 이름이나 승병장의 이름을 서술하거나 하지 않은 교과서가 병존하고 있으며, 정부에서 공적인 부대로 인정한다고 했는데, 공적인 군대의 의미가 불분명하다. 또한 의병부대들이 활동을 계속하면서 관군에 편입되었다고 서술하였는데, 진위를 확인할 필요가 있다.

● 이순신

▷ 교학사

한편, 육지와 달리 바다에서는 조선군이 일본군에게 큰 타격을 입혔다. 이순신이 이끈 수군은 옥포 해전을 시작으로 사천, 당포, 한산도 등에서 연이어 승리를 거두었다. 이순신은 한산도 앞바다에서 학익진이라는 전술을 펴서 일본군에게 커다란 타격을 입혔는데 이를 한산도 대첩이라고 한다. 수군의 승리로 일본군의 보급로를 차단하였고, 전라도 곡창 지대와 서해안 일대를 지킬 수 있었다.

○ 분석

수군의 활약 및 이순신 장군의 한산도대첩을 상세히 서술하였다.

▷ 금성출판사

이순신의 수군은 옥포를 시작으로 사천, 당포, 한산도에서 일본을 크게 무찔렀다. 수군의 승리로 조선은 전라도의 곡창 지대를 보호할 수 있었고, 남해와 황해를 통해 전쟁 물자를 운반하려던 일본군의 보급로를 차단할 수 있었다.
...
이순신이 이끄는 수군이 노량에서 일본군을 마지막으로 물리치면서 7년 동안의 오랜 전쟁은 끝이 났다.

○ 분석

이순신의 수군 활약상을 서술하였으나 한산도대첩은 별도로 서술하지는 않았다.

▷ 동아출판

육지와는 달리 바다에서는 조선 수군이 승리를 거두었다. 이순신이 이끄는 수군은 거북선을 앞세워 사천, 당포, 한산도 등에서 크게 승리하였다. 조선은 수군의 활약으로 남해의 제해권을 장악하여 왜군의 보급로를 차단하고, 호남의 곡창지대를 지킬 수 있었다.

ㅇ 분석

이순신의 수군이 거북선을 앞세워 한산도 등지에서 승리하였다고 서술하였다.

▷ 미래엔

> <u>이때 이순신이 이끄는 수군이 옥포에서의 승리를 시작으로 남해 바다에서 연전연승을 하면서 전쟁의 양상이 바뀌었다.</u>
> 조선의 수군은 서남해의 제해권을 장악하여 곡창 지대인 전라도 지방을 지키고, 바다를 통해 무기와 식량을 보급하려던 일본군의 작전을 좌절시켰다

ㅇ 분석

이순신의 수군이 옥포에서 승리를 시작으로 연전연승했다고 서술하고 있으나, 거북선이나 한산도대첩에 관해서는 서술하지 않았다.

▷ 비상교육

> <u>육지에서와는 달리 바다에서는 이순신이 이끄는 수군이 옥포, 당항포, 부산, 한산도 등지에서 왜군을 격파하였다.</u> 수군의 활약으로 조선은 충청도와 전라도의 곡창 지대를 지켰고, 서남해안을 통해 육지로 무기와 식량을 전달하려던 왜군의 계획을 무너뜨렸다.

ㅇ 분석

바다에서는 이순신이 이끄는 수군이 옥포, 당항포, 부산, 한산도 등지에서 승리하였다고 서술하였다.

▷ 신사고

> 조선군의 잇따른 패배로 불리해진 전세를 역전시킬 발판을 만든 것은 수군과 의병이었다. <u>이순신이 이끈 수군은 옥포에서 첫 승리를 거둔 후, 거북선을 앞세워 연이어 승리를 거두었다.</u> 조선 수군은 한산도 대첩을 계기로 남해의 제해권을 완전히 장악하였다. 이로써 황해를 통해 물자를 보급하려던 왜군의 계획을 막고 전라도의 곡창 지대를 보존할 수 있었다.

○ 분석

이순신의 수군이 옥포에서 첫 승리를 거둔 후, 거북선을 앞세워 연이어 승리했으며, 한산도 대첩을 계기로 남해의 제해권을 장악하였음을 서술하였다.

▷ 지학사

> 해전에서는 이순신이 이끄는 수군이 일본 수군을 한산도 등에서 무찌르고 제해권을 장악하였다. 이로써 일본군은 보충 병력과 군수품 조달이 끊겨 곤경에 처하였다.

○ 분석

이순신의 수군이 한산도 등에서 무찌르고 제해권을 장악하였다고 서술하였다.

▷ 천재교과서

> 바다에서는 조선 수군이 여러 차례 승리를 거두었다. 이순신이 이끄는 수군은 왜군의 전라도 진출을 막아내고 보급로를 차단하였다. 이후 명의 지원군이 도착하면서 조선은 왜군에 반격을 가하게 되었다.

○ 분석

조선의 승리를 서술했지만, 지역의 명칭이나 한산도대첩 등을 서술하지 않았다.

▷ 천재교육

> 이순신이 이끄는 수군은 옥포에서 처음 승리한 후, 사천, 당포, 한산도 등에서 큰 승리를 거두었다. 조선은 수군의 활약으로 남해를 장악하여, 일본군의 보급로를 차단하고 전라도 곡창지대를 지킬 수 있었다.

○ 분석

이순신의 수군이 옥포 승리 이후 사천, 당포, 한산도 등에서 큰 승리를 거두었고, 남해를 장악하였음을 서술하였다.

○ 총평

대부분의 교과서들이 이순신의 수군이 옥포 승리 이후 한산도 대첩에서 남해의 제해권을 장악하여 일본군의 보급로를 차단하였다고 서술하고 있으나, 한산도 대첩을 서술하지 않은 교과서도 있으며, 그 명칭에서도 한산도 등지라고 지명만 넣은 경우가 많고, 거북선에 대한 언급도 동아출판, 신사고 두 교과서 뿐이다.

● 후금의 성장

▷ 교학사

> 중국에서는 명이 쇠약해져 가면서 만주 지역의 누르하치가 여진족을 통일하고 17세기 초 후금을 건국하였다. 그 뒤 후금의 세력은 명을 위협할 정도로 커졌다.

○ 분석

후금의 건국과 그뒤 후금의 세력이 명을 위협할 정도로 커졌다고만 서술하였다.

▷ 금성출판사

> 광해군이 집권하고 얼마 후 만주에서 누르하치가 여진족을 통합하여 후금을 건국하였다. 후금이 명에 압박을 가하자, 명은 후금을 공격하기 위해 조선에 원군을 요청하였다.

○ 분석

만주에서 누르하치가 여진족을 통합하여 후금을 건국하였다고만 서술하고, 후금의 성장에 대해서는 구체적인 서술이 없다.

▷ 동아출판

> 한편, 만주 지역에서는 여진족이 세력을 키워 후금을 세웠다(1616).

○ 분석

만주 지역에서는 여진족이 세력을 키워 후금을 세웠다고만 서술하고 후금 건국 연대인 1616년을 넣었다.

▷ 미래엔

> 이즈음 만주 지역에서 새로운 강자로 떠오른 후금의 세력이 커지자 명은 조선에 군사를 보내줄 것을 요청하였다

○ 분석

'만주 지역에서 새로운 강자로 떠오른 후금의 세력이 커지자'라는 표현으로 후금의 성장을 서술했다.

▷ 비상교육

> 광해군 집권 당시 중국에서는 여진족의 누르하치가 후금을 세우고 명을 침략하였다.

○ 분석

여진족의 누르하치가 후금을 세우고 명을 침략하였다고만 서술하였다.

▷ 신사고

이 무렵 만주에서는 여진족이 후금을 세우고 명을 공격하였다. 쇠퇴해 가던 명은 후금의 공격을 막기 위하여 조선에 원군을 요청하였다.

○ 분석

여진족이 후금을 세우고 명을 공격하였다고만 서술하였다.

▷ 지학사

임진왜란을 겪는 동안 조선과 명이 약해진 틈을 타 여진의 누르하치가 후금을 건국하였다. 강성해진 후금은 명에 전쟁을 포고하였다. 이에 명이 후금을 공격하고자 조선에 원군을 요청하였다.

○ 분석

명이 약해진 틈을 타 여진의 누르하치가 후금을 건국하였다고만 서술하였다.

▷ 천재교과서

한편, 만주에서는 누르하치가 만주족을 하나로 통합하여 후금을 건국하였다.

○ 분석

만주에서는 누르하치가 만주족을 하나로 통합하여 후금을 건국하였다고만 서술하였다.

▷ 천재교육

만주에서는 조선이 일본과 전쟁을 치르는 동안 세력을 키운 누르하치가 여진족을 통일하고 후금(대금)을 세웠다(1616).

○ 분석

조선과 일본이 전쟁을 치루는 동안 만주에서 누르하치가 세력을 키워 여진을 통일하고 후금(대금)을 세웠다고 서술하였다.

○ 총평

대부분의 교과서에서 후금의 성장에 관해서는 구체적으로 서술하지 않았다. 다만 누르하치가 여진을 통일하고 후금을 세웠고, 명을 공격하자 명에서는 조선에 원군을 요청했다고 서술하였다. 그러나 천재교육에서는 조선이 일본과 전쟁을 하는 사이에 만주에서 누르하치가 세력을 키워 후금을 건국했다고 서술했다.

● 광해군의 중립외교

▷ 교학사

> 광해군은 세력을 확장해가는 후금과 국력이 쇠약해진 명의 관계를 주시하며 신중하게 대처하였다. 명은 후금을 방어하기 위하여 조선에 군사를 보내 달라고 요청하였지만, 광해군은 후금과 적대 관계를 가지는 것이 위험하다고 생각하였다.
> 그래서 강홍립에게 출병은 하되 상황에 따라 슬기롭게 대처하도록 하였다. 광해군의 중립 외교로 조선은 명과 후금의 다툼에 휘말리지 않고 전쟁을 피해 갔다.
> 그러나 대의명분을 중요시하는 일부 사림은 광해군의 중립 외교를 명에 대한 의리를 배반한 것이라고 비판하였다

○ 분석

광해군이 명의 원군 요청에 대해 후금과 적대 관계를 가지지 않으려고, 강홍립을 파견하면서 슬기롭게 대처하라고 했고, 광해군의 중립외교로 조선은 명과 후금의 다툼에 휘말리지 않고 전쟁을 피해 갔다고 서술하였다.

▷ **금성출판사**

> 이에 광해군은 일단 군대를 파견하기로 결정하고, 강홍립에게 적극적으로 전투에 나서지 말고 상황에 따라 대처하도록 하였다. 이후에도 명의 군사 요청은 계속되었으나 광해군은 명과 후금 사이에서 중립 외교를 전개함으로써 후금과의 전쟁을 피할 수 있었다.
> 그러나 광해군의 중립 외교는 명에 대한 의리와 명분을 중시하는 서인의 반발을 초래하였다.

○ 분석

광해군은 명과 후금 사이에서 중립 외교를 전개함으로써 후금과의 전쟁을 피할 수 있었다고 서술하였다.

▷ **동아출판**

> 후금이 명과 대립하자 광해군은 후금과 명 사이에서 중립 외교를 펼쳤다. 이를 통해 조선은 후금과의 직접적인 충돌을 피할수 있었다. 명에 대한 의리를 중시한 세력은 이러한 광해군의 중립 외교를 비판하였다

○ 분석

후금이 명과 대립하자 광해군은 후금과 명 사이에서 중립 외교를 펼쳤다. 이를 통해 조선은 후금과의 직접적인 충돌을 피할 수 있었다고 서술했다.

▷ **미래엔**

> 그러나 광해군은 후금과의 전쟁을 피하기 위해 명과 후금 사이에서 중립 외교를 추진하였다. 광해군의 이러한 외교 정책으로 후금과의 전쟁을 피할 수 있었지만, 명과의 의리를 중시하던 서인 세력은 이에 대해 크게 반발하였다.

○ 분석

광해군은 후금과의 전쟁을 피하기 위해 명과 후금 사이에서 중립 외교를 추진하였다고 서술했다.

▷ 비상교육

> 광해군은 강성해진 여진과 쇠퇴한 명 사이에서 중립 외교를 펼쳤다. 그 결과 조선은 후금과의 충돌을 피할 수 있었다. 그러나 명분과 의리를 중시하는 일부 사람은 이러한 광해군의 외교 정책을 비판하였다

○ 분석

광해군은 강성해진 여진과 쇠퇴한 명 사이에서 중립 외교를 펼쳤고, 그 결과 조선은 후금과의 충돌을 피할 수 있었다고 서술하였다.

▷ 신사고

> 선조의 뒤를 이은 광해군은 왜란의 피해를 복구하는 데 온 힘을 기울였다. 아울러 강성해진 후금과의 전쟁을 피하기 위하여 명과 후금 사이에서 중립 외교정책을 폈다.
> 광해군은 왜란 당시 도움을 주었던 명의 요청을 거절하기 어려웠지만 점점 강성해지는 후금과의 관계를 악화시킬 수도 없었다. 이에 강홍립이 이끄는 원군을 파견하면서 상황에 따라 대처할 것을 지시하였고 강홍립이 후금에 항복함으로써 후금과의 전쟁을 피할 수 있었다.

○ 분석

선조의 뒤를 이은 광해군은 왜란의 피해를 복구하는 데 온 힘을 기울이면서, 강성해진 후금과의 전쟁을 피하기 위하여 명과 후금 사이에서 중립 외교정책을 폈다고 서술했다.

▷ 지학사

> 광해군은 명의 요청을 거절할 수 없어 원군을 파견하였다. 하지만 후금을 자극하지 않도록 강홍립으로 하여금 상황에 따라 대처하게 하였다. 결국 강홍립은 항복하여 후금을 자극하지 않았다. 강홍립이 항복하자 후금은 조선에 국서를 보내 조선이 명에 원군을 보낸 것을 이해한다고 하였다. 광해군도 후금과 우호적인 관계를 원한다는 답서를 보냈다. 후금은 강홍립 등 10명을 제외한 포로 전원을 석방하였다. 이처럼 광해군은 명과 후금 사이에서 신중한 중립 외교 정책을 전개하였다. 광해군 재위 기간 동안 조선은 명이나 후금과 정면충돌을 피할 수 있었다.

○ 분석

명의 요청에 대해 강홍립을 파견한 사실, 강홍립이 후금에 항복하여 충돌을 피한 사실 등 광해군의 중립외교정책을 상세하게 서술하였다.

▷ 천재교과서

> 후금의 세력이 커지자 광해군은 명과 후금 사이에서 중립적인 외교를 펼쳤다. 명이 후금을 정벌하기 위해 출동하면서 구원병을 요청하였을 때도 광해군은 강홍립이 이끄는 군대를 파견하면서 상황에 따라 적절히 대처하라고 지시하였다.

○ 분석

후금의 세력이 커지자 광해군은 명과 후금 사이에서 중립적인 외교를 펼쳤고, 강홍립을 파견하면서 신중하게 대처하도록 지시하였다고 서술했다.

▷ 천재교육

> 후금이 명을 위협하자, 명은 조선에 군사를 요청하였다. 광해군은 강홍립과 1만의 군사를 파견하면서 상황에 따라 실리적으로 대처하도록 하여 후금과의 관계가 악화되지 않도록 하였다. 이후에도 명과 후금 사이에서 중립적인 외교 정책을 폈다.

○ 분석

광해군이 강홍립과 1만의 군사를 파견하면서 상황에 따라 실리적으로 대처하면서 중립외교를 펼쳤다고 서술하였다.

○ 총평

대부분의 교과서는 '광해군은 강성해진 여진과 쇠퇴한 명 사이에서 중립외교를 펼쳤다. 그 결과 조선은 후금과의 충돌을 피할 수 있었으나 명과의 의리를 중시하던 서인 세력은 이에 대해 크게 반발하였다'고 서술했다. 그러나 일부 교과서는 서인의 반발을 일부 사림이라고 하거나 이어서 서술하지 않았다.

● 인조반정

▷ 교학사

한편 광해군은 선조의 서자로서 왕위에 올랐기 때문에, 왕권에 위협이 될 수 있는 적자 영창
대군을 죽이고 그 어머니 인목 대비도 가두는 등 도덕적인 약점을 드러냈다. 결국 서인 세력은
이를 구실로 광해군을 왕위에서 몰아냈다. 이후 후금과의 평화관계는 위기를 맞이하였다.

○ 분석

광해군이 서자로서 왕위에 올랐기 때문에 적자였던 영창대군을 죽이고
인목대비를 가두었다는 도덕적인 약점을 서술하였다. 결국 서인은 이를 구
실로 왕위에서 몰아냈고, 그로 인해 후금과의 관계에 위기를 맞이했다고 서
술했다.

▷ 금성출판사

더구나 광해군과 북인 정권은 광해군의 이복 동생인 영창 대군을 죽이고 인목 대비를 폐위시킴
으로써 윤리적으로 비난받을 일을 하였다. 서인은 이를 빌미로 광해군을 몰아내고 인조를 왕으
로 추대하였다(인조반정, 1623).

○ 분석

광해군과 북인정권이 영창대군을 죽이고 인목대비를 폐위했으며, 서인이
이를 빌미로 광해군을 몰아내고 인조를 왕으로 추대했다고 서술하였다. 북
인과 서인의 대립관계를 부각하였다.

▷ 동아출판

> 또한, 광해군이 서인 세력의 지지를 받던 영창 대군을 죽이고, 인목대비를 폐위하자 유교윤리에
> 어긋난다는 비판도 일어났다. 이를 구실로 서인 세력이 정변을 일으켜 광해군을 몰아내고 인조
> 를 새 왕으로 세웠다(인조반정, 1623).

ㅇ 분석

광해군이 서인의 지지를 받던 영창대군을 죽이고 인목대비를 폐위한 사실
을 서술하였고, 이에 반발한 서인이 인조를 새 왕으로 세웠다고 서술하였다.

▷ 미래엔

> 광해군은 왕권 안정을 위해 이복 동생인 영창 대군을 살해하고 그 어머니인 인목 대비를 폐위
> 시켜 큰 비난을 받았다. 이를 구실로 광해군의 외교 정책을 반대한 서인 세력이 중심이 되어
> 광해군과 북인을 쫓아내고 인조를 왕으로 추대하였다(인조반정, 1623).

ㅇ 분석

광해군의 외교정책을 반대한 서인세력이 중심이 되어 광해군과 북인을
쫓아내고 인조를 왕으로 추대하였다고 서술하였다.

▷ 비상교육

> 게다가 서인이 적자인 영창 대군을 지지하자, 광해군은 인목 대비를 폐위하고 영창 대군을 살
> 해하였다.
> 서인은 광해군의 이러한 행동이 유교 윤리에 어긋난다며 비판하였고, 결국 광해군을 몰아내고
> 인조를 왕으로 추대하였다(인조반정, 1623).

ㅇ 분석

서인은 광해군의 영창대군 사사와 인목대비 폐위가 유교 윤리에 어긋난다고
하면서, 결국 광해군을 몰아내고 인조를 왕으로 추대하였다고 서술하였다.

▷ 신사고

> 그러나 광해군의 중립 외교는 명에 대한 의리와 명분을 중시하는 일부 사림의 반발을 샀다. 게다가 광해군은 왕권 안정을 위해 이복동생인 영창 대군을 죽이고, 그 어머니인 인목 대비를 폐위시켜 인륜에 어긋난다는 비난을 받았다. 결국 서인을 비롯한 일부 사림은 정변을 일으켜 광해군을 몰아내고 인조를 새 왕으로 추대하였다(인조반정 1623)

○ 분석

광해군의 중립외교는 명에 대한 의리와 명분을 중시하는 일부 사림의 반발을 샀고, 영창대군을 죽이고 인목대비를 폐위한 행위가 인륜에 어긋난다는 이유를 들어 일부 사림은 정변을 일으켜 광해군을 몰아내었다고 서술하였다.

▷ 지학사

> 광해군의 중립 외교 정책은 의리와 명분을 중시하는 성리학자들의 불만을 초래하였다. 결국 광해군은 서인 세력이 일으킨 인조반정으로 왕위에서 물러났다.

○ 분석

광해군의 중립 외교 정책은 의리와 명분을 중시하는 성리학자들의 불만을 초래하여 결국 인조반정이 일어났다고 서술하였다.

▷ 천재교과서

> 그러나 일부 사림은 광해군이 임진왜란 때 조선에 군대를 파견한 명의 은혜를 배신하였다며 반발하였다. 게다가 광해군이 역모 사건을 빌미로 인목 대비를 몰아내고 영창 대군을 죽이자, 서인은 광해군이 인륜을 저버렸다고 비판하였다. 결국 서인은 남인과 협력하여 반정을 일으켜 인조를 새로운 왕으로 추대하였다(인조반정, 1623).

○ 분석

일부 사람은 광해군이 임진왜란 때 조선에 군대를 파견한 명의 은혜를 배신하였다며 반발하였다고 하면서, 서인은 남인과 협력하여 반정을 일으켰다고 서술하였다.

▷ 천재교육

> 그러나 이같은 광해군의 외교 정책은 명에 대한 의리를 중시하는 서인에 의해 반발을 샀다. 더구나 광해군은 영창 대군을 죽이고 인목 대비를 유폐한 사건으로 유교 윤리를 저버렸다는 비난을 받았다. 이를 구실로 서인 세력이 정변을 일으켜 광해군과 북인 정권을 몰아내고 인조를 왕으로 추대하였다(인조반정, 1623).

○ 분석

이같은 광해군의 외교 정책은 명에 대한 의리를 중시하는 서인에 의해 반발을 샀고, 이를 구실로 서인이 정변을 일으켜 광해군과 북인정권을 몰아내고 인조를 왕으로 추대했다고 서술하였다.

○ 총평

광해군의 중립외교정책이 명에 대한 의리를 중시하는 서인의 반발을 샀고, 광해군의 영창대군 사사와 인목대비 폐위가 유교윤리에 반한다는 명분을 내세워, 광해군과 북인세력을 몰아내고 인조반정이 일어났다고 서술하였다. 그러나 일부 교과서(금성출판, 천재교육 등)는 광해군과 북인, 서인세력의 대립관계를 강조하여 당쟁을 연상시키는 부정적인 측면이 있었다.

5) 〈읽기자료 사료〉 분석

○ 조선의 전기 대외관계

▌ 동남아시아와의 교류

섬라곡국에서 내라는 관직을 가진 장사도 등 20인을 보내어 소목 1천 근, 속향 1천 근과 토인 2명을 바치니, 임금이 두 사람으로 하여금 대궐 문을 지키게 하였다.

- "태조실록"

비상교육

▌ 쓰시마정벌

상왕(태종)이 도체찰사 이종무에게 이르니 "예로부터 군사를 일으켜 도적을 치는 뜻이 죄를 묻는 데 있고, 많이 죽이는 데 있는 것은 아니니라. …… 오직 경은 나의 지극한 생각을 헤아려 힘써 투혼하는 대로 모두 나에게 오게 하라. 또한 왜놈의 마음이 간사함을 헤아릴 수가 없다가, 이긴 뒤라도 방비가 없다가 혹 일을 그르칠까함이 또한 염려 되는 것이며, 또 생각하니 7월에는 으레 폭풍이 많으니, 경은 그점을 잘 생각하여 오래도록 해상에 머물지 말라."

- "세종실록"

지학사

○ 임진왜란

▌ 징비록

서울에서 정예 군사 3백 명을 이끌고 내려가려고 병조가 뽑은 병사 문서를 가져다 보았다. 모두 여염집과 시정 장배들로 군사 경험이 없었다. 이들 가운데 아전과 유생이 반수나 되었다. …… 징병을 면제해 달라고 호소하는 자가 뜰에 가득하고 보낼 만한 자가 없었다. 이 때문에 영령을 받은 지 3일이나 되었으나 출발하지 못하였다.

- 유성룡, "징비록"-

교학사

▌ 의병관계

여러 도에서 의병이 일어났다. 3도(충청, 전라, 경상)의 병사들은 모두 인심을 잃고 있었다. 왜란이 일어난 뒤에 군량을 독촉하니 사람들은 모두 질시하여 왜적을 만나면 흩어졌다. 마침내 도내의 거족으로 명망 있는 사람과 유생 등이 조정의 명을 받들어 의를 부르짖고 일어나니 소문을 들은 자는 격동하여 이에 응모하였다. …… 인심과 나라의 운영은 이에 힘입어 유지되었다.

- "선조수정실록" -

교학사

▋ 의병관계

이번 난리 통에 자신들의 편안함을 돌보지 않고 오직 의로운 정신으로 군사를 모아 각기 수백여 명을 이끌고 와서 나라의 수치를 씻으려 하니 참으로 가상하다, 해상에 진을 진 뒤 군량을 스스로 준비하여 두루 공급하여서 어렵게 이어 댄 노고는 관군보다 배나 더하였다. 그런데도 아직 그 수고로움을 꺼리지 않고 더욱 힘쓰고 있다. 지난날 전투에서 적을 치는 데 있어서도 뚜렷한 전공을 남겼으며, 여전히 나라를 위한 충의심에 변함이 없으니 정말로 가상한 일이다.   - "이충무공전서"-

교학사

▋ 대동야승

적이 경성을 차지한 지 이미 2년이라 적병의 칼날이 미치는 곳에 천리 사이가 황폐해지고, 백성들은 밭 갈고 씨 뿌리지 못하여 거의 다 굶어 죽었다. … 솔잎으로 가루를 만들어 솔잎 가루 열 홉에 쌀가루 한 홉을 섞어 물에 타서 마시도록 하였는데, 사람은 많고 곡식은 적어서 살아난 사람이 얼마 되지 않았다. … 하루는 밤에 큰비가 왔다. 주린 백성들이 좌우에 있으면서 슬피 부르는 소리가 처참하여 차마 들을 수가 없었는데, 아침에 일어나 보니 여기저기 쓰러져 죽은 자가 꽤 많았다.   - "대동야승" -

교학사

▋ 무기

전라도 순찰사 권율은 … 정병 2천 3백 명을 거느리고 행주의 산성으로 옮겨 진을 쳤다. … 우리 군사들은 활을 쏘고 돌을 던지며 크고 작은 승자총통 및 진천로·지신포·대중발화 등 각종 화기를 연달아 쏘았는데도 물러가지 않고, … 적이 마른풀에 불을 붙여 바람을 이용하여 성을 불태우면 성안에서는 물을 부어 이것을 껐다.   - "선조실록" -

동아출판

▋ 곽재우

의령에 사는 … 곽재우는 젊어서 활쏘기와 말타기를 연습하였고 집안이 본래 부유하였는데, 변란을 들은 뒤에는 그 재산을 다 털어 병사를 모집하니 수하에 장사들이 상당히 많았습니다. 가장 먼저 군사를 일으켜 … 왜적에게 사로잡혔던 사람이 돌아와 "왜적들이 '이 지방에는 홍의 장군이 있으니 조심하여 피해야한다.'라고 하였다." 합니다.
                          - "선조실록" -

동아출판

▋ 징비록

계사년(1593) 4월 20일, 한양이 수복되었다. …… 살아 있는 사람들조차 모두 굶주리고 병들어 있어 얼굴빛이 귀신 같았다. …… 종묘, 대궐, 종루 등은 모두 재로 변하였다.
                          - "징비록" -

미래엔

▌쇄미록

- 1593년 7월 15일
어제 오는 길에 7, 8세 되는 아이가 큰 소리로 통곡하고, 여인은 슬퍼울고 있었다 ……
"이제는 더 빌어먹을곳이 없어서 곧 굶어 죽게 되었는데, 내 남편이 우리 모자(母子)를
버리고 갔으니 …… 슬프다. 탄식함을 이기지 못하겠다.

- 1594년 2월 14일
길에서 굶어 죽은 시체를 거적으로 말아 덮어 둔 것을 보았다. 그 곁에 두 아이가 앉아서
울고 있는데, 그 어미라 한다. 어제 병으로 죽었는데 그 뼈를 묻으려 해도 힘이 없어 옮길
수도 없고, 땅을 팔 도구도 얻을 수가 없다고 한다. …… 너무나도 슬프고 한탄스럽다.

신사고

▌징비록

임진년 4월, 비변사의 관리들도 매일 대궐에 모여 대책을 강구했으나 뾰족한 수가 없었
다. 그때 누군가가 이렇게 제안했다.
"적들이 창칼을 잘 사용하는데 우리 병사들은 갑옷도 없이 대항하고 있는 실정입니다. 철
을 이용하여 갑옷을 만들어 입는다면 적의 공격을 막아낼 수 있을 것입니다." …
나는 아니다 싶어 말했다.
"적과 씨울때에는 모였다 흩어졌다 하는 병법을 쓰므로 빨리 움직일수 있어야 합니다. 그
런데 두껍고 무거운 갑옷을 입는다면 그 무게를 어떻게 견디며, 어떻게 적과 싸워 이길
수 있습니까."
- 유성룡, "징비록" -

지학사

▌난중일기

정유년 9월, 적선 200여 척 가운데 55척이 이미 어란포 앞바다로 들어왔다는 보고를 들
었다. …… 여러 장수를 불러 모아 약속했다. "병법에 이르기를 '죽기를 각오하면 살고,
살려고 하면 죽는다'고했다. 또 '한사람이 길목을 지키면 천 사람도 두렵게 할 수 있다'
고 했으니 지금 우리를 두고 한말이다 ……" 여러 배들이 일제히 북을 올리고 함성을 지
르면서 진격하였다. 지자포와 현자포를 쏘고 화살을 빗발처럼 쏘아 대니 그 소리가 산천
을 뒤흔들었다. 적선 30척이 깨어지자 적선들이 달아났다.
- 이순신, "난중일기" -

지학사

▌호남절의록

호남 지역 의병장 가운데 고경명은 임진왜란이 일어나자 담양을 중심으로 주변 지역에
격문을 돌려 의병을 모았다. 고경명은 의병 조직을 정비하여 충청도 의병장 조헌과 함께
금산에 머무르던 왜적을 공격하였으나 실패하고 두 아들과 함께 순절하였다.
- "호남절의록" -

천재교과서

▌ 고경명의 창의록

섬 오랑캐가 쳐들어왔다. …… 충의란 마땅히 나라를 위해 죽는 것이니, 무기를 들고 군량을 모으며, 말에 올라타 앞장서 전쟁터로 달리자. 기꺼이 쟁기를 던지고 논밭에서 일어나 능력이 되는 데까지 오직 충의로 돌아가라.   - 고경명의 의병을 모으는 격문 -

천재교육

○ 병자호란

▌ 주전론

부교리 윤집이 상소를 올렸다. "화의가 나라를 망친 것은 어제 오늘의 일이 아니지만 오늘날처럼 심한 적이 없었습니다. 명은 우리나라에 있어서 부모의 나라이고 청은 부모의 원수입니다. 신하된 자로 부모의 원수와 형제의 의를 맺고 부모의 은혜를 저버릴 수 있겠습니까? 더구나 임진년의 일은 조그마한 것까지도 모두 황제의 힘이니 우리나라가 살아서 숨 쉬는 한 은혜를 잊기 어려운 것입니다. 지난번 오랑캐가 서울을 꼽박하고 황릉을 더럽혔는데 전하께서는 그때 무슨 생각을 하셨습니까? 차라리 나라가 망할지언정 의리상 구차스럽게 생명을 보전할 수 없다고 생각하셨을 것입니다. 병력이 미약하여 모두 출병시켜 정벌에 나가지는 못하겠지만, 차마 이런 시기에 어찌 다시 화의를 제창할 수 있겠습니까?"   - "인조실록" -

교학사

▌ 주전론(윤집)

다른 나라와 화의를 도모하다 나라를 망친 사례는 너무나 많습니다. 명은 우리나라에게 부모와 같은 나라이고, 청은 부모의 원수입니다. … 차라리 나라가 망할지언정 어찌 구차하게 화의를 주장할수 있겠습니까?   - "인조실록" -

금성출판사,
동아출판

▌ 주화론(최명길)

어떻게 해야 나라가 위태로움에 빠지지 않고, 백성을 편안히 할 수 있는 것인가, 어떻게 해야 피해를 최소로 줄이면서도 세상의 이치에 어긋나지 않을 것인가를 생각하였습니다. … 아무리 따져보아도 국력은 고갈되어 적을 물리치기 어렵고, 오랑캐의 병력은 매우 강성합니다.

- "지천집" -

금성출판사

▌주화론

'주화(화친을 추장한다)'라는 두 글자가 신의 평생 허물이 될줄 잘 압니다. 그러나 신은 아직도 오늘날 화친하려는 일이 그르다고 생각하지 않습니다. … 자기의 힘을 헤아리지 아니하고 경망하게 큰소리를 쳐서 오랑캐의 노여움을 사서 끝내 백성을 도탄에 빠뜨리고 종묘와 사직에 제사 지내지 못하게 된다면 그 허물이 이보다 클 수 있겠습니까? … 늘 생각해 보아도 국력은 현재 고갈되었고 오랑캐는 병력이 강성합니다. 정묘년 때 맹약을 아직 지켜서 몇 년이라도 화를 늦춰야 합니다. 그사이 인정을 베풀어 민심을 수습하고 성을 쌓고 군량을 저축해야 합니다. 방어를 튼튼하게 하고 군사를 집합시켜 일사불란하게 해야 합니다. 그런 다음 허점을 노리는 것이 우리로서는 최상의 계책일 것입니다.
- 최명길, "지천집" -

교학사

▌주화론(최명길)

자기의 힘을 헤아리지 아니하고 경망하게 큰소리를 쳐서 오랑캐의 노여움을 사서 끝내 백성을 도탄에 빠뜨리고 종묘와 사직에 제사 지내지 못하게 된다면 그 허물이 이보다 클 수 있겠습니까? … 늘 생각해 보아도 국력은 고갈되었고 오랑캐는 병력이 강성합니다. 정묘년(1627)의 맹약을 지켜서 몇 년이라도 화를 늦추어야 합니다.   - 최명길, "지천집" -

동아출판

▌소현세자의 편지

어제 귀하에게 받은 천주상과 천구의, 천문서 등 여러 서양 서적은 전혀 생각지도 못했던 것으로, 깊은 감사를 드립니다. …… 이러한 것들은 본국에서는 전혀 모르고 있는데, 지식이 빛이 될 것입니다. …… 제가 본국에 돌아가면 궁정에서 사용할 뿐만 아니라 이것들을 출판하여 지식인들에게 보급할 계획입니다. 머지않아 우리 백성은 서양인의 과학에 힘입을 것이고 모두 감사할 것입니다.   - "소현세자가 아담 샬(샬 폰 벨)에게 쓴 편지" -

신사고

▌광해군의 외교정책

"조선이 명에 사대한 지 2백여 년이 지났으니, 의리에 있어서는 임금과 신하의 사이지만 은혜에 있어서는 아버지와 아들의 사이와 같았고, 임진년에 나라를 다시 일으켜준 은혜는 영원토록 잊을수 없었던 것이다. …… 그런데 광해군은 은덕을 저버리고 황제의 명을 두려워하지 않았으며, 배반하는 마음을 품고 오랑캐와 화친하였다."
- "광해군일기", 광해군 15년 -

천재교육

○ 분석

- 중학교 교과서에서 인용된 사료는 조선전기의 경우 2종의 교과서이다.

  비상교육 : 태조실록(동남아시아와의 교류)

　　　지학사 : 세종실록(쓰시마정벌)

　- 임란
　　　교학사 : 징비록, 선조수정실록(의병), 이충무공전서, 대동야승
　　　동아출판 : 선조실록(무기), 선조실록(곽재우)
　　　미래엔 : 징비록
　　　신사고 : 쇄미록
　　　지학사 : 징비록, 난중일기, 호남절의록
　　　천재교육 : 고경명의 창의록

　- 호란
　　　교학사 : 주전론(인조실록), 주화론(인조실록)
　　　금성출판사 : 주전론(인조실록)
　　　동아출판 : 주전론(인조실록)
　　　금성출판사 : 주화론(지천집)
　　　신사고 : 소현세자 편지
　　　천재교육 : 광해군일기(광해군의 외교정책)

　○ 총평
　- 위의 내용을 도표화하면 다음 표와 같다.

구분	교학사	금성출판	동아출판	미래앤	비상교육	신사고	지학사	천재교과서	천재교육	계
전기					1		1			2
임란	4		2	1		1	2	1	1	12
호란	2	2	2			1			1	8
계	6	2	4	1	1	2	3	1	2	22

- 총 22건의 사료를 인용하였으나, 주전론, 주화론 등과 임진왜란 사료가
  주종을 이룬다. 그러나 사료 인용의 기준이나 의미에 대해서는 알 수
  없다.

4. 구성요소의 문제점

1) 분량의 문제

구분	교학사	금성 출판	동아 출판	미래앤	비상 교육	신사고	지학사	천재 교과서	천재 교육
전기	무	1	0.5	1	1	1	2	무	1
왜란	3	5	2	5	4	4	4	4	3
호란	3	3	4	3	3	3	3	2	3
통·신사, 연행사	무	0.1	0.1	0.5	1.5	0.2	0.2	무	0.2
계	6	9.1	6.6	9.5	9.5	8.2	9.2	6	7.2

- 조선전기 대외관계(사대교린, 중국과 일본과의 관계)가 전혀 서술이 되
  어 있지 않은 교과서가 2개(교학사, 천재교과서)이며, 서술한 경우도
  0.5쪽에서 2쪽까지 차이가 많다.
- 임진왜란은 모두 서술하고 있으나 2쪽(동아출판)에서 5쪽(미래엔)까지
  편차가 심하다.
- 호란도 모두 서술하고 있으나 2쪽(천재교과서)에서 4쪽(동아출판)까지
  편차가 심하다
- 통신사와 연행사에 대해서는 서술하지 않은 교과서가 2개(교학사, 천재교
  과서)이며, 대부분이 한 두줄에 그쳤고, 비상교육은 1.5쪽을 서술하였다.
- 전체적으로는 6쪽에서 9.5쪽에 이르기까지 편차가 심하다.

2) 구성체제의 문제

출판사별로 구성체제를 도표화하면 다음표와 같다.

구분	교학사	금성 출판	동아 출판	미래앤	비상 교육	신사고	지학사	천재 교과서	천재 교육
중단원도입	1	1	1	1	1	2	2	3	1
사진	7	7	4	11	8	10	6	4	4
지도	3	1	2	2	3	3	2	2	2
삽화/그래픽				1	연표				연표
읽기자료	3	2	2	3	4	2	5	2	3
탐구활동	2	1	2	2				1	2
특집자료		1	1	1	1	1	1	1	
중단원 마무리	1	1	1	1	1	1	1	1	1
계	17	14	13	22	19	19	17	14	13

- 자료의 양이나 종류 선정에서, 객관적인 기준이나 원칙이 없이 출판사
의 자의에 의해서 선정되었으며, 출판사별로 편차가 심하다.

3) 본문 목차 비교

구분	교학사	금성 출판	동아 출판	미래앤	비상 교육	신사고	지학사	천재 교과서	천재 교육
전기	없음	1	1	1	1	1	1/3	없음	1
중단원	1	1	1	1	1	1	1	1	1
소단원	2	3	2	3	3	2	2	2	2
소항목	6	9	6	10	9	6	8	5	6

- 교학사와 천재교육에는 조선전기 대외관계 서술이 없으며, 7종 교과서
모두 조선전기 대외관계를 조선의 건국과 통치체제에서 서술하였다.
중단원은 하나로 구성되어 있으나, 중단원의 명칭이 모두 다르며, 소단

원의 구성이 왜란과 호란의 2개 소단원 내지는 광해군의 중립외교를 하나의 소단원으로 구성하여 3개인 경우도 있다. 또한 소항목의 경우 5개 소항목에서 10개 소항목까지 편차가 매우 심하다.

4) 본문 내용

〈의병〉

의병이 일본군에게 큰 타격을 주었다는 점에서는 일치하나, 의병장의 이름이나 승병장의 이름을 서술하거나 하지 않은 교과서가 병존하고 있으며, 정부에서 공적인 부대로 인정한다고 했는데, 공적인 군대의 의미가 불분명하다. 또한 의병부대들이 활동을 계속하면서 관군에 편입되었다고 서술하였는데, 진위를 확인할 필요가 있다.

〈이순신〉

대부분의 교과서들이 이순신의 수군이 옥포 승리 이후 한산도대첩에서 남해의 제해권을 장악하여 일본군의 보급로를 차단하였다고 서술하고 있으나, 한산도 대첩을 서술하지 않은 교과서도 있으며, 그 명칭에서도 한산도 등지라고 지명만 넣은 경우가 많고, 거북선에 대한 언급도 동아출판, 신사고 두 교과서 뿐이다.

〈후금의 성장〉

대부분의 교과서에서 후금의 성장에 관해서는 구체적으로 서술하지 않았다. 다만 누르하치가 여진을 통일하고 후금을 세웠고, 명을 공격하자 명에서는 조선에 원군을 요청했다고 서술하였다. 그러나 천재교육에서는 조선이 일본과 전쟁을 하는 사이에 만주에서 누르하치가 세력을 키워 후금을 건국했다고 서술했다.

〈광해군의 중립외교〉

대부분의 교과서는 '광해군은 강성해진 여진과 쇠퇴한 명 사이에서 중립외교를 펼쳤다. 그 결과 조선은 후금과의 충돌을 피할 수 있었으나 명과의 의리를 중시하던 서인 세력은 이에 대해 크게 반발하였다'고 서술했다. 그러나 일부 교과서는 서인의 반발을 일부 사림이라고 하거나 이어서 서술하지 않았다.

〈인조반정〉

광해군의 중립외교정책이 명에 대한 의리를 중시하는 서인의 반발을 샀고, 광해군의 영창대군 사사와 인목대비 폐위가 유교 윤리에 반한다는 명분을 내세워, 광해군과 북인세력을 몰아내고 인조반정이 일어났다고 서술하였다. 그러나 일부 교과서(금성출판, 천재교육 등)는 광해군과 북인, 서인세력의 대립관계를 강조하여 당쟁을 연상시키는 부정적인 측면이 있었다.

5) 읽기자료 사료 분석

구분	교학사	금성출판	동아출판	미래앤	비상교육	신사고	지학사	천재교과서	천재교육	계
전기					1		1			2
임란	4		2	1		1	2	1	1	12
호란	2	2	2			1			1	8
계	6	2	4	1	1	2	3	1	2	22

- 총 22건의 사료를 인용하였으나, 주전론, 주화론 등과 임진왜란 사료가 주종을 이룬다. 그러나 사료 인용의 기준이나 의미에 대해서는 알 수 없다.

5. 맺음말

이상 현행 중학교『역사』교과서 9종의 조선시대 대외관계사 서술내용을 분석한 결과 다음과 같은 문제점이 드러났다.

우선 구성체제상의 편차가 너무 심하며, 내용면에 있어서도 많은 문제점이 발견되었다.

그 내용을 보면, 조선전기 대외관계(사대교린, 중국과 일본과의 관계)가 전혀 서술이 되어 있지 않은 교과서가 2개(교학사, 천재교과서)이다. 또한 임란 당시 의병이 일본군에게 큰 타격을 주었다는 점에서는 일치하나, 의병장의 이름이나 승병장의 이름을 서술하거나 하지 않은 교과서가 병존하고 있으며, 정부에서 공적인 부대로 인정한다고 했는데, 공적인 군대의 의미가 불분명하다. 한산도대첩과 거북선을 서술하지 않은 교과서(6종)가 있으며, 한산도 등지 등 명칭도 일치하지 않는다.

대부분의 교과서가 후금의 성장을 구체적으로 서술하지 않았으며, 광해군의 중립외교에 대한 반발세력을 일부사림이나 서인 등으로 표기했다. 인조반정에 대해서도 일부 교과서(금성출판, 천재교육)에서는 북인과 서인세력의 대립관계를 강조하여 당쟁을 연상시키는 부정적인 측면을 보여주었다.

또한 조선후기 통신사와 연행사에 대해서 서술하지 않은 교과서가 2개(교학사, 천재교과서)이며, 대부분이 한 두 줄에 그쳤다. 이러한 서술을 가지고는 조선후기 일본관계나 중국관계의 흐름을 통시적으로 파악하기가 어렵다.

따라서 중학교『역사』교과서의 질적인 향상을 위해 다음과 같은 제안을 하고자 한다.

첫째, 교육과정 및 집필기준, 주요 학습용어를 재정비해야 한다.

2015년 개정 교육과정의 경우, 중학교는 정치사·문화사 중심을 강조한다는 이유로 키워드 총 25개 중에 정치사 관련이 23개, 문화사 관련이 2개로 편중되어 있으며, 대외관계사의 키워드가 균형있게 제시되고 있지 않다.

둘째, 출판사별로 본문목차 및 분량, 구성체제, 읽기사료에 대한 전반적인 재검토가 필요하다. 특히 중학교의 경우, 본문 분량 42쪽~55쪽, 구성체제 85개~118개, 본문 목차(소항목) 40개~62개, 읽기사료 7~24개로 편차가 매우 심하다.

셋째, 본문내용도 편차가 너무 심하며, 내용 누락이나 용어도 통일되어 있지 않다. 각 분야별로 대표적인 예를 들면, 임진왜란 서술에서 한산도대첩, 명량대첩, 거북선에 대한 서술이 없거나 명칭이 다르다.(교학사 등 4종)

넷째, 현행 검인정교과서 중학 9종 교과서의 장점을 다양성으로 강조하지만, 구성, 체제, 내용에서 다양성보다는 혼란이 가중되었다. 학생들은 한 권의 교과서를 학교에서 배운다. 따라서 학생 입장에서는 시험에 대비하여 오히려 모든 교과서의 수록 내용을 전부 파악해야 한다. 그 결과 모든 교과서의 내용을 전부 담고 있는 별도의 종합교재(예를 들면 EBS 유명학원 강사의 교재)를 학습해야 하는 부담을 갖게 되었다.

다섯째, 이러한 이유들로 인해서 재정비된 교육과정과 집필규정 및 균형 잡힌 학습용어 및 요소가 제시되어야 하고, 그에 따른 '교과서 표준안' 또는 '표준 교과서'의 필요성이 제기된다.

제2장
고등학교『한국사』, 조선시대 대외관계 분야 서술

1. 머리말

2017년 현재, 고등학교에서 사용되고 있는「한국사」교과서는 '2009년 개정교육과정에 따른 역사교과서 집필기준'에 따른 교육과정과 집필규정에 의해서 편찬된 책이다.

이 규정에 따르면 우리나라의 교육은 홍익인간의 이념 아래 모든 국민으로 하여금 인격을 도모하고, 자주적 생활능력과 민주 시민으로서 필요한 자질을 갖추게 하여 인간다운 삶을 영위하게 하고, 민주 국가의 발전과 인류 공영의 이상을 실현하는 데 이바지하게 함을 목적으로 하고 있다. 그러한 면에서 학생들에 대한 한국사 교육은 민주시민뿐만 아니라 국제사회의 일원으로 성장해가는데 매우 중요한 과정이다.

현재 한국에서는 중·고등학교 역사교육과 역사교과서에 대한 관심이 매우 높다. 이것은 한국사가 대입 필수과목이 되면서 한국사 교육의 강화가 이루어지고, 국정제에서 검인정체제로의 변화, 다시 국정제로의 변화를 추진하는 과정에서 역사교육뿐만 아니라 역사교과서에 대한 학계와 일반인들의 관심이 증가한 것에 기인한다. 대입 필수과목으로 대표되는 한국사 교육의 강화는 일본 우익교과서의 역사왜곡, 중국의 동북공정 등으로 역사교육을 강화해야 한다는 사회적 공감대를 바탕으로 하고 있다. 국정제로의 변화 추진은 미래 세대가 올바른 역사관과 국가관을 확립하고 통일시대를 준비하면서 헌법가치에 충실한 올바른 역사교과서를 만들어야 한다는 취지이지만, 국민적 합의가 충분하게 이루어지지 않아 사회적 물의를 일으켰고, 결국은 검인정체제를 그대로 유지하기로 결론이 났다.

그러나 기존의 검정체제에서 편찬된 고등학교 『한국사』 교과서는 총 8종이나 되고, 편찬체제나 내용도 상당히 다르다. 교과서가 8종이나 되어 서술에 있어 다양성의 측면에서는 의미가 있다고는 하지만, 교과서마다 체제나 용어, 내용면에서 편차가 너무 커서 교사와 학생들에게는 오히려 큰 혼란을 야기시키고 있다.

이 글은 현행 고등학교 『한국사』 검인정 교과서 8종에 수록된 조선시대사 대외관계 부분의 서술 내용을 다음과 같은 내용으로 분석해 보고자 한다.

첫째, 각 분야별로 교과서의 구성과 서술 내용을 검토한다. 각 교과서들이 가지는 장·절의 구성, 소단원·소주제의 구성이 적합한지, 이에 대한 서술이 객관적이고 합리적인지에 대해서 종합적인 분석이 필요하다.

둘째, 교과서 편찬 기준에서 제시한 목표가 교과서의 장·절 구성과 내용에 제대로 반영되고 있는지, 주요 쟁점 주제들에 대한 서술이 어떻게 되었는지 검토할 필요가 있다.

편찬 기준에서는 최신의 검증된 학설에 따라 학계에서 널리 인정되는 학설을 수록하는 것을 원칙으로 하되, 역사 교과 지식 상호 간의 연계성을 고려하여 맥락이 통하는 서술이 되도록 하고 있다. 이에 따른 '편찬 방향'과 '편찬 유의점'이 제시되었는데, 이러한 편찬 기준을 최대한 참조하면서 교과서의 구성과 내용이 이루어졌는지 분석할 필요가 있다.

셋째, 교과서에 수록된 사진·그림·도표·지도·사료·기타자료 등 학습 자료를 종합적으로 분석할 필요가 있다.

교수·학습의 효과를 높이기 위해 학습자의 발달 수준에 적합한 사진·삽화·도표 등 다양하고 활용도가 높은 자료를 선정하고, 학생들이 흥미를 느낄 수 있도록 구성할 필요가 있다. 각 교과서에 제시된 학습 자료들을 총괄적으로 검토하여 교과서에 인용된 자료의 적절성, 통계자료와 지도의 정확

성, 사용되는 빈도 등의 문제를 종합적으로 검토하고 개선 방안을 찾아볼
필요가 있다.

이글은 이러한 문제의식에서 다음의 8가지 기준에 의거하여 정리·분석하
고자 한다.
① 교육과정 및 집필기준은 적절한가?
집필상의 유의점 및 주요학습용어(키워드)들이 제대로 서술되어 있는지?
② 교과서의 장·절의 분량은 적절한가?
③ 단원의 구성 체제 : 중단원 도입, 사진, 지도, 삽화/그래픽, 읽기자료,
탐구활동, 특집자료, 중단원 마무리의 구성은 적합한가?
④ 목차 및 명칭은 적절한가?
⑥ 본문 내용 측면의 정리와 분석 : 필요한 내용이 포함되고 적당한 용어
가 선택되었는가?
중요한 학습용어를 키워드(고등학교 15개)로 정하여 제대로 서술되었
는가? 그리고 교과서 별로 어떠한 편차를 보이며, 학계의 연구 성과가
충분히 반영되었는가?
⑦ 통계, 사료, 지도[역사부도], 삽화, 기타자료의 정리와 분석 : 정확하고
적합한 자료가 사용되었는가?
⑧ 읽기자료 : 사료의 인용은 적절한가?
⑨ 향후 교과서 집필에 무엇을 어떻게 보완해야 하는가?

2. 교육과정과 집필기준

'2009년 개정교육과정'에 의하면, '고등학교 과정에서는 초등학교와 중학
교에서 학습한 역사에 대한 기본적 이해를 바탕으로 사회·경제사, 사상사

및 대외관계사를 연계하여 한국사의 특성을 심층적으로 파악한다. 또한 외국과의 다양한 교류를 통해 독창적이면서도 개방적인 문화를 형성하였음을 인식하도록 한다. 이로써 주체적인 한국인으로서 세계화에 부응하여 인류역사의 전개에 능동적으로 참여할 수 있는 자질을 갖추는 데 학습의 주안점을 둔다'고 되어 있다.

또한 '한국사' 과목의 교육목표 가운데, '우리 역사가 외부 세계와 교류하고 발전하는 과정에서 다양한 문화적 성격을 가짐과 동시에 한국사의 정체성을 유지해 왔음을 이해한다'고 서술하여 대외관계사의 중요성을 강조하였다.

'내용의 영역과 기준'을 보면 내용체계로서 '조선 유교사회의 성립과 변화' 영역에서 내용요소로 조선의 건국과 유교적 통치체제 정비, 국제관계와 조선의 대외관계와 양난의 대내외적 영향 등 2항목을 설정했다.

그리고 영역 및 학습내용 성취 기준에서는 '(3) 조선유교 사회의 성립과 변화'에서는 ① 주변국가의 변동 상황과 고려 말·조선 초의 사회변동을 바탕으로 조선 건국 과정 및 유교적 민본이념에 입각한 통치체제의 정비 노력을 살펴본다. ③ 조선 전기 사대교린 정책을 바탕으로 한 대외관계를 살펴 본 후, 왜란과 호란의 전개과정과 양난이 동아시아 국제정세에 끼친 영향을 파악한다고 되어 있다.

이러한 교육과정과 집필기준은 사대 교린정책 이외에는 중학교의 내용과 크게 차이가 없어 이것만으로는 구성체제나 서술 내용들을 가늠하기가 매우 어렵다.

이에 비해 '2015 개정교육과정'에는 교육과정 '한사 04-01에서는 조선 초 통치 체제의 정비와 대외 정책을 이해하고, 사림의 성장과 붕당의 출현 과정을 파악한다. 한사 04-02에서는 동아시아의 국제질서 속에서 왜란과 호란이 일어난 배경과 전개 과정을 살펴보고, 양난이 조선 사회에 끼친 영향을 분석한다'고 되어 있다.

이어 소주제 '조선의 통치 체제 정비'에서는 주요학습요소를 '사대교린', '4군 6진'을 제시했고, 소주제 '왜란과 호란'에서는 주요학습요소로 '일본의 통일, 의병, 수군, 명군 참전, 평양성 전투, 한산도 대첩, 명량해전, 후금의 성장, 광해군, 후금(청)의 침략, 주전론과 주화론, 비변사, 5군영체제, 북벌론, 통신사, 신분제의 동요'를 제시했다.

그리고 성취기준으로 '한사 04-01 조선 초 통치 체제의 정비와 대외 정책을 이해하고, 사림의 성장과 붕당의 출현 과정을 파악한다'에서는 집필방향으로 '조선이 선진 문물을 받아들이고 국제 정세를 안정적으로 유지하기 위해 사대교린 정책에 입각하여 주변 국가와 외교관계를 맺었음을 이해할 수 있도록 한다'고 했다.

또한 '한사 04-02 동아시아의 국제질서 속에서 왜란과 호란이 일어난 배경과 전개 과정을 살펴보고, 양난이 조선 사회에 끼친 영향을 분석한다'에서는 집필방향으로 5가지를 구체적으로 제시했다. 즉, ○ 일본의 통일과 도요토미 히데요시의 침략 의지가 임진왜란의 주요 원인이었음을 설명한다. ○ 임진왜란의 전개와 극복 과정을 주요 사건 중심으로 파악하고 전후 조일 관계에 대해 이해할 수 있도록 서술한다. ○ 후금의 성장 및 명과의 대립 등 동아시아 국제 질서의 변화가 호란의 주요 배경이었음을 서술한다. ○ 후금과 청의 침공에 맞선 조선의 대응에 대해 이해할 수 있도록 서술한다. ○ 양난이 동아시아 정세의 변화와 조선의 정치와 사회에 어떤 영향을 끼쳤는지 탐구할 수 있도록 서술한다.

이어서 집필의 유의점으로 '○ 왜란의 배경으로 국제 무역 및 문화적 요인을 강조하는 시각도 있음에 유의한다. ○ 왜란은 조선과 일본, 명 등 동아시아 여러 나라가 관련된 국제 전쟁이었음을 설명한다. ○ 호란의 경우 후금 및 청의 무리한 요구가 전쟁의 원인이었음에 유의한다'는 3가지 유의사항을 제시했다.

집필방향이나 유의점, 학습요소의 구체적인 제시라는 측면에서 2009 교육과정보다는 진일보했지만, 여전히 실제 집필에서는 분량, 내용, 구성체제 등 많은 문제점이 그대로 남아있다. 또한 시기적으로도 조선시대 대외관계를 전체적으로 조명하지 못하고 있다. 조선전기 대외관계의 기본 틀이나, 전개과정, 조선후기의 한일, 한중 관계의 전개과정을 이해하는 내용은 전무하다. 뿐만 아니라 대외관계를 전쟁사 위주로만 서술하고 있어 대외관계 전체모습을 그려볼 수가 없다. 자칫 대외관계사를 갈등의 역사로만 이해할 여지가 있다.

3. 구성요소의 분석

고등학교 『한국사』의 조선시대 대외관계사 부분의 구성요소는 <시기별 서술분량>, <중단원 도입>, <사진>, <지도>, <삽화/그래픽>, <읽기자료>, <탐구활동>, <특집자료>, <중단원 마무리> 등의 보조단과 <본문내용>으로 구성되어 있다. 그리고 본문의 체제구성은 <중단원>, <소단원>, <소항목>, <본문>으로 되어있다.

구성요소의 분석은 위의 항목 순으로 한다.

1) 서술 분량의 비교

대외관계 분야의 서술 분량을 비교하면 다음 표와 같다.

〈8종 교과서의 분량 정리(단위-쪽)〉

구분	미래엔	금성출판	두산동아	리베르	교학사	비상교육	지학사	천재교육
전기	2	2	1	2	2	3	3	2
양란	3	4	3	4	2	6	4	7
후기	3	0	0	1	3	3	3	1
계	8	6	4	7	7	12	10	10

이 표의 내용을 상호 비교해 보면,

- 조선전기의 사대교린과 4군6진의 서술 분량이 적은 경우는 1쪽(두산동아), 많은 경우(비상교육, 지학사)는 3쪽으로 편차가 심하다.
- 임진왜란과 병자호란 양란의 기술은 적은 경우는 2쪽(교학사), 많은 경우는 7쪽(천재교육)으로 3.5배 이상의 서술 분량에 차이가 난다.
- 조선전기 대외관계부분도 전혀 서술이 없는 경우(금성, 두산)도 있으며, 8종 중 4종이 3쪽 정도(미래엔, 교학사, 비상교육, 지학사)의 서술을 하고 있다.
- 조선시대 대외관계사 서술의 전체 분량은 적은 경우는 4쪽(두산동아)에서부터 많은 경우는 12쪽까지 3배 이상의 차이가 난다.

2) 구성 체제 분석

구성은 〈중단원 도입〉, 〈사진〉, 〈지도〉, 〈삽화/그래픽〉, 〈읽기자료〉, 〈탐구활동〉, 〈특집자료〉, 〈중단원 마무리〉 등의 보조단과 〈본문내용〉으로 구성되어 있다.

〈중단원 도입〉

구분	미래엔	금성출판사	두산동아	리베르스쿨
중단원 도입 (소단원 도입)	• [삽화+사료] 조선의 대외관계 삽화, 맹자 • [사진+사료] 이순신 영정(충남 아산 현충사), 이충무공전서 • [사진+설명] 연행사·통신사 이동로	• [사진+설명+지도] 임진왜란 최초의 격전지, 동래성 (복원된 동래성/동래부순절도/부산 동래 위치)	• [사진+설명] 코끼리	• [사진] 이순신

구분	교학사	비상교육	지학사	천재교육
중단원 도입 (소단원 도입)	• [사진+설명] 동래부순절도	• [사진+설명] 신숙주의 해동제국기 • [사진+설명] 도요토미 히데요시 • [사진+설명] 후금의 누르하치에게 항복하는 강홍립의 모습 • [사진+설명] 군관, 제술관, 정사	• [사진+사료] 신기전과 화차(행주대첩 기념관), 세종실록 • [사진+사료] 판옥선(각선도본, 서울대 규장각), 이충무공 전서 • [사진+사료] 통신사 행렬 모습(국사편찬위원회), 동사일록(김지남)	• [사진+설명+연표] 사행도 일부 • [사진+설명+연표] 조선 수군의 판옥선(서울대 규장각 한국학연구원) • [사진+설명+연표] 삼전도비(서울 송파)

o 분석

- 중단원과 소단원 도입 부분은 8종 가운데 금성출판사를 제외하고 7종에서 모두 사진과 함께 설명을 붙여서 단원의 성격을 서술하고 있다.
- 리베르에서는 학습내용을 제시했고, 나머지 책들은 사진의 설명과 함께 질문을 하나씩 던져 도입부분을 서술했다. 소단원을 조선전기, 양란 이후로 구분한 책들은 조선전기에서는 사행사진(천재교육)을 넣었고, 미래엔, 리베르스쿨, 교학사, 비상교육, 지학사, 천재교육에서는 임진왜란 관련 사진을 넣었으며, 천재교육에서는 삼전도비를 넣었다.
- 모든 교과서들이 조선전기에는 사행, 임진왜란, 병자호란을 중시하고 있다.

〈사진〉

구분	미래엔	금성출판사	두산동아	리베르스쿨
사진	● 송조천객귀국시장(일부, 국립중앙박물관) ● 동래부순절도(변박, 육군박물관) ● 삼전도비(서울 송파) ● 홍이포(인천 강화) ● 삼국접양지도(1785, 독도박물관)	● 해동제국기 ● 통신사 행렬도 ● 이삼평 비(일본 사가) ● 백두산정계비가 표시된 대동여지도(백두산정계비 내용 포함)	● 진주성(경남 진주) ● 아리타 도자기(18세기) ● 백두산정계비	● 야연사준도(고려대박물관) ● 전 이순신 초상(동아대박물관) ● 난중일기(충남 아산 현충사) ● 사명대사 ● 통신사행렬도(국사편찬위원회) ● 남한산성(경기 광주) ● 삼전도비(서울 송파) ● 백두산정계비

구분	교학사	비상교육	지학사	천재교육
사진	● 송시열 ● 백두산정계비 ● 세종실록지리지	● 명의 사신을 의순관에서 맞이하는 그림(서울대 규장각 한국학연구원) ● 조총을 든 일본군 ● 징비록(한국국학진흥원) ● 관옥선 ● 청의 병사 ● 남한산성과 삼전도비 ● 백두산정계비	● 야연사준도(고려대박물관) ● 원감자(일본 오카나와) ● 동래부순절도(육군박물관) ● 호병도(김윤겸, 국립중앙박물관) ● 남한산성 남문(경기 광주) ● 삼전도비(서울 송파) ● 부상록(국립중앙박물관) ● 백두산정계비	● 부산진순절도(육군박물관) ● 이삼평 비(일본 사가현 아리타) ● 강홍립의 항복 ● 남한산성(경기 광주)

ㅇ 분석

- 사진은 명과 일본 사신도, 임란, 호란 관련 사진, 사료 사진 등이 수록되었음.

- 사신 사진으로는 명에 간 조선사신(송조천객귀국시장, 미래엔, 비상교육, 지학사), 통신사 행렬도(금성출판사, 리베르스쿨), 임진왜란 동래부순절도(미래엔, 지학사, 천재교육-부산진순절도), 이순신 초상(리베르스쿨), 송시열 초상(교학사), 홍이포(미래엔), 진주성(동아출판), 조총, 판

옥선(비상교육), 이삼평(금성출판사, 천재교육)

호란관계 - 남한산성(리베르스쿨, 천재교육) 삼전도비(미래엔), 리베르스쿨, 비상교육, 지학사)

백두산정계비(두산동아, 교학사, 비상교육, 지학사)

- 대체적으로 사신도, 순절도, 남한산성, 백두산정계비 사진 등이 주종을 이룬다.

〈지도〉

구분	미래엔	금성출판사	두산동아	리베르스쿨
지도	● 4군 6진 ● 관군과 의병의 활동	● 4군 6진 ● 조선 전기의 대외관계 ● 왜란의 전개과정 ● 정묘호란과 병자호란	● 조선초기의 대외관계와 영토확장 ● 관군과 의병의 활동 ● 정묘호란과 병자호란 ● 청·일 사신 행차로	● 조선초기의 대외관계 ● 왜군의 침입과 관군·의병의 활동 ● 정묘호란과 병자호란

구분	교학사	비상교육	지학사	천재교육
지도	● 조선초기의 대외관계 ● 조선초기 북방정책과 4군 6진의 개척 ● 임진왜란의 전개과정 ● 정묘호란과 병자호란 ● 통신사의 행로	● 조선전기의 대외관계 ● 왜군의 침입과 관군·의병의 활동 ● 호란의 전개과정 ● 통신사의 모습과 이동경로	● 4군과 6진 ● 대마도 정벌 ● 조선과 동아시아 각국의 관계 ● 임진왜란의 주요 전투 ● 호란의 전개	● 조선전기의 대외관계 ● 4군 6진의 개척 ● 수군과 의병의 활약 ● 정묘호란과 병자호란

○ 분석

- 8종 모두에서 지도를 삽입하였음.

- 조선전기의 대외관계 사진으로 미래엔(삽화)을 제외한 7종 모두에서 동아시아 지도상에서 명, 일본, 여진, 동남아 국가들과의 관계를 지도로 그려 넣음.

- 4군 6진의 지도를 6종에서 넣음(두산동아, 비상교육는 대외관계에 함께 삽입함).

- 임란과 호란의 상황도를 8종 모두에서 넣음.

- 청일 사행로를 넣어줌(두산동아), 교학사와 비상교육은 통신사 사행로
를 넣어줌.

〈삽화/그래픽〉

구분	미래엔	금성출판사	두산동아	리베르스쿨
삽화/ 그래픽	● 임진왜란 전후 인구 변화 ● 임진왜란 전후 농경기 면적의 변화			

구분	교학사	비상교육	지학사	천재교육
삽화/ 그래픽			● 조선의 북방영토 개척 및 여진 정벌	

ㅇ 분석

- 삽화 그래픽을 넣은 책은 미래엔과 지학사
- 미래엔에는 임진왜란 전후의 인구 변하와 농지면적 변화를 표로 만들
어 처리했으나, 고증이 필요함. 지학사는 조선의 북방영토개척과 여진
정벌을 연표로 작성하여 제시했으나, 구체적인 연대를 표기함으로써 학
습요소의 과중함을 초래함.

〈읽기자료〉

구분	미래엔	금성출판사	동아출판	리베르스쿨
읽기자료	• [사료읽기] 무역소 설치(태종실록) • [사건 속으로] 왜 조선은 많은 사절을 명에 파견했을까?(태조실록/비정기 사절의 파견 횟수/삽화) • [사료읽기] 여진족의 지원군 파견을 거부하다(선조실록) • [사료읽기] 백두산정계비문(그래픽 포함) • [한국사백과] 통신사, 대마도(쓰시마)에서 축제로 부활하다(쓰시마 아리랑 축제에서 재현된 통신사 행렬/통신사 행렬도)	• [사료] 계해약조 • [더 알아보기] 조선과 명의 조공·책봉 관계(송조천객귀국시장) • [웹 여행] 충무공 이순신 • [사료] 광해군이 중립외교(광해군일기) • [사료] 효종의 북벌운동 • [더 알아보기] 17세기 독도 지킴이, 안용복(안용복 동상, 부산 수영공원)	• [생각 넓히기] 책봉-조공 체제, 실리를 취하다(의순관에서 명의 사신을 맞이하는 모습, 서울대 규장각) • [자료로 보는 역사] 청의 위협, 어떻게 대응해야 할까(주전론, 인조실록/주화론, 최명길, 지천집) • [자료로 보는 역사] 통신사, 일본의 융숭한 대접을 받다(통신사 행렬도, 국사편찬위원회)	• [자료읽기] 광해군의 중립외교(광해군일기)

구분	교학사	비상교육	지학사	천재교육
읽기자료	• [더 알아보기] 유구와의 교류(유구의 위치) • 무역 및 국제전쟁이었던 임진왜란 • [더 알아보기] 해전 승리의 주역, 판옥선과 대형화포(이충무공전서 중 전라좌수영 귀선의 판화 귀선도) • 폐모살제와 인조반정 • [이야기 한국사] 조선역관 홍순언의 활약상 • 토두와 백길 • [더 알아보기] 안용복의 독도 수호 활동	• 조공·책봉체제 • [생각을 키우는 자료] 최부 표해록을 남기다(최부, 표해록, 한국학중앙연구원 장서각) • 경복궁에 보이던 여러 나라의 사신(세조실록) • 동아시아 교역의 중요 품목, 후추 • [생각을 키우는 자료] 일본으로 건너 간 이삼평(이삼평 비/아리타 자기) • 허준의 동의보감(허준, 동의보감 서문/동의보감, 국립중앙도서관) • [생각을 키우는 자료] 서인의 친명배금 정책(인조실록)	• [사료 쏙!쏙!] 책봉과 조공(세종실록) • 임진왜란 당시 각국의 주요 무기(조선-천자총통과 대장군전, 충남 아산 현충사/명-삼안총, 육군박물관/일본-조총, 육군박물관) • [사료 쏙!쏙!] 척화론과 주화론(척화론, 연려실기술/주화론, 인조실록) • [역사 더하기] 한류의 원조, 통신사(통신사 행렬)	• [생각 넓히기] 조선이 중국에 사절단을 자주 보낸 이유는 무엇이었을까? • [자료읽기] 조선전기 일본과의 교류(신숙주, 해동제국기/해동제국기) • [생각 넓히기] 일본이 조선을 침략한 이유는 무엇이었을까?(도요토미 히데요시) • 임진왜란의 참상(선조실록/황신, 동사록) • [생각 넓히기] 임진왜란 이후 조선과 일본의 외교관계는 어떻게 전개되었을까?(통신사 행렬도, 국사편찬위원회) • [생각 넓히기] 광해군은 어떤 왕이었을까? • [자료읽기] 북벌론 비판(박지원, 허생전)

○ 분석

- 사료읽기, 사료, 웹여행, 생각 넓히기, 더 알아보기, 사료 쏙!쏙! 등의 제목으로 주로 사료를 소개하였다.

- 사료부분은 별도의 장에서 분석을 한다. 일치하는 사료가 거의 없음.

〈탐구활동〉

구분	미래엔	금성출판사	동아출판	리베르스쿨
탐구활동	● [탐구활동] 주화론과 척화론의 대립(최명길의 주화론, 지천집/윤집의 척화론, 인조실록)	● [탐구활동] 광해군의 중립외교(연려실기술)	● [생각하는 탐구활동(1p)] 지도와 내용 연결하기, 빈 칸 채우기, 사료(인조실록) 추론	● [탐구활동(1p)] 임진왜란의 전개(조선의 두석린 갑옷과 왜장 갑옷, 전쟁기념관/부산진순절도, 육군박물관/동래부순절도, 육군박물관/문경새재 주흘관, 경북 문경/탄금, 충북 충주/여수 진남관/통영 세병관/노량해협/평양성탈환도, 국립중앙박물관/촉석루와 진주성, 경남 진주/행주산성 토성)

구분	교학사	비상교육	지학사	천재교육
탐구활동	● [사료탐구] 전쟁과 화친 둘 중에서 하나를 선택하라(김성헌의 주전론, 인조실록/최명길의 주화론, 지천집) ● [사료탐구] 명이 조선에게 준 은혜와 북학(대명의리론의 근거, 송시열, 송자대전/북학론, 박제가, 북학의) ● [탐구활동(1p)] 대한민국 영토, 울릉도와 독도의 역사적 근거(삼국시대의 기록, 삼국사기/고려시대의 기록, 고려사/조선시대의 기록, 숙종실록, 고종실록)	● [탐구] 수군과 의병의 활약으로 왜란을 극복하다(의병장 곽재우를 만나다, 역사신문/곽재우) ● [탐구] 김상헌과 최명길, 원칙과 현실 사이에서 고민하다(5컷 만화) ● [역사는 통한다(1p)] 해전으로 기억하는 이순신과 넬슨	● [탐구활동] 조선과 명, 조선과 유구의 관계(조선과 명의 관계, 태종실록, 대명회전/조선과 유구의 관계, 세조실록) ● [탐구활동] 광해군의 외교정책(광해군일기/강홍립이 후금에 항복하는 모습, 양수투항도, 충렬록) ● [심화주제(1p)] 조선후기 영토 수호 활동(안용복의 독도 수호 활동, 안용복의 활동 경로/조선후기 북방지역의 발전, 폐4군 복구)	● [활동하기] 수군과 의병의 활약(수군의 활약, 유성룡, 징비록/의병의 활약, 선조수정실록/의병장 곽재우 동상, 대구 동구) ● [주제탐구(1p)] 호란 이후 국제 정세와 영토문제(연행도, 숭실대 한국기독교박물관/안용복 동상, 부산 수영/백두산정계비)

○ 분석

- 탐구활동은 탐구활동, 사료탐구, 탐구, 역사는 통한다, 심화주제, 활동하기 등 여러 가지 명칭으로 제목을 붙였다.

- 내용은 임진왜란과 호란, 독도에 관련된 주제를 가지고 구성하였다.

- 임진왜란은 리베르스쿨, 비상교육, 천재교육 3종에서 다루었으며, 다른 5종은 호란에 관련된 주제, 특히 1쪽을 특집으로 구성한 교과서는 리베르스쿨로 임란 유적지 사진 12장을 실어 1쪽으로 구성하였다.

- 천재교육은 활동하기에서 수군과 의병을 주제로 다루고, 주제탐구에서 국제정세와 영토문제에서 연행사, 안용복 독도수호, 백두산정계비를 다루었다.

- 두산동아는 임란과 호란 특집페이지에서 격전지, 양란의 영향, 광해군의 북벌정책을 다루었다.

- 교학사는 특집 1쪽으로 울릉도와 독도 기록을 서술하였다.

- 지학사는 이순신과 넬슨을 1쪽으로 서술하였다.

- 비상교육은 수군과 의병소개, 주화론과 주전론(미래엔), 광해군의 중립외교(금성출판사)를 다루었다.

〈특집자료〉

구분	미래엔	금성출판사	두산동아	리베르스쿨
특집자료	• [깊이있는 한국사 이야기] 조선의 세자, 베이징에서 서양인과 만나다(천리경과 자명종, 숭실대 한국기독교박물관/아담 샬의 회고록 중 소현세자의 편지)			

구분	교학사	비상교육	지학사	천재교육
특집자료				

○ 분석

- 특집자료를 넣은 책은 미랜엔 1종인데, 소현세자의 8년 간 북경에서의 인질생활과 선교사 아담샬과의 만남을 소개하고, 소현세자와 봉림대군과의 관계를 소개했다.

〈중단원 마무리〉

구분	미래엔	금성출판사	두산동아	리베르스쿨
중단원 마무리		● [스스로 확인학습] - 내용 확인하기(빈 칸 채우기) - 사고력 기르기(자료 추론)		● [정리해 볼까요] 조선초기의 대외관계(나라별 표로 정리) ● [정리해 볼까요] 왜란과 호란(왕별, 전개과정별 표로 정리)

구분	교학사	비상교육	지학사	천재교육
중단원 마무리		● [스스로 정리하기] 단답형 질문+제시문 시간 순 나열하기	● [중단원 마무리] 사료(윤휴, 갑인봉사소/박지원, 북학의 서문) 제시 후 단답형 질문+서술형 질문	

○ 분석

- 중단원 마무리는 4종의 교과서(금성출판사, 리베르스쿨, 비상교육, 지학사)에서 삽입하였고, 질문형이나 빈칸채우기 형식으로 구성하였다. 내용은 금성은 한쪽을 사용하여 조선전기와 양란을 정리하는 용어문제와 주화론·주전론의 개념을 파악하는 문제였고, 리베르스쿨과 비상교육은 보조단의 형식으로 용어중심의 정리였다. 지학사는 북벌과 북학에 대한 내용 파악 문제였다.

○ 총평

- 출판사별로 구성체제를 도표화하면 다음표와 같다.

구분	미래엔	금성출판	두산동아	리베르스쿨	교학사	비상교육	지학사	천재교육
중단원 도입	3	0	1	1	1	4	3	3
사진	5	4	3	8	3	7	8	4
지도	2	4	4	3	5	4	5	4
삽화/그래픽	2						1	
읽기자료	5	6	3	1	7	7	4	7
탐구활동	1	1	1	1	3	3	3	2
특집자료	1							
중단원 마무리		1		1		1	1	
계	19	16	12	15	19	26	25	20

- 기준이나 원칙이 없이 출판사의 자의에 의해서 서술되었으며, 출판사별로 편차가 심하다.

3) 본문의 체제구성(중단원, 소단원, 소항목)

미래앤	교학사
1. 조선의 건국과 통치체제의 정비 4) 조선초기의 대외관계 ① 명과의 관계, 실리를 추구하다 ② 4군 6진을 개척하다 ③ 일본에 제한된 교역을 허용하다 2. 양 난과 조선 후기의 정치 1) 왜란과 호란의 극복 ① 왜군이 침략해 오다 ② 수군과 의병의 활약이 반격의 기회를 만들다 ③ 왜란은 동아시아 3국에 어떤 영향을 끼쳤을까? ④ 광해군, 중립 외교를 펴다 ⑤ 호란이 발발하다 2) 양 난 이후의 대외관계 ① 북벌론에서 북학론으로 ② 백두산 정계비를 세우다 ③ 일본에 통신사를 파견하다 ④ 안용복, 독도가 조선의 영토임을 확인하다	Ⅲ. 조선 유교 사회의 성립과 발전 3. 조선전기의 대외관계 1) 조선전기의 대외관계 ① 명과의 사대외교 ② 여진 및 일본과 교린정책 2) 양 난의 전개와 영향 ① 왜란의 전개와 영향 ② 광해군의 정책 ③ 호란의 전개 3) 양 난 이후 대외관계의 변화 ① 청과의 관계 ② 간도와 영토문제 ③ 일본과의 관계 ④ 울릉도 독도

금성출판사	두산동아
3. 조선 유교 사회의 성립과 변화(대단원) 3-3 조선전기의 대외관계와 양난의 극복(중단원) 1) 사대교린의 외교관계를 맺다(소단원) ① 명과의 관계(소항목) ② 여진과의 관계 ③ 일본 및 동남아시아와의 관계 2) 왜란과 호란을 극복하다 ① 임진왜란의 발발 ② 수군과 의병의 활약 ③ 전란의 극복 ④ 임진왜란의 영향 ⑤ 광해군의 중립외교 ⑥ 병자호란의 발발 ⑦ 북벌운동 ⑧ 백두산 정계비와 독도 수호 활동	Ⅲ. 조선 유교 사회의 성립과 변화 5) 동아시아 정세가 변하다 ① 조선, 여러나라와 교류하다 ② 임진왜란이 일어나다 ③ 병자호란이 일어나다 6) 조선후기 정치체제가 변하다 ⑥ 대외관계가 변하다(연행사와 통신사)

리베르	비상교육
3. 조선 전기의 대외관계와 양란 1) 조선전기의 대외관계 ① 명과의 관계에서 명분과 실리를 조화시키다 ② 여진·일본에 강경책과 회유책을 병행하다 2) 왜란의 극복 ① 일본이 임진왜란을 일으키다 ② 수군과 의병의 활약으로 임진왜란을 극복하다 ③ 왜란으로 동아시아 3국이 변화하다 3) 호란의 극복 ① 광해군의 중립외교로 안정을 도모하다 ② 청이 두차례 조선을 침공하다 4) 청·일과 영토문제 ① 백두산 정계비를 건립하다 ② 안용복이 독도 수호활동을 전개하다	3. 조선의 대외관계와 양난의 극복 1) 동아시아 국제질서 속에서 외교적 안정과 실리를 취하다 ① 명과의 관계 ② 조공·책봉관계 ③ 여진과의 관계 ④ 일본과의 관계 ⑤ 유구 및 동남아시아와의 관계 2) 왜란의 전개와 극복과정은 어떠하였을까? ① 왜란의 배경 ② 왜란의 전개와 극복 ③ 왜란의 결과와 영향 3) 호란이 일어나고, 이를 극복하다 ① 왜란 후 복구정책의 추진 ② 광해군의 중립외교와 인조반정 ③ 호란의 발발 ④ 호란의 전개와 항전 4) 양난 이후, 청과의 관계는 어떠했을까? ① 일본과의 관계 ② 청과의 관계

지학사	천재교육
3. 조선의 대외관계 1) 조선전기의 대외관계 ① 명의 문화를 적극 수용하다 ② 영토를 확장하고 여진을 회유하다 ③ 3포를 열고 일본과 교역하다 ④ 유구 및 동남아시아 여러나라와 교류하다 2) 임진왜란과 병자호란 ① 일본의 침략을 막아내다 ② 일본군을 몰아내다 ③ 동아시아의 정세가 바뀌다 ④ 후금이 쳐들어 오다 ⑤ 청의 침략에 굴복하다 3) 조선후기의 대외관계 ① 일본에 통신사를 보내고 청에 연행사를 파견하다 ② 백두산정계비를 세우고 울릉도와 독도를 지키다 심화주제 : 조선후기의 영토 수호활동	3. 조선전기의 대외관계와 전쟁 1) 조선전기의 대외관계 ① 명과의 사대외교 ② 주변국과의 교린 관계 2) 조선과 일본의 전쟁, 임진왜란 ① 일본의 조선침략 ② 전란의 전개와 극복 ③ 전쟁이 가져온 변화 3) 조선과 청의 전쟁, 병자호란 ① 전후 재건과 중립외교 ② 정묘호란과 병자호란 ③ 북벌운동의 추진 주제탐구 : 연행사, 안용복, 백두산정계비

○ 분석

1) 편제의 차이

- 조선시대 대외관계를 별도의 중단원으로 하지 않음, 5유형으로 분류함.
  - 1유형 - 조선전기의 대외관계를 조선초기 통치체제에 넣음(미래엔)
  - 2유형 - 조선전기, 양란으로 구분(금성출판)
  - 3유형 - 조선전기와 양란, 조선후기(두산동아)
  - 4유형 - 조선전기, 양란, 후기를 구분(교학사, 지학사, 천재교육)
  - 5유형 - 조선전기, 왜란, 호란, 영토문제(리베르, 비상교육)

2) 중단원의 명칭

- 8종이 모두 다름.
  > 금성 - 조선전기 대외관계와 양난의 극복
  > 두산동아 - 동아시아 정세가 변하다, 조선후기 정치체제가 변하다(대외관계가 변하다)
  > 리베르 - 조선전기의 대외관계와 양란
  > 비상교육 - 조선전기 대외관계와 양난의 극복

미래엔 - 양난과 조선후기의 정치
교학사 - 조선전기의 대외관계(양난의 전개과 양난 이후 대외관계변화
　　　　포함)
지학사 - 조선전기의 대외관계
천재교육 - 조선전기의 대외관계와 전쟁
　　　　　양란을 조선전기에 서술하면서 후기의 변화까지 모두 조
　　　　　선전기에서 서술하였음

3) 소항목의 구성

● 조선전기
- 소항목을 1~5개로 분류함.
- 1항목인 경우는 조선 여러나라와 교류하다
- 2항목인 경우는 명과 여진, 일본 또는 명과 주변국과의 교린관계
- 3항목인 경우는 명, 여진, 일본 및 동남아시아 또는 명, 4군 6진, 일본
- 4항목인 경우는 명, 여진, 일본, 유구 및 동남아시아
- 5항목인 경우는 명, 조공 책봉, 여진, 일본, 유구 및 동남아시아

● 임진왜란, 병자호란
- 소단원을 왜란과 호란으로 구분한 경우와 구분하지 않은 경우가 있으
　며, 임란과 호란의 소항목도 출판사마다 전부 다름.
- 임진왜란 : 전쟁의 과정을 발발, 전개와 극복, 전쟁이 가져온 변화 등
　여러유형으로 서술함.
　　　　1유형 - 임진왜란이 일어나다, 왜란의 전개와 영향 등 한 항목으로
　　　　　　　　서술(두산동아, 교학사)
　　　　2유형 - 발발, 수군 의병의 활약, 극복, 영향으로 서술(금성출판, 비
　　　　　　　　상교육, 미래엔, 천재)
　　　　3유형 - 왜군의 침략, 몰아내다(지학사)
- 병자호란
　　　　1유형 - 발발(두산동아)
　　　　2유형 - 중립외교, 호란의 발발(금성출판, 리베르, 미래엔, 교학사,
　　　　　　　　천재교육)

● 조선후기
  1유형 - 연행사와 통신사 서술(두산동아)
  2유형 - 북벌, 정계비, 안용복(금성출판, 리베르)
  3유형 - 일본, 청, 특집(지학사, 천재교육)
  통신사에 대한 언급은 모두 하였으나, 연행사는 언급이 없는 책이
  많고, 백두산정계비와 안용복의 수호활동은 모두 서술하였음.

4) 본문 내용 분석

본문의 내용 분석에 있어서는 2009 교육과정에는 학습요소가 없기 때문
에 키워드로 2015 개정교육과정의 학습요소 15개를 기준으로 분석하였다.
- 조선의 통치체제 정비 : 사대교린, 4군 6진,
- 왜란과 호란 : 일본의 통일, 의병, 수군, 명군 참전, 평양성전투, 한산도
  대첩, 명량해전, 후금의 성장, 광해군, 후금(청)의 침략, 주전론과 주화
  론, 북벌론, 통신사

● 사대교린

▷ 미래엔

명과의 관계, 실리를 추구하다
 건국 직후 태조와 정도전이 요동 정벌을 추진하면서 명과 한때 불편한 관계가 유지되기도 하다.
그러나 정도전이 제거되고 태종이 즉위한 이후에는 <u>사대 외교를 펼치며 친선 관계를 유지했고,
이를 통해 왕권 확립과 국가 안정을 도모하였다.</u>
 조공과 책봉 체제를 통해 유지되는 사대 외교는 당시 명에 대한 동아시아 각국의 일반적인 외교
형식으로, 서로의 독립성을 인정한 상태에서 이루어졌다. 조공은 사신 파견과 함께 이루어진 경
제적·문화적 교류로, 선진 문물을 수용하는 중요한 통로이자 일종의 공무역이었다. 책봉은 국왕
의 지위를 국제적으로 인정받는 형식적인 절차로, 정치적 안정을 이루는 데 도움이 되었다.
 이렇게 조선은 명 중심의 동아시아 국제 질서에 능동적으로 참여하여 약 200년 동안 평화를 누
렸고, 경제적·문화적으로 실리를 얻었다.
일본에 제한된 교역을 허용하다
 <u>조선은 일본에 대해서도 토벌과 회유의 양면 정책을 취하였다.</u> 고려 말 이후 왜구의 침략이 그
치지 않자, 세종 때에는 이종무가 왜구의 소굴인 대마도를 토벌하였다. 이후 왜구가 진정되고 일

> 본이 평화적 교역을 간청해 오자, 부산포, 제포(창원), 염포(울산) 등 3포를 개방해 제한된 범위
> 내에서 교역을 허용하였다.
> 한편, 조선은 유구, 시암, 자와 등 동남아시아의 여러 나라와도 교류하다. 이들은 각종 토산품을
> <u>조공형식으로 조선에 가져왔고,</u> 옷감이나 문방구 등을 답례품으로 받아갔다. 이를 통해 조선의
> 선진 문물이 일본과 동남아시아 여러 나라에 전해졌다.

○ 분석

명과의 사대외교, 조공책봉의 성격 - 능동외교,

일본과의 교린은 구체적인 설명없이 토벌과 회유만 서술하였다. 이어 대마도를 토벌했다고 서술했고, 삼포개항을 서술했다. 그러나 동남아 교류를 조선에 대한 조공형식이라고 서술하였는데, 검증되지 않은 사실의 오류이다.

▷ 금성출판사

> **명과의 관계**
> 　조선의 외교 정책에서 기본이 된 것은 사대교린이었다. 명과는 태조 때 정도전이 중심이 되어
> 추진한 요동 정벌 준비와 여진 유민 문제 등을 둘러싸고 불편한 적도 있었지만, 태종 이후 양국
> 간의 관계가 좋아지면서 활발하게 교류하였다.
> *** 사대교린**
> 　조공·책봉 관계로 맺어진 중국 중심의 동아시아 국제 질서 속에서 나타난 외교 정책이다. 그러
> 나 서로의 독립성이 인정된 위에서 이루어졌으므로 예속 관계에 의한 것은 아니었다.
> **일본 및 동남아시아와의 관계**
> 　조선은 일본이나 동남아시아 여러 나라와의 교류에는 <u>교린 정책을 원칙으로 하였다.</u> … 조선은
> 대마도주가 수시로 토산품을 바치면서 무역을 간청하자 계해약조를 맺고 제한된 조공 무역을 허
> 락하였다. 이에 따라 일본의 세견선이 왕래하면서 교역이 이루어졌다. 교역은 부산포, 제포(진해),
> 염포(울산)의 3포에서 이루어졌다. 조선은 일본에 면포, 인삼, 각종 서적 등을 보내 주었는데, 이
> 때 보내 준 면포는 일본인의 의생활에 혁명을 일으켰다고 평가될 정도였다.
> 　또한, 조선은 시암(타이), 자와 등 동남아시아의 여러 나라와도 교류하였다. 이들 나라는 조공 또
> 는 진상의 형식으로 각종 토산품을 가져와서 옷, 옷감, 문방구 등을 받아 갔다. 한편, 유구와의
> 교역도 활발하였는데, 불경, 유교 경전, 범종, 부채 등을 전해 주어 유구의 문화 발전에 기여하기
> 도 하였다.

ㅇ 분석

사대교린의 성격 - 종속적인 것이 아님을 강조했다. 사절왕래와 교역내용을 기술하였다.

교린정책의 성격 - 대마도토벌, 계해약조, 삼포개항, 교역물품, 면포는 일본인 의생활에 혁명을 가져옴.

동남아국가 - 조공 및 진상형식, 물품을 소개하였다.

▷ 두산동아

> <u>조선은 명과 관계를 중심으로 주변 나라와 교류하는 사대교린 외교 정책을 폈다.</u> 사대 외교는 당시 동아시아 국제 관계 속에서 왕권을 안정시키고 경제·문화적 교류로 실리를 챙기기 위한 방편이었다. …
> 한편, 고려 말 한층 심해진 왜구의 침략은 조선 건국 이후에도 계속되었다. 조선은 왜구의 근거지인 대마도를 정벌하는 한편, 부산포, 제포, 염포를 개방하여 교역을 허용하였다. 그 밖에 유구나 동남아시아의 시암, 자와에서 사신과 토산물을 보내고 <u>조선의 문물을 수입해 가는 등 교류가 있었다.</u>

ㅇ 분석

경제문화적 실리외교, 대마도정벌, 삼포개항, 교역, 동남아에서 조선문물 수입을 서술했으나, 대마도정벌 등의 용어가 통일되어 있지 않아 혼란스럽다. 조선에서 문물수입은 고증이 안된 내용이다.

▷ 리베르스쿨

> <u>조선은 명에 대해 기본적으로 사대 정책을 유지하였으나,</u> 명은 조선의 내정에 간섭하지는 않았다. 조선은 명과 매년 사절을 교환하면서 활발하게 교류하였다.
> 사절 교환은 정치적인 목적으로 이루어졌지만, 조선은 이를 통해 명의 앞선 문화를 받아들이고 물품을 교역하였다. 조선은 금, 은, 종이, 붓, 인삼, 화문석 등을 수출하고, 명으로부터는 비단, 자기, 약재, 서적, 문방구 등을 수입하였다. 명과의 사대 외교는 선진 문물을 수용하기 위한 문화 외교인 동시에 일종의 공무역이었으며, 당시 중국 중심의 동아시아 질서 속에서 왕권의 안정과 국제적 지위를 확보하려는 자주적인 실리외교였다.

고려 말부터 시작된 왜구의 침략은 조선 초기에도 계속되어 해안 지방의 백성을 괴롭혔다. 이에 정부는 수군을 강화하고, 화약 무기를 장착한 성능이 뛰어난 전함을 개발하는 한편, 왜구의 활동을 통제할 수 있는 일본의 막부와 외교 관계를 맺었다. 그럼에도 왜구의 약탈이 계속되자, 세종 때 이종무가 왜구의 소굴인 대마도를 정벌하였다. 그 후 대마도의 도주가 왜구를 통제하겠다며 조선과의 무역을 요청해 오자, 정부는 남해안의 부산포, 제포(진해), 염포(울산) 등 3포를 개항하여 무역을 허용하였다.

○ 분석

명에 사대외교를 하였으나 명은 내정간섭을 하지 않았다는 점.

일본에 대한 외교가 교린이라는 용어를 서술하지 않고, 대마도를 정벌하고, 삼포를 통하여 교역을 하였다고 서술하였다.

▷ 교학사

조선은 명에 대한 사대 정책을 펼쳤고, 여진, 일본, 유구 등과는 교린 관계를 유지하였다. 조선 초기 정도전이 요동 정벌을 추진하면서 명과 마찰이 발생하기도 하였으나 정도전이 제거되고 태종이 즉위한 이후 명과의 관계는 안정되었다.
조선은 여진과 일본, 유구 등에 대하여 교린 정책을 펼쳤다. …
14세기 이후 동아시아에서 왜구는 조선과 명에 많은 피해를 주었다. 이를 해결하기 위해 명은 일본 막부의 장군을 '일본국왕'에 봉하고 감합 무역을 허락하였다. 조선도 막부의 장군과 중앙 정부 차원의 국교를 체결하였으며, 이 밖에 대마도 도주와 호족 등 일본의 여러 세력과 다원적인 교류 관계를 유지하였다

○ 분석

명에 대한 사대, 일본, 유구, 여진 등에 대해 교린정책을 펼쳤다고 서술함.

명과의 사절왕래 교역물품을 서술.

일본국왕과 책봉체제를 서술하고, 대마도와의 다원외교 서술, 대마도토벌과 삼포개방, 삼포왜란과 을묘왜변 서술함.

▷ 비상교육

> 조선은 건국 초기 요동 정벌을 추진하여 한때 명과 갈등을 빚었다. <u>그러나 태종이 집권한 이후</u>
> <u>불필요한 충돌을 피하고 명과 친선 관계를 유지하는 사대 외교를 추진하였다.</u> 명에 정기적, 부정
> 기적으로 사신을 파견하여 사대문서와 조공품을 보냈으며, 명의 연호를 사용하는 사대의 예를 취
> 하였다. 명 역시 조공에 대한 답례로 여러 물품을 보냈으므로 이는 국가 사이의 공식적인 물물
> 교환을 의미하는 공무역의 성격을 지니고 있었다. 조선은 조공 무역 질서에 참여함으로써 명의
> 선진 문물을 받아들여 경제적·문화적 실리를 얻을 수 있었다. 또한, 왕권의 안정과 동아시아에서
> 의 국제적인 지위를 확보할 수 있었다. …
> <u>조선은 일본에 대해서도 교린 정책을 원칙으로 하였다.</u> 일본의 막부 정권은 조선에 일본국왕사
> 를 파견하고, 조선에서는 일본에 통신사를 보냈다. 일본과의 교역은 대체로 동래에 설치한 왜관
> 을 중심으로 이루어졌으며, 대마도와는 조공의 형식으로 교역하였다.

○ 분석

명에는 사대, 일본에는 교린정책을 추진함을 서술.

명에의 사신 파견과 일본과의 통신사와 국왕사 서술함.

대마도와의 조공형식의 교역을 서술하였으나 조공형식과는 차이가 있음,
서술의 오류.

읽기자료로 조공 책공의 개념을 설명함.

▷ 지학사

> <u>조선은 사대교린을 기본 방침으로 대외 정책을 전개하였다.</u> 건국 초기에는 정도전이 요동 수복을
> 추진하여 한때 명과 긴장이 조성되기도 하였다. 그러나 태종이 정도전 등을 제거하고 즉위한 이
> 후 명과 우호 관계를 유지하였다.
> …
> 조선은 일본에 대해 교린 원칙에 따라 강경책과 온건책을 병행하였다. 화약 무기와 병선을 개량
> 하여 고려 말부터 극성을 부리던 왜구를 격퇴하였으며, 일본측이 무역 관계를 요청해 오자 제한
> 된 범위에서 교역을 허용하였다. 그러나 왜구의 침탈이 근절되지 않자 대마도를 직접 공격하여
> 항복을 받았다. 그 후 부산포, 제포(창원), 염포(울산)를 다시 열어 교역을 허가하였다.

○ 분석

사대교린의 개념을 설명하고, 명에 대한 사대는 외교와 내정의 간섭을 받지 않았으며, 실리적인 관계였다는 점.

교역품을 서술함.

일본과는 교린원칙에 따라 강경책과 온건책을 병행함.

삼포개항, 교역품소개, 특히 '팔만대장경'이 일본에 전해진 사실.

삼포왜란과 을묘왜변을 서술함.

읽기자료로 책봉과 조공을 설명함.

▷ 천재교육

> 　조선의 외교는 사대교린을 원칙으로 추진되었다. 우선 동아시아의 강대국인 명에 대해서는 큰 나라이자 문명국을 섬긴다는 '사대'를 원칙으로 외교 관계를 맺었다. 그 밖에 여진과 일본 등에 대한 외교는 이웃과 대등하게 교류한다는 '교린'을 원칙으로 삼았다.
> 　조선은 명과의 외교를 가장 중시하였다. 명과 평화적 관계를 맺는 것이 조선의 안정과 번영에 중요한 일이었기 때문이다. 태조 때 명이 조선과 몽골 사이를 의심하고 조선도 요동 정벌을 준비하면서 갈등을 빚기도 하였으나, 태종 이후 양국 관계가 회복되면서 활발히 교류하였다.
> 　…
> 　왜구의 약탈은 조선 건국 후에도 심각한 문제였다. 조선은 성능이 우수한 전함을 만들고 화약 무기를 개발하여 왜구를 격퇴하고자 노력하였다. 또 한편으로 일부 항구에서 교역을 허용하기도 하였다. 그러나 왜구의 약탈이 계속되자, 세종 때 왜구의 근거지인 쓰시마 섬을 토벌하였다 (1419).
> 　조선은 이후 일본의 요구를 받아들여 부산포, 제포(진해), 염포(울산) 등 3포를 개방하여 제한된 범위의 무역을 허락하였다. 조선은 왜관을 지어 허가받은 일본인들이 머물며 교역을 할 수 있도록 하였다.

○ 분석

조선은 사대교린을 원칙으로 외교하였다고 서술.

명과의 사대관계는 조선의 안정과 번영을 위한 정책.

조공과 책봉은 종속을 의미하는 것이 아니며 선진문물의 수입과 경제적인 실리를 위한 정책이었음을 서술함. 교린의 개념에 대한 설명은 없었음.

쓰시마섬토벌과 3포개항 – 쓰시마섬토벌 용어가 통일되어 있지 않음.
교역품 소개함.

○ 총평

- 조선의 대외정책을 사대교린으로 기술하고, 사대외교와 조공책봉이 능
  동적이고 실리적인 성격을 갖고 있고, 일본과 동남아시아에 대한 교린
  정책을 모두 서술하였다. 사대에 관해서는 모든 교과서에서 상세히 서
  술했으나 교린은 구체적으로 서술하지 않은 교과서(두산동아)가 있었
  으며, 1419년 이종무 장군의 쓰시마토벌을 대마도정벌, 쓰시마정벌, 쓰
  시마 토벌 등 용어가 통일되어 있지 않다.

- 또한 대마도와의 교역형태를 조공형식이라고 서술(비상교육)하고 있으
  나 조공은 책봉이 전제가 되어야 하므로 조공형식이라는 표현은 그대
  로 사용할 수 없으며, 동남아 여러 나라와의 교역도 조공형식이라는 용
  어는 쓸 수가 없는 용어이다. 시정이 요구된다.

● 4군 6진

▷ 미래엔

4군 6진을 개척하다
조선은 영토를 확보하고 국경 지방을 안정시키기 위해, 여진에 대해서는 회유책과 강경책을 함
께 쓰는 교린 정책을 적극적으로 펼쳤다. 이를 위해 여진족의 귀순을 장려해 관직과 토지 등을
주어 우리 주민으로 동화시키는 데 힘썼고, 경성과 경원에 무역소를 두어 국경 무역과 사절 왕래
를 통한 교역을 허용하였다.
그러나 여진족이 국경 지방을 침입해 약탈하면 군대를 동원해 토벌에 나서기도 하였다. 세종 때
에는 최윤덕과 김종서가 4군6진을 개척해 압록강과 두만강을 경계로 하는 오늘날과 같은 국경선
을 확정하였다.
또한, 새로 개척된 지역에 삼남 지방의 주민을 이주시키는 사민 정책을 지속적으로 추진하였다.
이는 북방 개척과 국토의 균형 발전을 추구하고 지역 방어 체제를 확립하기 위한 것이었다.

○ 분석

회유와 강경책, 국경획정, 무역소 설치, 사민정책, 북방개척, 국토균형발전

▷ 금성출판사

> 조선은 영토를 확보하고 국경 지방을 안정시키기 위해 여진에 대하여 적극적인 외교 정책을 펴 나갔다. 태조는 일찍부터 두만강 지역을 개척하였고, 세종 때에는 4군과 6진을 설치하여 압록강과 두만강을 경계로 하는 국경선을 확정하였다.
> 이후 조선은 여진에 대하여 회유와 토벌의 양면 정책을 취하였다. 여진족의 귀순을 장려하기 위해 관직, 토지, 주택 등을 주어 우리 주민으로 동화시키거나, 무역소와 북평관을 두어 국경 무역과 조공 무역을 허락하였다. 이러한 교린 정책에도 불구하고 여진족은 자주 국경을 침입하여 약탈을 자행하였고, 그때마다 조선에서는 군대를 동원하여 이들을 정벌하였다. 이와 함께 조선은 남부 지방의 일부 주민을 대거 북방으로 이주시켜 압록강과 두만강 이남 지역을 개발하는 사민 정책을 실시하였고, 그 지방의 유력자를 토관으로 임명하여 민심을 수습하려 하였다.

○ 분석

적극적인 외교정책, 국경선확정, 무역소와 북병관, 사민정책 실시, 학습요소가 많음.

▷ 두산동아

> 조선은 여진과 일본에 대하여 강온 양면 정책을 펼쳤다. 우선 여진과 사절을 주고받으며 국경 부근에 무역소를 두었다. 때로 여진이 침탈하면 본거지를 토벌하여 압박하였다. 세종 때는 대규모 원정군을 보내 4군과 6진을 개척하여 두만강과 압록강까지 국경을 넓혔다. 이곳을 확실하게 지키기 위해 삼남 지방 백성을 이주시키고 유력 토착민을 토관으로 임명하였다.

○ 분석

강온 양면 정책, 두만강 압록상 국경획정, 삼남백성 이주, 토관임명, 학습요소가 간단함.

▷ 리베르스쿨

> 여진족에게는 회유와 토벌의 양면 정책을 취하였다. 조선은 여진족에게 관직을 주거나 정착을 위한 토지와 주택을 주어 귀화를 장려하였다. 또한, 한양에 북평관을 개설하여 사절의 왕래를 통한 조공 무역을 허용하였고, 국경지역의 경성과 경원에 무역소를 두고 물물 교환을 하도록 허락하였다. 여진족은 말, 모피 등 토산품을 가져와서 직물, 농기구, 식량 등 일용품으로 바꿔 갔다. 태종은 요동 정벌을 포기한 대신에 충청·전라·경상도의 주민들을 평안도와 함경도로 이주시켜 압록강과 두만강 이남 지역을 개발하였다. 사민 정책은 성종 때까지 이어져 남쪽의 많은 주민이 북방으로 이주하였다. 특히 <u>세종은 영토 확장을 적극 펼쳐 압록강과 두만강에 4군과 6진을 설치하고 여진족을 몰아냈다.</u> 그리고 토착민을 토관으로 임명하여 자치를 허용하였으며, 강변 지역을 전략 촌으로 편제하여 여진족의 침략에 대비하였다.

o 분석

여진에게는 회유와 토벌의 양면책을 취하였다.

무역소와 교역을 하는 한편, 4군 6진을 설치하여 사민정책을 써서 압록강과 두만강 지역을 개발하였다고 서술함.

국경에 대한 언급은 없음.

▷ 교학사

> 여진에 대해서는 회유하여 정치적으로 조선의 세력 아래 두려고 하였다. 그러나 여진은 명과도 조공 관계를 맺고 있어서 쉽게 통제하기가 어려웠다.
> 세종 때에는 토착민을 토관으로 임명하는 등 여진족의 귀순을 장려하였다. 여진이 문제를 일으킬 때는 군대를 동원해 토벌하면서 <u>압록강과 두만강 유역에 4군 6진을 설치하는 등 국토를 확장하였다.</u> 이와 함께 남쪽의 주민을 이 지역으로 이주시켰다. 또한, 조선은 여진을 회유하기 위해 조공을 허용하고 국경 지대에 무역소를 설치하였다. 여진의 여러 부족은 경제적 이익을 얻기 위하여 조공을 실시하였다.

o 분석

여진이 명과 조공관계를 맺고 있었다고 서술 - 구체적 고증이 없음.

4군 6진 설치와 사민정책 서술, 여진이 조선에 조공하였다고 서술 - 고증이 필요함.

▷ 비상교육

조선 초기 여진에 대해서는 회유와 토벌을 병행하는 교린 정책을 추구하였다. 조선에 협력하거나 귀화한 자들에게는 관직과 토지 등을 지급하고, 국경 지역에 무역소를 설치하여 제한적인 교류를 허용하였다. 그러나 국경을 침범하거나 약탈을 자행하는 경우에는 군대를 동원하여 토벌하였다.
세종 때에는 압록강 지역에 최윤덕을 파견하여 4군을 설치하고, 두만강 지역에 김종서를 파견하여 6진을 설치하면서 국경선을 확정하였다. 그리고 이 지역을 개발하기 위해 삼남 지방의 주민들을 이주시켜 정착하게 하는 사민 정책을 실시하였다. 또한, 토착민을 토관으로 임명하여 민심을 수습하고자 하였다.

○ 분석

여진에 대해 회유와 토벌을 병행하는 교린정책을 추구하였다고 서술함.
최윤덕을 파견하여 4군, 김종서를 파견하여 6진 설치를 나누어 서술하고, 사민정책과 토관임명을 서술함.

▷ 지학사

조선은 여진에 대해 강경책과 회유책을 병행함으로써 국경 지역을 안정시키고 영토를 확장하려 하였다. 세종 때에는 대대적인 군사 작전을 벌여 여진을 몰아내고 4군과 6진을 세워 국경선을 확보하였다. 새로 확보한 지역에는 삼남 지방의 주민들을 이주시켜 살게 하였고, 거주민들을 토관으로 임명하여 민심을 수습하였다

○ 분석

여진에 대한 강경책과 회유책, 4군 6진 설치 국경선확보, 사민정책을 서술함.

▷ 천재교육

조선은 북쪽 영토의 확보와 국경의 안정을 위해 여진에 대하여 강경하게 대응하였다. 태조는 일찍이 두만강 지역을 개척하였고, 세종 때에는 4군과 6진을 설치하여 압록강과 두만강까지 영토를 확장하였다. 또 이곳에 삼남 지방의 일부 주민을 이주시키는 사민 정책을 추진하였다.

○ 분석

여진에 대한 강경책으로 4군 6진 설치, 압록강과 두만강까지 영토확장 사민정책 서술.

이후 회유책으로 귀화여진인 서술, 무역소 개설, 국경을 넘는 여진인에게는 강경 대응.

귀화여진인 서술 처음. 여진인의 상경에 대한 서술은 하나도 없음.

○ 총평

- 4군 6진의 설치를 적극적인 정책으로 평가하고 회유와 토벌의 양면정책의 결과로 서술했으며, 압록강과 두만강의 국경선의 획정과 사민정책을 통한 국경지역의 개발을 서술했다.
- 그러나 무역소에 관해서는 두산동아, 지학사, 천재교육에서는 서술이 없고, 북평관에 대해서는 금성출판에서만 서술했다. 또한 토관 임명에 관해서 미래엔, 리베르스쿨, 교학사, 천재교육은 서술이 없다.

● 일본의 통일(임진왜란의 배경)

▷ 미래엔

이에 조선은 국방 문제를 전담하는 비변사를 설치하고 사신을 보내 일본 정세를 파악하려 했지만, 적극적인 대책을 마련하지 못하였다. 오히려 방군수포의 성행으로 국방력은 더욱 약화되었다. 일본에서는 도요토미 히데요시가 전국 시대의 혼란을 수습하고 통일을 이루었다. 이후 불평 세력의 관심을 밖으로 돌리고 자신의 대륙 진출 야욕을 달성하기 위해 조선을 침략하였다(임진왜란, 1592).

○ 분석

전쟁의 배경으로 조선의 국방력 약화, 도요토미 히데요시의 정권 안정 추구와 정복욕을 들고 있다.

▷ 금성출판사

> 16세기에 들어와 조선과 일본의 갈등이 격화되었다. 일본인의 무역 요구가 더욱 늘어난 데 대해 조선 정부가 통제를 강화하자, 중종 때 3포 왜란(1510)이나 명종 때 을묘왜변(1555) 같은 소란이 자주 일어났다. 이에 조선은 비변사를 설치하여 대책을 강구하였고, 일본에 사신을 보내 정세를 살펴보기도 하였다.
> <u>일본에서는 도요토미 히데요시가 백여 년에 걸친 전국 시대의 혼란을 수습하였다. 국내 통일에 성공한 도요토미는 지방 세력가인 다이묘들의 관심을 밖으로 돌리고 자신의 정복욕을 만족시키기 위하여 조선 침략을 감행하였다.</u>

○ 분석

삼포왜란과 을묘왜변을 조선정부의 통제 강화에 기인한 것으로 서술함.

임진왜란의 원인을 도요토미 히데요시의 정국 안정 추구와 정복욕을 전쟁의 배경으로 서술하고 있다.

▷ 두산동아

> 16세기 들어 동아시아 정세가 변화하기 시작하였다. 명은 몽골과 왜구의 침입으로 국력이 약화되어 간 반면, 만주 지역의 여진은 점차 부족을 통합하면서 세력을 키워 갔다. 일본도 100년이 넘는 전국 시대가 끝나고 있었다. 이에 대응하여 조선 정부는 비변사를 설치하고 국경 경비를 강화하였다.
> <u>도요토미 히데요시가 일본을 통일하자 불안감은 더욱 커졌다.</u> 조선정부는 일본에 사신을 보내 정세를 살폈지만 오랜 평화에 젖어 제대로 대처하지 못하였다.

○ 분석

명의 약화와 여진의 성장, 그리고 일본의 전국통일 등 동아시아 국제정세의 변동을 서술함.

조선정부의 미흡한 대처 등을 전쟁의 배경으로 서술하였다.

▷ 리베르스쿨

> 조선 정부는 왜인들이 3포 왜란을 일으키자 3포를 폐쇄하였다. 또한, 을묘왜변을 계기로 비변사를 상설화하여 대책을 세웠다. 그러나 군역제가 해이해지면서 국방력이 크게 약해졌다.
> <u>이 무렵 일본에서는 도요토미 히데요시가 전국 시대의 혼란을 수습하고 통일을 이루었다. 도요토미 히데요시는 불만이 많은 지방 영주(다이묘)들의 관심을 밖으로 돌리기 위해 조선 침략을 결정하였다.</u>

ㅇ 분석

조선의 국방력 약화와 도요토미 히데요시의 정국 안정 추구, 불만이 많은 영주들의 관심을 밖으로 돌리려는 의도로 조선을 침략하였다고 서술함.

▷교학사

> 16세기 후반 일본은 전국 시대의 혼란기로 통치 체제가 안정되지 못하였다. 이로 인해 왜구의 약탈이 심해지자 명은 일본과의 외교를 단절하였다. 조선도 을묘왜변 이후 일본과의 외교가 단절된 상태였다. <u>이후 일본은 도요토미 히데요시에 의해 통일이 되자 정권의 안정을 추구하면서, 조선 및 명과의 무역을 재개하고자 하였다.</u> 이에 대한 해결책으로 전쟁을 모색하고 있었던 일본은 마침내 1592년 조선을 침공하였다.

ㅇ 분석

조·명의 대일 무역 제한책과 도요토미 히데요시 정권의 안정추구를 임진왜란의 배경으로 서술하였다.

▷ 비상교육

> 일본에서는 무로마치 막부 이후 수십 개의 소국이 난립하는 혼란이 지속되었다(전국 시대). <u>도요토미 히데요시는 이러한 혼란을 수습하고 전국 시대를 통일하였다.</u> 이후 여전히 독자적인 세력을 유지하고 있던 지방 영주와 신흥 세력들의 불만을 잠재우고자 대륙 침략을 도모하였다. 한편, 왜구가 조선뿐만 아니라 명의 연해까지 출몰하여 일본과 명의 공식적인 무역로가 차단되는 등 그 폐해가 극심해졌다. 마침내 일본은 대륙 침략을 결정하고, 조선에 명을 정벌하러 가는 데 필요한 길을 빌려 달라고 요구하였다. 조선이 이를 거절하자 일본은 군대를 편성하여 조선을 침략하였다(임진왜란, 1592).

○ 분석

일본의 지방영주와 신흥세력의 불만해소, 조·명의 무역로 차단, 일본의 정명가도 요구를 조선이 거절한 것 등을 임진왜란의 배경으로 서술하였다.

▷ 지학사

> 16세기 말 도요토미 히데요시는 전국 시대의 혼란을 수습하고 일본을 통일하였다. 그는 지방 영주(다이묘)들의 힘을 약화하여 정치적 안정을 이루고, 세력을 확장하고자 조선 침략을 추진하였다. 전란의 가능성이 높아지는 가운데 조선은 일본에 사신을 파견하였으나, 일본의 상황을 제대로 파악하지 못하여 적절한 대비책을 세우지 못하였다.
> 일본은 명을 공격하기 위한 길을 빌린다는 구실로 조선을 침공하였다(임진왜란, 1592).

○ 분석

지방영주의 힘을 약화시키고 정권안정을 추구하기 위해, 조선의 미흡한 대처, 정명가도의 거절 등을 임진왜란의 배경으로 서술하였다.

▷ 천재교육

> 16세기 들어 일본의 무역 요구에 대해 조선 정부가 통제를 강화하자 일본은 이에 반발하여 삼포 왜란, 을묘왜변 같은 소란을 일으켰다. 조선은 군사 문제를 전담하는 임시기구인 비변사를 설치하는 등의 조치를 취하였지만, 국방력을 강화할 수 있는 적극적인 대책을 마련하지는 못하였다. 16세기 말 일본에서는 도요토미 히데요시가 전국 시대의 혼란을 수습하고 통일을 이루었다. 도요토미는 국내 불만 세력의 관심을 밖으로 돌리고 대륙 침략의 야욕을 실현하기 위해 약 16만의 군사를 동원하여 조선을 침략하였다(임진왜란, 1592).

○ 분석

일본의 무역요구에 대한 통제, 조선의 대책 부족, 불만세력의 해소와 침략욕을 임진왜란의 배경으로 서술하였다.

○ 총평

학계에서는 임진왜란의 발생 배경을 조선의 국방력 약화, 붕당정치에 의

한 국론의 분열, 일본 전국통일을 달성한 도요토미 히데요시의 정권 안정 추구 및 정복욕 등을 꼽고 있다.

최근에는 조선과 명의 대일 무역 제한책이 주요한 배경이었다는 경제적인 이유를 들고 있는데, 4종의 교과서(두산동아, 미래엔, 비상교육, 지학사)에서 이 부분에 대한 언급이 없다.

● 의병

▷ 미래엔

> <u>전국 각지에서는 농민들이 주축이 된 의병이 일어났다.</u> 전직 관리, 유학자, 승려 등이 이끈 의병은 익숙한 지형과 그에 맞는 전술을 활용해 적은 병력으로 왜군에게 큰 타격을 주었다. 이러한 수군과 의병의 활약은 전쟁 초기 조선에 불리했던 전세를 뒤집을 수 있는 발판이 되었다.

○ 분석

의병의 구성, 의병과 수군에 의해 전세가 호전되었음을 서술하고 있다.

▷ 금성출판사

> 한편, <u>육지에서는 전국 각지에서 의병이 일어나 왜군에게 큰 타격을 주었다.</u> 조선 시대에는 양인개병제에 따라 전쟁이 일어나면 양인 농민은 모두 관군에 편입되어야 하였다. 그러나 임진왜란이 갑자기 발발하여 군사 지휘 체계가 제대로 작동하지 않자 농민들은 양반들의 지도하에 의병이 되어 향촌 사회를 지켜 냈다. 이후 전란이 장기화하면서 의병 부대는 관군에 편입되었고, 관군의 전투 능력도 한층 강화되었다.

○ 분석

양반의 지도하에 의병이 향촌사회를 지켰고, 전쟁이 장기화되면서 의병부대가 관군에 편입이 되었고, 관군의 전투능력이 향상된 것으로 서술하였음.

▷ 두산동아

> 또한, 전국 각지에서 일어난 의병은 향토 지리에 밝은 이점을 활용하여 왜군에게 큰 타격을 주었다.

　○ 분석

　<관군과 의병의 활약> 지도에 의병전투를 표시하고, '관군과 의병의 활약 의병 부대는 전직 관리, 양반 유생, 승려 등이 중심이 되어 농민을 이끌었다'라는 설명을 했다.

▷ 리베르스쿨

> 육지에서는 사방에서 의병이 일어나 자신들의 향토를 방어하였다.

　○ 분석

　육지에서는 의병이 자신들의 향토를 방어하였다고 서술함.

▷ 교학사

> 그러나 이순신의 수군과 의병장들의 활약으로 일본군의 보급로가 끊기고, 명이 군대를 파견하면서 조선과 명이 연합군을 이루어 평양성을 탈환하며 전세가 역전되었다.

　○ 분석

　임진왜란의 전개과정 지도에서 육지와 바다에서의 전투에 대해 표시하였다. 수군과 의병장의 활약으로 일본군의 보급로가 끊기고 조명연합군의 평양성 탈환에 의해 전세가 역전되었다고 서술함.

▷ 비상교육

> 육지에서는 전직 관료, 사림, 승려 등이 중심이 되어 자발적으로 조직된 의병이 일어났다. 이들
> 은 향토 지리에 밝은 이점을 바탕으로 매복, 기습, 위장 등과 같은 전술을 활용하여 왜군에게 큰
> 타격을 주었다. 전란이 장기화되면서 왜군에 대한 반격 작전이 실시되었고, 각지에 흩어져 있던
> 의병 부대가 관군에 편입되면서 관군의 전투능력은 크게 강화되었다.

ㅇ 분석

의병의 활약으로 왜군에게 큰 타격을 입혔고, 각지의 의병이 관군에 편
입되면서 관군의 전투능력이 향상되었음을 서술함.

▷ 지학사

> 일본군의 침공에 맞서 전국 각지에서는 의병이 일어나 향토를 지키고 일본군의 보급로를 공격
> 하는 등 배후에서 적을 괴롭혔다. 일본군은 한양과 평양 등 주요 도시는 어렵지 않게 점령하였으
> 나 의병의 저항으로 전국을 장악할 수 없었다. 또한 관군과 의병들이 합세한 진주성 싸움에서 패
> 하여 전라도 지역을 침공하지 못하였다.

ㅇ 분석

의병이 향토를 지키고, 보급로를 차단, 전국을 장악할 수 없었으며, 진주
성 싸움도 의병의 저항으로 전라도 지역의 침공이 어려웠다고 기술하였다.

▷ 천재교육

> 전쟁 초반 조선에 불리하던 전세는 수군과 각지에서 일어난 의병의 활약으로 점차 바뀌어 갔다.
> 곽재우, 조헌, 고경명, 정문부 등이 이끄는 의병들은 일본군에 큰 타격을 입혔다. 또한 휴정과 유
> 정 등이 이끄는 승병의 활약도 컸다.

ㅇ 분석

의병의 활약으로 전세가 바꾸었고, 대표적인 의병은 곽재우, 조헌, 고경
명, 정문부 등을 들고 있으며, 승병의 활약도 서술했다.

○ 총평

양반의 지도하에 의병이 향촌사회를 지켰고, 전쟁이 장기화되면서 의병 부대가 관군에 편입이 되었으며, 관군의 전투능력이 향상된 것으로 서술하였다. 의병부대가 양반의 지도하에 있었다는 표현이 적절한지 검토가 필요하다. 또한 의병부대가 관군에 편입된 사례가 있는지 확인할 필요가 있으며, 교과서에 따라 의병장과 승병의 이름을 넣기도 하고, 빼기도 하는 등 통일성이 없다.

● 수군

▷ 미래엔

이순신이 이끄는 수군은 옥포에서 첫 승리를 거둔 후 왜의 수군을 연이어 격퇴해 제해권을 장악하였다. 이로써 곡창 지대인 전라도를 지키고, 황해를 통해 물자를 보급하려던 왜군의 침략을 좌절시켰다.

○ 분석

옥포승리를 서술하고, 일본군의 황해 진출을 막았다고 서술하였다. 황해의 명칭은 생소하다.

▷ 금성출판사

왜군은 육군이 북상함에 따라 수군이 남해와 황해를 돌아 전쟁 물자를 조달하면서 육군과 합세하려 하였다. 그러나 전라도 지역에서 이순신이 이끄는 조선 수군이 옥포에서 첫 승리를 거둔 이후 남해안 여러 곳에서 연승을 거두어 남해의 제해권을 장악하였다. 이로써 곡창 지대인 전라도 지방을 지키고, 왜군의 침략을 차단할 수 있었다.

○ 분석

수군의 옥포승리를 서술하며, 이순신이 이끄는 조선 수군의 승리로 남해의 제해권 확보를 서술하였다.

▷ 두산동아

> 전쟁은 이순신이 해전에서 승리하면서 바뀌기 시작하였다. 한산도 대첩으로 제해권을 완전히 장악하여 왜군의 수륙 병진 작전을 좌절시켰다.

○ 분석

본문에서는 수군에 대한 서술이 없었다. <관군과 의병의 활약> 지도에서 한산도대첩과 명량대첩을 표시하였다.

▷ 리베르스쿨

> 그러나 이순신이 이끈 조선 수군은 옥포에서 첫 승리를 거둔 이후 당포, 한산도 등지에서도 승리를 거두어 남해의 제해권을 장악하였고, 그 결과 전라도의 곡창 지대를 안전하게 지킬 수 있었다.

○ 분석

옥포 승리와 이어 한산도 승리를 서술하면서, 남해의 제해권 확보를 기술하였다.

옥포 승리, 한산도 승리 등 한산도대첩의 용어가 다르게 표현되어 있다.

▷ 교학사

> 그러나 이순신의 수군과 의병장들의 활약으로 일본군의 보급로가 끊기고, 명이 군대를 파견하면서 조선과 명이 연합군을 이루어 평양성을 탈환하며 전세가 역전되었다.

○ 분석

본문에서는 수군과 의병장의 활약이라고만 표현하고, 수군의 활약 상황은 자세히 서술하지 않았다. 단 <더 알아보기>에서 수군의 판옥선과 대형 화포에 대한 소개를 하였다.

▷ 비상교육

> 한편, 전라좌수사 이순신은 수군을 훈련시키고 거북선을 개량하는 등 왜군의 침입에 대비하였
> 다. 당시 일본의 수군은 남해와 황해 연안에서 물자를 약탈하면서 북상하고 있던 일본의 육군과
> 합세하고자 하였다. 그러나 이순신이 이끄는 조선 수군은 옥포에서 왜군을 물리쳤고 이후 남해안
> 여러 곳에서 연승을 거두었다

○ 분석

수군의 서술에서 거북선의 개량 사실을 서술하였다. 옥포 승리 이후 남
해안에서의 연승을 서술하였다.

▷ 지학사

> 바다에서는 이순신이 이끄는 수군이 일본군 선단을 여러 차례 격파하고 남해안의 제해권을 장
> 악하였다. 이에 바닷길을 이용하여 물자를 수송하려던 일본군의 계획은 좌절되었다.

○ 분석

이순신이 이끄는 수군이 일본군 선단을 격파하고 남해안의 제해권을 장
악함으로 바닷길을 이용하여 물자를 수송하려던 일본군의 계획을 좌절시켰
다고 서술하였다.

▷ 천재교육

> 한편, 바다에서는 이순신이 이끄는 수군이 옥포에서 처음으로 승리를 거둔 후 사천, 당포, 한산
> 도 등에서도 일본군을 물리쳤다. 거북선을 비롯한 우수한 전선과 뛰어난 화약 무기를 갖춘 조선
> 수군은 이순신의 지휘 아래 남해안의 제해권을 장악하였다. 이로써 일본군의 보급로를 차단하고,
> 전라도의 곡창지대를 지킬 수 있었다.

○ 분석

옥포 승리 이후 사천, 당포, 한산도 등의 지명을 들어 서술하였다. 거북선
과 화약무기를 서술하고 이순신의 지휘 아래 남해의 제해권을 장악하였다

고 서술하였다.

○ 총평

이순신이 이끄는 수군이 일본군 선단을 격파하고 남해안의 제해권을 장악함으로 바닷길을 이용하여 물자를 수송하려던 일본군의 계획을 좌절시켰다고 서술한 것은 타당하다.

● 한산도 대첩

▷ 미래엔

없음

○ 분석

서술되어 있지 않다. 다만 <관군과 의병활동> 지도에는 한산도 대첩으로 표시되어 있다.

▷ 금성출판사

없음

○ 분석

본문에서 구체적으로 서술이 없으나 '조선 수군이 옥포에서 첫 승리를 거둔 이후 남해안 여러 곳에서 연승을 거두어 남해의 제해권을 장악하였다'라고 했으며, <임진왜란의 전개과정> 지도에 한산도 대첩을 표시하였다.

▷ 두산동아

> 전쟁은 이순신이 해전에서 승리하면서 바뀌기 시작하였다. 한산도 대첩으로 제해권을 완전히 장악하여 왜군의 수륙 병진 작전을 좌절시켰다.

○ 분석

수군의 활약을 별도로 기술하지 않고, 이순신과 한산도 대첩만 서술하였다.

▷ 리베르스쿨

> 그러나 이순신이 이끈 조선 수군은 옥포에서 첫 승리를 거둔 이후 당포, 한산도 등지에서도 승리를 거두어 남해의 제해권을 장악하였고, 그 결과 전라도의 곡창 지대를 안전하게 지킬 수 있었다.

○ 분석

한산도 등지에서 승리를 거두어 남해의 제해권을 장악하였고라고 기술하였다. 한산도 대첩이라는 용어 대신에 한산도 등지에서 승리하였다고 서술되어 있다.

▷ 교학사

> 없음

○ 분석

본문에는 서술이 없으나 <임진왜란의 전개과정>에 한산도 대첩(이순신)이라고만 지도에 표시되어 있다.

▷ 비상교육

> 특히 <u>한산도에서는</u> 학이 날개를 펼친 모습으로 왜군을 포위하는 학익진 전법을 펼쳐 크게 승리하였다. 이러한 수군의 승리는 남해의 해상권을 장악하여 일본의 작전을 저지하는 데 기여하였고, 곡창 지대인 전라도 지방을 지켜낼 수 있었다.

○ 분석

한산도 대첩을 한산도에서는 학익진 전법을 펼쳐 크게 승리하였다고 서술하였다.

▷ 지학사

> 없음

○ 분석

한산도 대첩에 관한 서술이 없으며, 다만 <임진왜란의 주요전투>라는 지도에 한산도 대첩(이순신)이라고 표시만 되어 있다.

▷ 천재교육

> 한편, 바다에서는 이순신이 이끄는 수군이 옥포에서 처음으로 승리를 거둔 후 사천, 당포, <u>한산도 등에서도</u> 일본군을 물리쳤다. 거북선을 비롯한 우수한 전선과 뛰어난 화약 무기를 갖춘 조선 수군은 이순신의 지휘 아래 남해안의 제해권을 장악하였다. 이로써 일본군의 보급로를 차단하고, 전라도의 곡창지대를 지킬 수 있었다.

○ 분석

수군과 이순신의 활약을 구분없이 서술하였다. 한산도 등지에서 일본군을 물리쳤다라고만 서술되어 있다.

○ 총평

옥포 해전을 시작으로 사천, 당포, 한산도 대첩을 서술하지 않은 교과서 (미래엔, 금성출판사, 교학사, 지학사)도 있으며, 한산도 대첩으로 표기하지 않고 단순히 지명만을 쓴 경우도 있고, 거북선의 활약상에 대해서도 언급하지 않은 교과서가 많다.

● 명군 참전

▷ 미래엔

> 명의 지원군이 도착하면서 왜군을 경상도 해안 지방까지 밀어냈다. 이에 왜군은 휴전을 제의했으나, 3년에 걸친 협상이 결렬되자 다시 침입하였다(정유재란, 1597).

○ 분석

명의 지원군이 도착하면서 왜군을 경상도 해안까지 밀어냈다라고만 서술하여 참전이유나 잠천상황에 대한 구체적인 서술이 없다.

▷ 금성출판사

> 아울러 명의 원군이 전쟁에 참여하면서 전쟁은 새로운 국면에 접어들었다.

○ 분석

명의 원군이 전쟁에 참여하면서라고만 서술되어 있다.

▷ 두산동아

> 없음

○ 분석

명의 참전에 대한 서술이 없다.

▷ 리베르스쿨

> 관군은 조선의 요청으로 파견된 <u>명군과 함께</u> 평양성을 탈환하였고, 행주산성에서는 백성들과 합심하여 적을 물리쳤다

ㅇ 분석

'관군은 조선의 요청으로 파견된 명군과 함께 평양성을 탈환하였고'라고 서술하여 명군 참전에 대한 구체적인 서술이 없다.

▷ 교학사

> <u>명이 군대를 파견하면서</u> 조선과 명이 연합군을 이루어 평양성을 탈환하며 전세가 역전되었다.

ㅇ 분석

'명이 군대를 파견하면서 조선과 명이 연합군을 이루어 평양성을 탈환하며'라고만 서술되어 있다.

▷ 비상교육

> 명의 원군이 전쟁에 참여하면서 왜란은 국제전 양상을 보였다.

ㅇ 분석

단순이 '명의 원군이 전쟁에 참여하면서'라고만 서술하였다.

▷ 지학사

> 조선의 수군과 의병이 일본군에 맞서 싸우고 관군이 전력을 정비하는 가운데, <u>명군이 참전하였다.</u>

ㅇ 분석

명군의 참전만을 간단히 서술하였다.

▷ 천재교육

> 명의 군대가 조선의 요청으로 출병하면서 전세가 역전되었다. 김시민이 진주성에서 일본군을 물리쳤으며, 조선과 명의 연합군은 평양성을 탈환하였고, 권율은 행주산성에서 큰 승리를 거두었다.

　○ 분석

　명의 군대가 조선의 요청으로 출병하면서 전세가 역전되었다고만 서술하였다.

　○ 총평

　대부분의 교과서들이 '명의 원군이 전쟁에 참여하면서'(비상교육)라는 서술로 명군 참전을 간단히 표현했다. 그러나 두산동아처럼 명군참전을 서술하지 않은 경우도 있었다.

● 평양성 전투

▷ 미래엔

> 없음

　○ 분석

　평양성 전투에 관한 서술이 전혀 없다.

▷ 금성출판사

> 조·명 연합군은 평양성을 탈환하였으며, 관군과 백성이 합심하여 행주산성 등에서 적의 대규모 공격을 물리쳤다.

　○ 분석

　평양성 전투에 관한 서술은 없고, 다만 조명연합군이 평양성을 탈환하였으며라고만 서술되어 있다.

▷ 두산동아

> 관군도 전열을 정비하여 명군과 함께 <u>평양성을 탈환</u>하였고, 백성과 힘을 합쳐 행주산성 등에서 왜군을 크게 무찔렀다.

　○ 분석

　평양성전투에 관한 언급은 없고 다만 '관군도 전열을 정비하여 명군과 함께 평양성을 탈환하였고'라고 서술되어 있다.

▷ 리베르스쿨

> 관군은 조선의 요청으로 파견된 명군과 함께 <u>평양성을 탈환</u>하였고, 행주산성에서는 백성들과 합심하여 적을 물리쳤다

　○ 분석

　평양성 전투에 관한 언급은 없고 다만 '관군은 조선의 요청으로 파견된 명군과 함께 평양성을 탈환하였고'라고 서술되어 있다.

▷ 교학사

> 명이 군대를 파견하면서 조선과 명이 연합군을 이루어 <u>평양성을 탈환</u>하며 전세가 역전되었다

　○ 분석

　조명연합군의 평양성 탈환에 의해 전세가 역전되었다고 서술되어 있다.

▷ 비상교육

> 명의 원군이 전쟁에 참여하면서 왜란은 국제전의 양상을 보였다. 조·명 연합군은 <u>평양을 탈환하</u>
> <u>였으며</u>, 권율이 이끄는 관군과 백성은 합심하여 행주산성에서 왜군을 물리쳤다.

　○ 분석

명의 참전과 조명연합군이 평양성을 탈환하였다고 서술하였다.

▷ 지학사

> 일본군은 명군의 공격으로 <u>평양에서 밀려나고</u> 행주산성에서 권율이 이끄는 조선군에게 패하자 …

　○ 분석

평양성탈환의 용어나 서술 대신에 '일본군은 명군의 공격으로 평양에서 밀려나고'라고 서술되어 있다.

▷ 천재교육

> 조선과 명의 연합군은 <u>평양성을 탈환하였고</u>, 권율은 행주산성에서 큰 승리를 거두었다.

　○ 분석

조명 연합군이 '평양성을 탈환하였고'라고만 서술되어 있다.

　○ 총평

평양성 전투에 대해 서술되어 있지 않은 교과서도 있으며, 전투의 상황이나 전후 관계도 없고, 평양성 전투, 평양성 탈환 등 용어도 통일되어 있지 않다.

● 명량해전

▷ 미래엔

> 이순신이 <u>명량에서</u> 왜의 수군을 대파하였다

○ 분석

명량에서 왜의 수군을 대파하였다고만 서술되어 있다.

▷ 금성출판사

> 그러나 조·명 연합군이 왜군을 직산에서 격퇴하고 이순신이 적의 수군을 <u>명량에서 대파하자</u> 왜군은 남해안 일대로 다시 후퇴하였다.

○ 분석

'이순신이 적의 수군을 명량에서 대파하자 왜군은 남해안 일대로 다시 후퇴하였다'고 하여 명량해전의 영향에 대하여 서술하였다.

▷ 두산동아

> 조·명 연합군은 왜군을 직산에서 격퇴하였고, 이순신은 <u>명량에서 왜군을 크게 무찔렀다.</u>

○ 분석

'이순신은 명량에서 왜군을 크게 무찔렀다'고만 서술하였다.

▷ 리베르스쿨

> 조·명 연합군이 직산에서 왜군을 격퇴하고 이순신이 <u>명량에서</u> 적의 함선을 대파하자 왜군은 남해안 일대로 후퇴하였다.

○ 분석

'이순신이 명량에서 적의 함선을 대파하자 왜군은 남해안 일대로 후퇴하였다'고 명양해전과 그 결과에 대해서 서술하였다.

▷ 교학사

> 해전에서도 이순신이 12척의 함선으로 백 여 척의 일본 전함을 대파하였다(명량 대첩).

○ 분석

'해전에서도 이순신이 12척의 함선으로 백 여 척의 일본 전함을 대파하였다(명량 대첩)'고 서술하여 명량해전의 내용을 서술하고 명량 대첩을 괄호 넣기 하였다.

▷ 비상교육

> 조선 관군은 명의 원군과 합세하여 왜군의 북진을 차단하고, 바다에서는 이순신이 명량에서 왜군을 대파하여 다시 남해안 일대로 몰아냈다.

○ 분석

'바다에서는 이순신이 명량에서 왜군을 대파하여 다시 남해안 일대로 몰아냈다'로 기술하여 '남해안 일대'로 라는 용어가 내용을 모호하게 인식하게 했다.

▷ 지학사

> 이순신이 이끄는 수군은 명량 해전에서 대승을 거두었다

○ 분석

'명량해전에서 대승을 거두었다'고만 서술되어 있다.

▷ 천재교육

> … 이미 침략에 대비하고 있던 조명연합군이 일본군을 직산에서 격퇴하고, 이순신이 이끄는 조선수군은 명량해전에서 큰 승리를 거두었다.

○ 분석

명량해전에서 큰 승리를 거두었다고만 서술되어 있다.

○ 총평

명량대첩의 내용이 서술되어 있지 않으며, 결과에 대해서도 서술한 교과서와 서술하지 않은 교과서가 있다. 또 명량에서 승리, 명량해전, 명량대첩 등 용어가 통일되어 있지 않다.

● 후금의 성장

▷ 미래엔

> 광해군은 왜란으로 피폐해진 국내 사정과 후금이 새롭게 성장하는 국제 질서의 변동 속에서 왕위에 올랐다.

○ 분석

'후금이 새롭게 성장하는 국제질서의 변동'이라는 문장으로 후금의 성장이라는 용어만을 서술하였다.

▷ 금성출판사

> 17세기 초 만주의 여진족은 후금을 건국하였다(1616). 서쪽으로 세력을 키워가던 후금은 명에 선전포고 하였다

○ 분석

'17세기 초 만주의 여진족은 후금을 건국하였다(1616)'라고만 서술하였다.

▷ 두산동아

> 명은 국력이 더욱 쇠약해진 반면, 만주 지역의 여진족은 급속히 세력을 확장하였다. … 이 무렵 여진은 후금을 세우고 서쪽으로 세력을 확장하였다. 명은 이에 맞서 후금을 공격하는 한편, 조선에 원군을 요청하였다

○ 분석

여진의 세력확장, 후금의 건국 등을 서술하였다.

▷ 리베르스쿨

> 임진왜란을 겪는 동안 명의 국력이 약해진 틈을 타서 후금을 세운 여진족의 누르하치가 명을 공격하였다.

○ 분석

후금의 성장에 대한 서술없이 후금의 누르하치가 명을 공격한 사실만을 서술하였다.

▷ 교학사

> 한편, 중국에서는 후금이 강성해져 명을 위협하였고, 이에 명은 조선에 군사 원조를 요청하였다.

○ 분석

중국에서 후금이 강성해져 명을 위협한다고만 서술하였다.

▷ 비상교육

> 광해군 집권 당시 중국에서는 명의 국력이 쇠퇴하고 압록강 북쪽 지역에서 <u>누르하치가 후금을</u>
> <u>건국하였다(1616)</u>. 후금이 명을 공격하자, 명은 왜란 때 도와준 것을 내세워 조선에 군사를 요청
> 하였다.

○ 분석

'중국에서는 명의 국력이 쇠퇴하고 압록강 북쪽 지역에서 누르하치가 후
금을 건국하였다(1616)'라고 서술하여 명의 국력이 쇠퇴하고 압록강 북쪽
지역에서 누르하치가 후금을 건국한 사실을 기술하였다.

▷ 지학사

> 조선에 원병을 파견한 명은 전쟁을 수행하는 데 막대한 비용을 소비하여 국력이 크게 약화되었
> 다. <u>만주의 여진족은 이를 틈타 급속히 성장하였다.</u> … 여진의 누르하치는 이 틈을 타 주변의 부
> 족들을 통일하여 후금을 세우고 칸이 되었다(1616). 후금은 서쪽으로 세력을 확대하여 명과 대립
> 하였다.

○ 분석

임진왜란의 영향으로 명의 국력이 쇠약해진 틈을 타서 여진족이 성장하
고, 이 틈을 타서 후금을 세운 사실을 서술하였다.

▷ 천재교육

> 이 무렵 만주에서는 <u>여진족이 성장하여 후금을 세우고(1616)</u> 명을 공격하기 시작하였다. 국력 쇠
> 퇴로 후금의 공격을 막기 어려웠던 명은 조선에 지원군을 요청하였다.

○ 분석

여진족의 성장과 후금의 건국을 간단히 서술하였다.

○ 총평

후금의 성장에 대하여는 각 교과서가 일정치 않다. 임진왜란의 결과 명의 국력이 쇠약해졌고, 이틈을 타서 여진족이 후금을 성장한 배경을 대부분의 교과서가 서술하지 않았다.

● 광해군

▷ 미래엔

광해군, 중립 외교를 펴다
<u>광해군은 왜란으로 피폐해진 국내 사정과 후금이 새롭게 성장하는 국제 질서의 변동 속에서 왕위에 올랐다.</u> 그는 전후 복구 사업에 주력하여 양안과 호적을 새로 만들어 국가 재정을 확충하고, 성곽과 무기를 수리해 국방 강화에 힘썼다. 또 백성의 생활 안정을 위해 경기도에 대동법을 시행하였다.
<u>대외적으로는 명이 쇠약해지고 후금이 강성해지는 국제 정세의 변화를 살피면서 신중하게 중립 외교를 추진하여 국가의 안정을 도모하였다.</u>
광해군의 중립 외교는 명에 대한 의리를 주장하는 서인 등 일부 사림의 반발을 샀다. 결국 서인은 인목 대비를 폐위시키는 등 유교 윤리를 어겼다는 이유로 광해군을 몰아내고 인조를 새 왕으로 추대하였다(인조반정, 1623).

○ 분석

광해군의 개혁정치와 외교정책을 서술하였으며, 인조반정으로 왕위에서 물러났음을 서술하였다.

▷ 금성출판사

> 광해군은 대내적으로 임진왜란 중에 파괴된 산업을 복구하고 문물을 재정비하면서 대외적으로는 명과 후금 사이에서 신중한 중립 외교 정책을 폈다. 임진왜란 때 명의 도움을 받은 조선은 명의 요구를 거절할 수 없었고, 새롭게 성장하는 후금과 적대 관계를 맺을 수도 없었다. 이에 광해군은 병력을 파견하되 규모를 최소한으로 줄이고 전투에 적극적으로 나서지 않도록 하는 등 후금과 충돌을 피할 수 있는 방법을 여러 모로 강구함으로써 화평을 유지하였다.

  ○ 분석

　광해군이 임란에 의한 피해복구사업과 중립외교정책의 성격과 목적을 서술하였다.

▷ 두산동아

> 광해군은 왜란을 극복하는 과정에서 공을 세운 북인의 지지를 얻어 즉위하여 전쟁의 뒷수습에 노력하였다. 농지를 복구하고, 양안과 호적을 새로 작성하여 국가 수입을 늘리는 한편, 국방에도 힘을 기울였다.
> … 광해군은 명의 군사적 요청을 들어주면서도 후금과 충돌하지 않는 신중한 중립 외교로 대처하였다. 그러나 서인은 광해군의 중립 외교가 명에 대한 의리를 저버리는 것이라고 비판하였다. 서인은 광해군과 북인이 영창 대군을 죽이고 인목 대비를 유폐한 것을 구실로 반정을 일으켜 정권을 장악하였다.

  ○ 분석

　광해군의 임진왜란 이후의 뒷수습과 농지복구, 호적 양안의 작성, 국방에도 힘을 기울였다고 서술하였다. 그리고 광해군의 중립외교정책을 설명하였으나, 서인의 반발에 의한 인조반정을 서술하였다.

▷ 리베르스쿨

> 광해군은 명과 후금의 싸움에 말려들지 않고 조선의 사정에 맞추어 실리를 취하는 중립 외교 정책을 펼쳤다.

○ 분석

후금과의 갈등을 피하는 방법으로 중립외교정책을 취하였음을 서술하였다.

▷ 교학사

> 그러나 광해군은 명과 후금 사이에서 중립 외교를 펼침으로써 후금과의 충돌을 피하고자 하였다. 즉, 군대는 파병하면서 적극적인 군사 활동을 자제하고 상황을 보아 실리적으로 대처하도록 지시하였다.

○ 분석

후금과의 충돌을 피하기 위한 중립외교와 군대파견과 실리적인 대처를 서술하였다.

▷ 비상교육

> 광해군은 명의 요청을 거절할 수도 없고, 강성해진 후금과의 관계를 악화시킬 수도 없었다. 이에 명과 후금 사이에서 중립 외교를 취하였다. 광해군은 강홍립이 이끄는 군대를 명에 파견하는 대신, 강홍립에게 후금과 대적하지 말고 상황에 따라 유연하게 대처하도록 지시하였다.

○ 분석

광해군의 중립외교, 강홍립의 파견에 관해 서술하였다.

▷ 지학사

> 광해군은 명의 요청에 따라 1만여 병력을 보내면서 도원수 강홍립에게 형세를 보아 행동하도록 지시하였다. 소·명 연합군이 후금과의 전투에서 패하자, 강홍립은 후금에 항복하여 조선군의 피해를 줄였다.
> 이후에도 명은 후금과 전쟁을 치르면서 조선에 원병을 요청하였으나, 광해군은 명의 요구를 적절히 거절하면서 명과 후금의 싸움에 말려들지 않았다.

○ 분석

강홍립의 파견과 유연한 대처에 관해 서술하였다. 광해군이 명의 요구를 적절히 거절하면서 명과 후금과의 싸움에 말려들지 않도록 하였다고 서술하고 있으나, 중립외교라는 용어는 쓰지 않았다.

▷ 천재교육

> 선조의 뒤를 이어 왕위에 오른 광해군은 민생 안정과 국가 재정 확충을 위해 농경지를 개간하였으며, 토지와 인구를 다시 조사하고 정리하였다. …
> 광해군은 전후 어려운 사정을 들어 군사 지원을 미루었고, 어쩔 수 없이 지원군을 파견하면서도 강홍립에게 상황에 따라 실리적으로 대처할 것을 지시하였다.
> 이러한 <u>광해군의 중립 외교 정책은 명에 대한 의리와 명분을 중시하고 양반 사대부의 비판을 받았다.</u> …
> 이를 구실로 권력에서 밀려나 있던 서인이 중심이 되어 정변을 일으켰다. 이로써 광해군이 폐위되고 인조가 왕위에 올랐다(인조반정, 1623).

○ 분석

광해군의 민생안정과 국가재정확충의 노력을 서술하였다. 이어 광해군의 중립외교정책, 양반사대부의 비판, 인조반정들을 기술하였다.

○ 총평

임진왜란 이후의 광해군의 전후복구와 민생안정, 후금과 명 사이에서의 중립외교정책, 서인의 반발, 인조반정 등의 내용을 서술하였다. 교과서에 따라서 네 가지를 다 다룬 교과서는 미래엔, 두산동아, 천재교육 등이 있으나 그 외는 다루기도 했고, 다루지 않는 등 편차가 심하다.

● 후금(청)의 침략

▷ 미래엔

> 정권을 잡은 서인이 친명 배금 정책을 펴자, 후금이 조선을 침략하였다(정묘호란, 1627). 정봉수와 이립 등이 의병을 일으켜 맞서 싸웠으나 조선은 후금을 막기에 힘이 부족했고, 후금도 중국을 장악하는 것이 목표였기 때문에 쉽게 화의가 이루어졌다.
> 그 후 세력이 더욱 강해진 후금은 조선에 군신 관계를 강요해 왔다. 조선에서는 국가의 안전을 위해 화친해야 한다는 주장도 제기되었지만, 오랑캐에게 굴복해서는 안된다는 주장이 우세해 후금의 요구를 거부하였다. 이후 후금은 나라 이름을 청으로 바꾸고 조선을 침략하였다(병자호란, 1636). 인조가 남한산성에서 항전했지만, 결국 조선은 청의 군신 관계 강요를 받아들여 굴욕적인 강화를 맺었다.

○ 분석

후금의 조선침략(정묘호란)의 과정을 서술하고, 병자호란 당시의 주전, 주화론을 서술했지만, 주전·주화의 용어는 쓰지 않았다.

▷ 금성출판사

> 서인은 광해군의 중립 외교에 반발하고 인조반정을 일으켜 정권을 장악하였다. 이를 계기로 후금은 압록강을 건너 황해도 지역까지 쳐들어왔다가 일단 화의를 맺고 돌아갔다(정묘호란, 1627).
> 그 후 후금은 국호를 청이라 고치고, 조선에 군신 관계를 맺을 것을 요구하면서 다시 대군을 이끌고 침입해 왔다(병자호란, 1636).

○ 분석

정묘호란의 원인을 인조반정과 연결하여 서술하였고, 병자호란의 원인이나 경과에 대해서는 서술되어 있지 않다.

▷ 두산동아

> 조선의 태도에 불만을 가진 후금은 광해군의 원수를 갚는다는 명분으로 압록강을 건너 쳐들어왔다. 후금의 군대는 황해도까지 이르렀으나, 각지에서 관군과 백성, 의병이 합세하여 적을 맞아 싸웠다. 보급로가 끊어지자 후금은 조선보다 중국을 장악하는 것이 더 중요한 목표였기 때문에 화의를 맺고 물러갔다.

> 이후 세력이 더욱 강성해진 후금은 국호를 청으로 바꾸고, 스스로를 황제라 칭하며 조선에 군신 관계를 요구하였다. 조선에서는 이를 둘러싸고 주전파와 주화파가 대립하였다. 척화 주전론으로 조정의 의견이 기울자 <u>청은 다시 침략하였다.</u> 인조는 남한산성으로 옮겨서 항전하였으나, 결국 청과 굴욕적인 화의를 맺었다.

○ 분석

정묘호란의 원인을 광해군의 원수를 갚기 위해서라고 서술하고 있으며, 병자호란의 원인을 척화주전론으로 조정의 의견이 기울자 청이 다시 침략하였다고 서술하였다.

▷ 리베르스쿨

> 그 후 후금은 점차 세력을 키워 나라 이름을 청으로 고치고, 태종은 스스로 황제를 칭하였다. 그리고 조선에 군신 관계를 요구해 왔다. 이에 조선에서는 외교적 교섭을 통해 평화적으로 해결하자는 주화론과 대의명분에 따라 끝까지 싸우자는 척화론이 대립하였다. 결국, <u>척화론이 힘을 얻어 청의 요구를 거절하자 청 태종은 10만 명의 군대를 이끌고 다시 쳐들어왔다(병자호란, 1636).</u>

○ 분석

주화론과 척화론의 대립에서 척화론이 우세하여 청의 요구를 거절하자 병자호란이 일어났다고 서술하였다.

▷ 교학사

> 인조반정으로 권력을 장악한 서인이 후금을 배척하자, 후금은 광해군에 대한 복수를 명분으로 <u>조선을 침략하였다(정묘호란, 1627).</u> 그러나 후금은 철산의 용골산성과 의주 지방에서 의병의 강력한 저항에 부딪혔고, 보급로가 끊어지자 조선에 강화를 제의하였으며, 조선은 '형제의 맹약'이 담긴 화의를 받아들였다.
> 정묘호란 이후 후금은 국호를 청으로 고치고, 조선에 군신 관계를 요구하였다. 조선에서는 화친해야 한다는 주장도 있었지만, 굴복하지 말고 끝까지 싸우자는 주장이 우세한 상황이었다. <u>조선이 청의 제안을 거절하자 청은 다시 조선을 침략하였다(병자호란, 1636).</u> 인조는 남한산성으로 피란하여 45일 동안 항전하였으나, 결국 청에게 굴욕적으로 항복하였다.

○ 분석

정묘호란의 원인을 광해군에 대한 복수, 형제화약, 후금의 군신관계 요구에 대한 주전론과 주화론의 대립, 병자호란, 남한산성의 항전 등을 서술하였다.

▷ 비상교육

> 난이 평정된 이후 이괄의 잔당은 후금으로 도망가 인조의 즉위가 부당하다고 호소하였다. 이에 침략의 기회를 노리던 후금의 태종은 광해군을 위해 보복한다는 명분을 내세워 3만여 명의 군사를 이끌고 조선을 침략하였다(정묘호란, 1627). …
> 치열한 논쟁 끝에 주전론이 우세하여 조선은 청의 군신 관계 요구를 거절하였다. 이에 청 태종은 직접 군대를 이끌고 조선을 공격하였다(병자호란, 1636). 인조는 남한산성으로 피신하여 항전을 꾀하였지만 청을 물리칠 힘이 없었던 조선은 결국 청과 강화를 맺었다.

○ 분석

이괄의 잔당의 후금에의 호소, 광해군을 위한 보복으로 정묘호란이 일어났음을 서술하고, 주전론에 대한 응징으로 병자호란이 일어났으며, 인조가 남한산성에서 항전했으나 청과 강화를 맺었음을 서술했다.

▷ 지학사

> 후금은 명과의 전쟁에 대비하여 물자를 확보하고 배후의 위협을 차단하려는 목적으로 조선을 침공하였다(정묘호란, 1627). 후금군은 의주와 안주를 함락하고 황해도 평산까지 침입하였다. 철산 용골산성의 정봉수, 의주의 이립을 비롯한 의병들은 각지에서 후금군에 대항하였다. 의병과 관군이 합세하여 배후를 차단하자 후금은 조선에 강화를 요구하였다. 조선은 후금과 형제의 맹약을 맺고 강화하였다.
> …
> 이에 청태종은 10여 만의 군사를 이끌고 쳐들어와 한양을 점령하였다(병자호란, 1636). 조선 조정은 남한산성에서 고립된 채 45일간 농성하였으나, 결국 항복하고 청과 군신 관계를 맺었다. 청은 소현 세자와 봉림 대군을 비롯하여 척화를 강경하게 주장했던 신하들을 인질로 데려갔다. 또한 수많은 사람이 청의 포로로 끌려갔다.

○ 분석

정묘호란의 원인을 명과의 전쟁에 대비하여 물자를 확보하고 배후의 위협을 차단하려는 목적으로 서술했다. 또한 청은 소현 세자와 봉림대군을 비롯하여 척화를 강경하게 주장했던 신하들을 인질로 데려갔다. 또한 수많은 사람이 청의 포로로 끌려갔다고 서술하였다.

▷ 천재교육

> 정변으로 권력을 장악한 서인과 인조는 친명 배금의 태도를 취하였다. 이를 빌미로 후금이 조선을 침략하였다(정묘호란, 1627). …
> 이후 국력이 더욱 커진 후금은 국호를 청으로 바꾸고 조선에 대해 군신관계를 요구하였다. 명을 본격적으로 침략하기 전에 후방의 조선을 장악하려는 의도였다. 조선 정부가 이를 거절하자 청 태종은 직접 군사를 이끌고 조선을 침략하였다(병자호란, 1636).

○ 분석

서인과 인조의 친명배금이 정묘호란의 원인이라고 서술했다. 청의 조선에 대한 군신관계 요구가 명을 본격적으로 침략하기 전에 후방의 조선을 장악하려는 의도였다고 서술했고, 이를 거절하자 병자호란이 일어났다고 서술했다.

○ 총평

정묘호란의 원인에 대해, 이괄의 잔당의 호소, 광해군의 복수를 위한 조선침공으로 서술하는 한편, 명과의 전쟁에 대비하여 물자를 확보하고 배후의 위협을 차단하려는 목적으로 서술하기도 했다. 청은 소현 세자와 봉림대군을 비롯하여 척화를 강경하게 주장했던 신하들을 인질로 데려갔다. 또한 수많은 사람이 청의 포로로 끌려갔다고 서술하였다.(지학사)

반면 친명배금이 정묘호란의 원인이라고 서술했다(천재교육). 또 청의 조선에 대한 군신관계 요구가 명을 본격적으로 침략하기 전에 후방의 조선을

장악하려는 의도였다고 서술했고, 이를 거절하자 병자호란이 일어났다고 서술했다.(천재교육)

● 주전론과 주화론

▷ 미래엔

> 없음

○ 분석

본문 서술 없이 탐구활동에서 최명길의 주화론(지천집)과 윤집의 척화론(인조실록)을 소개하였다.

▷ 금성출판사

> 없음

○ 분석

본문 서술 없이 단원 정리에서 서술하였다.

▷ 두산동아

> 이후 세력이 더욱 강성해진 후금은 국호를 청으로 바꾸고, 스스로를 황제라 칭하며 조선에 군신 관계를 요구하였다. 조선에서는 이를 둘러싸고 주전파와 주화파가 대립하였다. 척화 주전론으로 조정의 의견이 기울자 청은 다시 침략하였다.

○ 분석

주전파와 주화파가 대립하였으나, 구체적인 내용에 대한 언급은 없다.

▷ 리베르스쿨

> 이에 조선에서는 외교적 교섭을 통해 평화적으로 해결하자는 주화론과 대의명분에 따라 끝까지 싸우자는 척화론이 대립하였다.

○ 분석

본문에서 주화론과 주전론을 간단히 서술하였다.

▷ 교학사

> 없음

○ 분석

본문에서는 언급이 없고, 사료탐구 부분에서 소개하였다.

<사료탐구>에서 주전론과 주화론 사료를 소개하였다.

<사료 1 김상헌의 주전론>

김상헌이 아뢰기를 "오랑캐의 외교 문서에 답서를 보내는 것은 중요하지 않습니다. (오로지) 군신 상하가 마음을 굳게 정하여 동요됨이 없이 한 뜻으로 싸우고 지키는 데 대비해야 합니다"라고 하였다. - "인조실록" 권34, 15년(1637) 1월 4일(갑진) -

<사료 2 최명길의 주화론>

"자기 힘을 헤아리지 아니하고 경망하게 큰소리를 쳐서 오랑캐들의 노여움을 일으키게 만들어 마침내는 백성이 도탄에 빠지고 종묘와 사직에 제사 지내지 못하게 된다면 그 허물이 이보다 클 수 있겠습니까?"

▷ 비상교육

> 그 후 후금은 더욱 강성해져 국호를 '청'으로 바꾸고, 조선에 군신 관계를 요구하였다. 이에 조선 조정에서는 외교적 교섭으로 해결하자는 주화론과 무력으로 대응하자는 주전론이 대립하였다.

○ 분석

청의 군신관계 요구에 대하여 외교적인 교섭의 주화론과 무력으로 대응하자는 주전론으로 서술하였다.

▷ 지학사

> 청 태종은 스스로 황제라 칭하면서 조선에 군신 관계를 맺을 것을 요구하였다. 이에 대해 조선 조정은 척화론과 주화론으로 나뉘어 논란을 벌이다 척화론으로 기울어졌다.

○ 분석

조선 조정이 척화론과 주화론으로 나뉘어 대립하다가 척화론으로 기울었다고 서술하였다.

▷ 천재교육

> 청군에 포위되어 고립된 상황에서 최명길 등 일부 관리는 화의를 주장하였고, 김상헌을 비롯한 대다수는 끝까지 항전할 것을 주장하였다.

○ 분석

최명길 등의 화의 주장과 김상헌 등의 항전을 서술하였다.

○ 총평

주전론과 주화론을 본문에 서술한 교과서(비상교육, 천재교육, 두산동아, 지학사)와 본문에는 서술하지 않고, 자료로 소개한 교과서가 있다. 주전론

과 주화론의 내용을 서술한 경우도 있고, 척화론(주전론)으로 조선조정이
결정하자 병자호란이 일어났다고 서술하기도 했다.

● 북벌론

▷ 미래엔

> 병자호란 이후 조선은 표면상 청과 사대 관계를 맺고 평화를 유지하면서 경제적·문화적 교류를
> 이어 갔다. 하지만 오랑캐에게 당한 치욕을 씻고 명에 대한 의리를 지키자며 북벌 운동을 벌였다.
> 북벌 운동은 효종 때에 가장 왕성하게 전개되었다. 효종은 송시열, 이완 등을 등용해 무기를 개
> 량하고 군대를 양성하는 등 북벌을 준비하였다. 정권을 잡고 있던 서인도 병자호란 패전의 책임
> 을 회피하고 정권을 유지하려는 목적에서 효종의 북벌을 지지하였다.

  ○ 분석

  오랑캐에 대한 치욕을 씻고 명에 대한 의리를 지키자는 북벌운동이 일어
났다. 효종의 북벌준비가 서인의 지지에서 이루어졌다고 서술하였다.

▷ 금성출판사

> 병자호란 이후 조선은 청과 표면상 사대 관계를 맺고 사신이 오가며 교역을 활발하게 하였다.
> 그러나 오랑캐라 여겼던 청에게 굴복하였다는 사실을 치욕스럽게 생각한 사람들은 북벌 정책을
> 추진하기도 하였다.
> 청에 인질로 잡혀갔다 돌아와 왕위에 오른 효종은 청에 반대하는 입장을 강하게 내세웠던 송시
> 열, 송준길, 이완 등을 등용하여 군대를 양성하고 성곽을 수리하는 등 북벌을 준비하였다. 이후
> 숙종 때에도 윤휴를 중심으로 북벌 움직임이 제기되었으나 현실적으로 북벌을 실천에 옮기지는
> 못하였다.

  ○ 분석

  북벌정책은 오랑캐라 여겼던 청에게 굴복하였다는 사실을 치욕스럽게 생
각한 사람들에 의해 추진되었다. 북벌의 주역은 송시열, 송준길, 이완 등에
의해 이루어졌다고 서술하였다. 이후 윤휴에 의해 북벌의 움직임이 있었으

나 현실적으로 실천에 옮기지는 못했다고 서술했다.

▷ 두산동아

> 청군이 지나간 서북 지방은 약탈과 살육으로 황폐해졌다. 그동안 조선에 조공을 바쳐온 여진과 굴욕적인 군신 관계를 맺게 되었다는 사실은 조선인의 자존심에 큰 상처를 주었다. 이후 청에 당한 수치를 씻고, 명에 대한 의리를 지켜 청에 복수하자는 <u>북벌론이 일어났다.</u>

○ 분석

정묘호란 당시의 서북지방에 대한 약탈과 살육, 과거 여진이었던 청에 군신관계를 맺었다는 인식, 그리고 청에 당한 수치를 씻고, 명에 대한 의리를 지켜 청에 복수하자는 북벌론이 일어났다고 서술했다.

▷ 리베르스쿨

> 전쟁이 끝난 후 소현 세자와 봉림 대군, 3학사(홍익한·윤집·오달제) 등 척화론자와 수만 명의 백성이 청의 수도로 끌려갔다. 이에 임진왜란 때 조선을 도와준 명에 대한 의리를 지켜 청에 복수하자는 북벌 운동이 전개되었다. 청에 볼모로 잡혀갔다가 돌아와 왕위에 오른 효종은 송시열, 송준길 등 서인과 이완을 중용하여 군대를 양성하고 성곽을 수리하였다. 그러나 청의 세력이 점점 커지고 늘어나는 군비로 재정이 어려워지자, 효종이 죽은 후 북벌 계획은 중단되었다. 숙종 때에도 청의 정세 변화를 계기로 남인 윤휴 등이 <u>북벌을 주장</u>하였으나, 실천에 옮기지는 못하였다.

○ 분석

소현세자와 3학사를 비롯한 척화론자와 청에 끌려간 수만 명의 백성들의 반감, 명에 대한 의리감이 북벌론의 원인이라고 서술하였다. 효종이 죽자 북벌 계획은 중단되었고, 숙종 때의 윤휴도 북벌을 주장했으나 실천에 옮기지 못했다고 서술했다.

▷ 교학사

> 병자호란 이후 조선은 청을 오랑캐로 여기며 중화의 정통 계승자는 조선이라는 소중화론을 형성하였다. 이러한 인식을 바탕으로 임진왜란 때 도와준 명에 대한 의리를 지키고 청을 정벌해서 복수하자는 <u>북벌 운동이 추진되었다.</u>

○ 분석

병자호란 이후 조선은 청을 오랑캐로 여기며 중화의 정통 계승자는 조선이라는 소중화론을 서술했고, 이러한 인식을 바탕으로 북벌운동이 추진되었다고 서술하였다.

▷ 비상교육

> 두 차례의 호란 이후 조선과 청과의 관계는 표면상 사대 관계에 입각하여 사신의 왕래와 교역이 활발하였다. 그러나 한편에서는 청에 굴복한 수치심을 씻기 위해 청을 정벌하자는 <u>북벌 운동이 일어났다.</u>

○ 분석

북벌운동의 원인을 청에 대한 수치심을 씻기 위해 청을 정벌하자는 내용으로 서술했다.

▷ 지학사

> 병자호란 이후 조선은 <u>청에 무력으로 복수하려는 계획을 추진하였으나,</u> 청의 세력이 더욱 커짐에 따라 옮기지는 못하였다.

○ 분석

북벌이라는 용어를 쓰지 않고 병자호란 이후 청에 복수하려는 계획으로 서술했으나, 청의 세력이 커짐에 따라 옮기지 못하였다고 서술하였다.

▷ 천재교육

> 이러한 상황에서 청에 끌려갔다 돌아와 왕위를 계승한 효종은 청에 대한 적대감과 복수심에 북
> 벌운동을 전개하였다. 그러나 당시 청은 이미 중국 지배를 확고히 하고 강력한 군대를 지닌 대국
> 이었기 때문에 북벌의 실행은 현실적으로 어려움이 많았다.

○ 분석

효종의 청에 대한 적대감과 복수심에 의해 북벌운동이 전개되었으나 청이 대국이었기 때문에 현실적으로 어려움이 많았다고 서술했다.

○ 총평

효종의 북벌준비가 서인의 지지에서 이루어졌다고 서술하였다.(미래엔) 북벌의 주역은 송시열, 송준길, 이완 등에 의해 이루어졌다고 서술하였다. 이후 윤휴에 의해 북벌의 움직임이 있었으나 현실적으로 실천에 옮기지는 못했다고 서술했다.(금성출판사)

병자호란 이후 조선은 청을 오랑캐로 여기며 중화의 정통 계승자는 조선이라는 소중화론을 서술했고, 이러한 인식을 바탕으로 북벌운동이 추진되었다고 서술하였다.(교학사)

북벌론의 배경이나 원인, 전개과정, 북벌론의 중심인물, 북벌론의 중단 등 다양한 내용들을 체계적으로 서술하지 못하고 있다.

● 통신사

▷ 미래엔

> 그 후 막부의 실권자인 쇼군이 자신의 권위를 높이기 위해 조선에 사절 파견을 요청해 왔다.
> 이에 조선은 19세기 초까지 12차례에 걸쳐 통신사를 파견하였다. 통신사는 외교 사절의 역할을
> 하였고, 선진 문물을 전파해 일본 문화 발전에도 기여하였다.

○ 분석

통신사 요청 이유를 막부 쇼군의 권위를 높이기 위한 것으로만 서술하였다. 3차례의 회답겸쇄환사와 9차례의 통신사를 구별없이 서술하였다.

▷ 금성출판사

> 조선은 에도 막부의 요청을 받아들여 회답겸쇄환사를 파견하였으며, 이후 19세기 초까지 통신사를 파견하였다.

○ 분석

회답겸쇄환사와 통신사의 파견 사실만을 서술하였다.

▷ 두산동아

> 조선은 일본의 요청을 받아들여 대규모 통신사를 파견하였다. 일본은 막부 장군이 바뀔 때 통신사를 통해 그 권위를 국제적으로 인정받고, 다이묘와 백성에게 과시하려고 하였다. 또한, 조선의 선진 학문과 기술도 접할 수 있었다.

○ 분석

조선에서 통신사를 파견한 이유를 일본의 요청에 의한 것만으로 서술하였다.

▷ 리베르스쿨

> 일본은 에도 막부의 쇼군이 바뀔 때마다 국제적으로 권위를 인정받고 조선의 선진 문화를 계속해서 받아들이기 위해 사절을 요청하였다. 이에 조선은 통신사라는 이름으로 사절을 파견하였다. 일본은 수백 명이나 되는 통신사 일행을 통해 조선의 선진 학문과 기술을 배우고자 하였다.

○ 분석

일본에서 통신사를 받아들인 이유를 막부 쇼군의 권위를 인정받고 조선의 선진문물을 받아들이기 위한 목적이라고 서술했고, 조선의 선진학문과 기술을 배우고자하는 목적이었다고 서술하였다.

▷ 교학사

> 에도 막부는 쇼군이 바뀔 때마다 지방 영주와 백성에게 막부의 권위를 과시하기 위해 조선에 통신사 파견을 요청하였다. 그리고 일본은 사신을 조선으로 파견하였다. 일본으로의 정보 유출을 우려한 조선은 일본 사신이 한성까지 오는 것을 금지시켰다.

○ 분석

일본의 통신사 파견요청의 목적을 막부의 권위를 과시하기 위한 것으로만 서술하였고, 일본 사신의 상경금지를 정보유출을 막기 위한 조치로 서술하였다.

▷ 비상교육

> 일본은 조선의 선진 문화를 받아들이고, 막부의 실권자인 쇼군이 바뀔 때마다 그 권위를 인정받기 위해 조선에 사절 파견을 요청하였다. 이에 조선에서는 임진왜란 이후부터 19세기 초까지 12회에 걸쳐 통신사를 파견하였다. 통신사 일행은 보통 300~500명 정도였으며, 일본에서는 이들을 국빈으로 대우하였다. 일본은 통신사를 통해 조선의 선진 학문과 기술을 수용하였다. 이와 같이 통신사는 단순한 외교사절의 의미를 넘어 일본에 문화를 전파하는 역할도 담당하였다.

○ 분석

일본은 조선의 선진 문화를 받아들이고, 막부의 실권자인 쇼군이 바뀔 때마다 그 권위를 인정받기 위해 조선에 사절 파견을 요청하였다고 서술하였고, 12회의 통신사를 회답사와 구분하지 않았다. 그리고 일본은 조선의 선진학문과 기술을 수용하였다고 서술하였다.

▷ 지학사

> 조선은 일본의 요청에 따라 여러 차례 통신사를 파견하였다. 통신사 일행은 조선의 문화를 일본에 전하여 일본 문화의 발전에 큰 영향을 끼쳤다. 또한 이들은 일본의 역사서를 수입하고 견문록을 남겨 일본의 사정을 국내에 전하였다.

○ 분석

통신사가 조선문화를 일본에 전하여 일본문화 발전에 큰 영향을 미쳤다고 서술하였다.

▷ 천재교육

> <생각 넓히기> '임진왜란 이후 조선과 일본의 외교관계는 어떻게 전개 되었을까?'에서 조선과 일본의 입장을 서술하고 '조선통신사가 지나가는 길에는 많은 일본인이 나와 구경을 하였다. 또한, 일본 지식층은 통신사 일행의 글을 받기 위해 애썼다. 이는 당시 일본에서 통신사의 위상이 높았음을 보여 준다.'

○ 분석

본문에는 서술이 없으며, <생각 넓히기>에서 조선과 일본의 입장을 서술하고, 일본에서 통신사의 위상이 높았음을 서술하였다.

○ 총평

조선후기 통신사를 회답겸쇄환사와 구분하지 않고, 총 12회로 서술하였고, 일본의 통신사 요청이 막부장군의 권위를 고양시키기 위한 것으로만 서술하여, 양국의 외교적인 목적을 언급하지 않았다. 그리고 조선통신사가 일본에 학문과 기술을 전한 것으로 서술하고 있으나 구체성이 없는 서술이다.

5) 〈읽기자료 사료〉 분석

○ 조선 전기 대외 관계

▌ 사대론

오직 어진 자만이 대로서 소를 섬길 수 있고, 오직 지혜로운 자만이 소로서 대를 섬길 수 있습니다. 대로서 소를 섬기는 자는 천하를 보전할 수 있고, 소로서 대를 섬기는 자는 그 나라를 보전할 수 있습니다.

『맹자』

미래엔

▌ 명으로의 사신 파견

황제께서 후하게 대우하고, "너희 나라 사신의 행차가 왕래하는 데 길이 멀어서 비용이 많이 드니, 지금부터는 3년에 한 번 조회하라."라고 명령하였습니다.

『태조실록』

미래엔

▌ 명의 태종 즉위 인정

(태종의 즉위에 대해) 명 예부에서 자문을 보내다. "조선은 본래 예의의 나라이므로 …… 왕위를 전하거나 직위를 승계하는 일은 천리를 어기고 인륜에 어긋나는 일이 없거든 자기 나라에서 스스로 주관하여 하도록 하라."

『태종실록』

지학사

▌ 명과 조선의 교류

여러 주변 국가에서 온 사절들은 조공을 바치고 답례품을 받은 후 숙소 부근에서 3일이나 5일간 물품을 교역할 수 있다. 조선과 유구의 사신은 기한에 구애받지 아니한다.

『대명회전』

지학사

▌무역소 설치

경성, 경원 지방에 야인의 출입을 금하지 아니하면 혹은 떼 지어 몰려들 우려가 있고, 일절 끊고 금하면 야인이 소금과 쇠를 얻지 못하여서 혹은 변경에 불상사가 생길까 합니다. 원하건대, 두 고을에 무역소를 설치하여 저들로 하여금 와서 물물 교역을 하게 하소서.

『태종실록』

미래엔

▌세종의 북방 영토관

옛날부터 제왕들은 국토를 개척하여 나라의 근본으로 삼는 일을 소중하게 여기지 않은 이가 없었다. 우리나라는 북쪽으로 두만강을 경계로 하였으니, 하늘이 만들고 땅이 이루어 놓은 땅이다. 조상에게 물려받은 국토를 지키고, 변방 백성이 수비하는 노고를 조금이나마 덜어 주고자 할 뿐이다.

『세종실록』

지학사

▌책봉과 조공

일본 국왕이 박서생 등에게 말하기를, "부왕의 뜻을 이어받아 중국에 조공하고자 하나, 혹 전날의 일로 구류를 당하지나 않을까 우려되어 청하오니, 돌아가거든 귀국 왕에게 고하여 내 뜻을 중국에 전달하게 하여 먼 곳에 있는 저희 오랑캐도 명 천자의 덕을 입게 도와주소서."라고 하였다.

『세종실록』

지학사

▌조선 전기 일본과의 교류

국왕의 사신은 날짜에 제한이 없고 여러 영주의 사신 이하는 날짜의 한도를 지나면 일수를 계산하여 식량을 깎는다. 병이 나거나 홍수가 져서 짐을 실어 나를 수 없어 어쩔 수 없이 지체한 경우에는 머물렀던 곳의 관가에서 증명서를 받아와야 하며, 돌아갈 때도 이와 같다.

『해동제국기』

천재

▌계해약조

- 대마도주에게 매년 200석의 쌀과 콩을 하사한다.
- 대마도주는 매년 50척의 배를 보낼 수 있고, 부득이 하게 보고할 일이 있으면 정해진 숫자 외에 특송선을 보낸다.
- 부산포, 제포, 염포 등 3포에 머무르는 날짜는 20일로 한정하고, 단지 상경한

금성

자의 배를 지키는 간수인은 50일로 하고 이들에게 식량을 지급한다.
- 고초도에서 고기잡이하는 자는 조선의 지세포 만호의 허락을 받아 고기잡이
를 한 후 어세를 내야 한다.

▌ 조선과 유구의 관계

유구 국왕의 사신이 와서 토산물을 바쳤다. 그 자문에 이르기를, "유구는 지난해 예물과 함께 대장경을 하사받았는데 사례를 하려 하나 바닷길에 익숙하지 못한 까닭으로 일본 사람 종구를 보내어 다음의 예물을 봉헌하겠습니다."라고 하였다. 예물은 침향 40근, 목향 50근, 소목 6천 근, 화석 2천 근, 단향 2백 근, 정향 1백 근이었다. 『세조실록』	지학사

▌ 조선 전기 외국 사신

저녁에 임금이 중궁과 더불어 경복궁에 거둥하여 화산붕을 구경하였는데, 유구국 사신과 왜인, 야인(여진인) 등을 불러서 이를 구경시켰다. 『세조실록』	비상

○ 임진왜란

▌ 수군의 활약

대개 왜적은 본시 수륙이 합세하여 서쪽으로 쳐 내려 오려고 하였는데 이 한 번의 해전(한산도 대첩)에 의해 마침내 그 한 팔이 끊어져 버린 것과 다름 없이 되고 말았다. 따라서 고니시 유키나가가 비록 평양을 빼앗았다고 하나 그 형세가 외롭게 되어 감히 더 전진하지 못하였다. 이로 인하여 국가에서 전라, 충청도를 보전하였고, 나아가서 황해도와 평안도의 연해 지역 일대까지 보전할 수 있었으며, 군량을 조달하고 호령을 전달할 수 있었기 때문에 국가 중흥이 이룩될 수 있었다. 『징비록』	천재

▌ 이순신의 활약

지금 신에게는 아직 열두 척의 전선이 있습니다. …… 전선의 수가 비록 적으나 신이 죽지 않는 한 왜적은 감히 우리를 업신여기지 못할 것입니다. 『이충무공전서』	미래엔, 지학사

▌ 의병의 활약

여러 도에서 의병이 일어났다. 경상, 전라, 충청 3도의 병사들은 모두 인심을
잃어서 왜란이 일어난 뒤에 군인과 양곡을 독촉하자 백성들은 다 이들을 미워
하여 왜적을 만나면 흩어져 도망가 버렸다. 마침내 도내의 거족으로 명망 있는
사람과 유생 등이 조정의 명을 받들어 의를 부르짖고 일어나니 소문을 들은 자
들은 격동하여 원근에서 이에 응모하였다. 비록 크게 이긴 싸움은 없었지만 민
심을 얻어서 국가의 명맥은 이에 힘입어 유지할 수 있었다.

『선조수정실록』

천재

▌ 곽재우

적은 이미 가까이 와 있다. 우리들 부모처자는 적의 손에 들어가게 될 것이
다. 우리 동네 소년 가운데 싸울 수 있는 자가 수백은 될 것이니 모름지기 마음
을 한가지로 먹고 정진에 둔치고 지키게 한다면 가히 향곡을 보존할 수 있다.
그런데도 가만히 앉아서 죽기를 기다리겠는가?

비상

▌ 여진족 지원군 파견 거부

건주의 달자가 2만 명의 병력을 보내 왜적을 무찌르겠다고 청해 오자, 형군
문(명군 장수)이 허락하고자 했다. 그러자 양포정(명 사신)이 "만일 달자에게
왜적을 정벌하도록 허락해 준다면 우리나라(명) 병마의 다소와 조선 병력의 강
약은 물론이요, 산천의 형세에 대해서도 모두 세밀히 알게 될 것이니 결코 따
르기가 어렵습니다."라고 말하니, 형군문이 중지시켰다.

『선조실록』

미래엔

▌ 훈련도감의 운영

비변사에서 아뢰기를 "근래에 훈련도감을 별도로 설치하여 화포를 훈련시키
고 있습니다. 두어 달 훈련시킨 결과 기량이 늘어서 명의 정예 병사와 차이가
없습니다. 그러나 재원이 없으니 군량 조달을 위해서는 별도의 조치가 필요합
니다."라고 하였다.

『선조실록』

지학사

상(임금)께서 도감을 설치하여 군사를 훈련시키라고 명하시고 나(유성룡)를
도제조로 삼으시므로, 나는 청하기를 "당속미 1천 석을 군량으로 하되 한 사람
당 하루에 2승씩 준다하여 군인을 모집하면 응하는 자가 사방에서 모여들 것입
니다."라고 하였다. …… 얼마 안 되어 수천 명을 얻어 조총 쏘는 법과 창칼

비상

쓰는 기술을 가르치고 …… 또 당번을 정하여 궁중을 숙직하게 하고, 국왕의 행차가 있을 때 이들로써 호위하게 하니 민심이 점차 안정되었다.

『서애집』

▮ 임진왜란의 참상

하루에 죽어 가는 사람이 몇 명이나 되는지 알 수 없을 정도이고, 쓰러져 죽은 사람이 길에 가득하고 썩어가는 시신이 하천을 막을 정도이다. 『선조실록』	천재
남의 나라에 붙들려 있은 지 다섯 해, 구차하게 목숨을 보존하고 스스로 죽지 못한 것은 다만 살아서 고국에 돌아가 우리 부모를 다시 보려는 희망 때문입니다. 『동사록』	천재
선조 26년 10월, 국왕의 행차가 서울로 돌아왔으나 성안은 타다 남은 건물 잔해와 시체로 가득하였다. 굶주림에 시달린 사람들은 인육을 먹기도 했고, 외방에는 곳곳에서 도적들이 일어났다. 『서애집』	미래엔, 비상

○ 병자호란과 북벌론

▮ 광해군의 중립외교

요즘 서쪽 변방의 보고를 보건대, 서쪽 변경의 장수와 군사들이 다 적을 격멸하려고 한다니 그들의 의리는 가상하나 먼 앞날에 대한 생각은 없는 것 같다. 여기에 온 적을 쳐서 얼마간 이긴다 하더라도 달병 3만을 우리나라의 잔약한 군사로써 어떻게 당해낼 것인가. 더군다나 한번 서로 싸우게 되면 광녕으로 향하던 적이 반드시 먼저 우리나라로 향할 것이다. 옛사람들이 경솔히 행동하지 않은 것은 다 이유가 있는 것이다. 일의 변화란 무궁한 것이니, 만일 적이 먼저 성을 공격하여 어지럽힌다면 어찌 다른 것을 생각할 수 있을 것인가. 징세를 살펴 잘 처리하는 것이 옳은 것이다. 『광해군일기』	리베르

(광해군이) 전교하였다. "적의 형세는 날로 치열해지고 있는데, 우리나라의 병력과 인심은 하나도 믿을 만한 것이 없다. 고상한 말과 큰소리만으로 하늘을 덮을듯 한 흉악한 적의 칼날을 막아 낼 수 있겠는가. 적들이 말을 타고 들어와 마구 짓밟는 날에 이들을 담론으로써 막아 낼 수 있겠는가. 붓으로 무찌를 수 있겠는가."   『광해군일기』

지학사

명나라 조정에서 우리나라에 군사를 파견하기를 청하였는데 …… 명나라 장수 교일기는 우리나라 군사 만여 명을 독촉하여 원수 강홍립 등을 거느리고 그 동쪽을 쳤다. …… 한 오랑캐가 진 앞에 와서 연달아 통역관을 부르자, 강홍립이 곧 통역관 황연해를 시켜 나가서 응접하게 하고 말하기를 "우리나라가 너희들과 본래 원수진 일이 없는데 무엇 때문에 서로 싸우겠느냐. 지금 여기 들어온 것은 부득이한 것임을 너희 나라에서는 모르느냐."라고 하니, 드디어 적과 왕래하면서 강화를 의논하였다.

『연려실기술』

금성

국왕이 도원수 강홍립에게 지시하였다. "원정군 가운데 1만은 조선의 정예병만을 선발하여 훈련했다. 이제 장수와 병사들이 서로 숙달하게 되었노라. 그러니 그대는 명군 장수들의 명령을 그대로 따르지만 말고 신중하게 처신하여 오직 패하지 않는 전투가 되도록 최선을 다하라."

『광해군일기』

금성

▌ 서인의 친명배금 정책

우리나라가 중국 조정을 섬겨 온 것이 2백여 년이다. 의리로는 군신이며, 은혜로는 부자와 같다. 임진년에 입은 은혜는 만세토록 잊을 수 없는 것이다. 선조께서 40년 동안 재위하시면서 지극한 정성으로 섬기어 평생에 서쪽을 등지고 앉지도 않았다. 광해군은 배은망덕하여 천명을 두려워하지 않고, 속으로 다른 뜻을 품고 오랑캐에게 성의를 베풀었다. 기미년 오랑캐를 정벌할 때에는 은밀히 장수를 시켜 동태를 보아 행동하게 하였다. 끝내 전군이 오랑캐에게 투항함으로써 추한 소문이 사해에 펼쳐지게 하였다. 중국 사신이 왔을 때 구속하여 옥에 가두듯이 하였다. 뿐만 아니라 황제가 자주 척서를 내려도 구원병을 파견할 생각을 하지 않았다. 예의의 나라인 삼한이 오랑캐와 금수가 됨을 면치 못하였다. 어찌 그 통분함을 이루 다 말할 수 있겠는가?

『인조실록』

비상

▌ 최명길의 주화론

화친을 맺어 국가를 보존하는 것보다 차라리 의를 지켜 망하는 것이 옳다고 하였으나, 이것은 신하가 절개를 지키는 데 쓰는 말입니다. …… 자기의 힘을 헤아리지 아니하고 경망하게 큰소리를 쳐서 오랑캐들의 노여움을 도발, 마침내는 백성들이 도탄에 빠지고 종묘와 사직에 제사 지내지 못하게 된다면 그 허물이 이보다 클 수 있겠습니까?

『지천집』

미래엔
교학사

정묘년 때 맹약을 아직 지켜서 몇 년이라도 화를 늦춰야 합니다. 그 사이 어진 정치를 베풀어 민심을 수습하고 성을 쌓고 군량을 저축해야 합니다. 또 방어를 더욱 튼튼히 하고 군사를 집합시켜 일사불란하게 해야 합니다. 그런 다음 적의 허점을 노리는 것이 우리로서는 최상의 계책일 것입니다.

『지천집』

두산

최명길이 차자를 올려 하루아침에 오랑캐 기병이 달려오면 어떻게 할 것인가 하였다.

『인조실록』

지학사

▌ 척화론

명은 우리나라에 있어서 부모의 나라입니다. 형제의 의를 맺어 부모의 은혜를 저버려서야 되겠습니까. 더구나 임진년의 일은 조그마한 것까지도 모두 황제의 힘입니다. …… 병력이 미약하여 정벌에 나가지 못하였지만, 차마 이런 시기에 어찌 다시 화의를 제창할 수야 있겠습니까.

『인조실록』

두산

▌ 윤집의 척화론

화의로 백성과 나라를 망치기가 …… 오늘날과 같이 심한 적이 없습니다. 중국은 우리나라에 있어서 곧 부모요, 오랑캐는 우리나라에 있어서 곧 부모의 원수입니다. 신하된 자로서 부모의 원수와 형제가 되어서 부모를 저버리겠습니까. …… 차라리 나라가 없어질지라도 의리는 저버릴 수 없습니다.

『인조실록』

미래엔

▌정온의 척화론

부제학 정온이 상소하여 적의 사신을 목 베고 결전을 준비할 것을 아뢰다.

『연려실기술』

지학사

▌김상헌의 척화론

김상헌이 아뢰기를 "오랑캐의 외교문서에 답서를 보내는 것은 중요하지 않습니다. (오로지) 군신 상하가 마음을 굳게 정하여 동요됨이 없이 한 뜻으로 싸우고 지키는 데 대비해야 합니다."라고 하였다.

『인조실록』

교학사

▌효종의 북벌론

저 오랑캐는 반드시 망할 날이 있다. …… 여러 신하들이 내가 군대의 일을 하지 않기를 바라는데, 내가 굳이 받아들이지 않는 것은 천시와 인사에 언제 좋은 기회가 올지 알 수 없기 때문이다. 그래서 정예 포병 10만을 양성하여 자식같이 아껴서 모두 죽음을 두려워하지 않는 용사로 만들고자 한다. 그 후에 저들에 틈이 있기를 기다려 불시에 중국으로 쳐들어가면 중원의 의사와 호걸이 어찌 호응하지 않겠는가?

『송서습유』

금성

▌윤휴의 북벌론

병자, 정축의 일로 말하면 하늘이 우리를 돌보지 않아 금수에게 치욕을 당한 것이었는데, 그때 인조 대왕께서는 종묘사직과 만백성을 위해 한번 죽고 싶은 것도 참고 수치를 견디셨습니다. …… 임진년의 왜란으로 팔도 백성들이 도마 위의 고기 신세가 되었을 때에 명 신종께서 군대를 동원하여 우리를 구출하여 편하게 만들어 주셨습니다. …… 우리나라는 정예한 병력과 화포가 있으니 군대를 더 선발하고 무기를 갖춘 후 노련한 장수를 임명하여 북으로 연경을 향해 진군하면 그들을 정벌할 수 있습니다.

『갑인봉사소』

지학사

▌송시열의 북벌론

명 태조는 우리 태조와 더불어 동시에 창업하여 '군신의 의'와 작은 나라를 사랑하는 은혜와 충정의 절개를 정하여 거의 300년 동안 바꾸지 않았습니다. ······ 우리나라는 실로 명 신종 황제의 은혜를 입어 임진왜란 때 나라가 이미 폐허가 되었다가 다시 보존되고 백성이 거의 죽었다가 다시 소생하였으니 우리 나라 나무 한 그루와 풀 한 포기와 백성의 터럭 하나하나에도 황제의 은혜가 미치는 바 아님이 없습니다. 그런즉 오늘날에 있어 원통, 분통하는 자가 천하를 들어도 누가 우리만 하겠습니까?

『송자대전』

비상, 교학사

▌북벌론 비판

남의 나라를 치려면 먼저 첩자를 보내지 않고는 성공할 수 없는 법이다. ······ 나라 안의 자제들을 가려 뽑아 변발하고 호복을 입혀서 저 나라의 실정 을 정탐하는 한편, 저 땅의 호걸들과 결탁한다면 한번 천하를 뒤집고 국치(호 란의 치욕)를 씻을 수 있을 것이다. ······ 원수를 갚겠다고 하면서, 그까짓 머 리털 하나를 아끼고, 또 장차 말을 달리고 칼을 쓰고 창을 던지며, 활을 당기 고 돌을 던져야 할 판국에 넓은 소매의 옷을 고쳐 입지 않고 딴에 예법이라고 한단 말이냐.

『허생전』

천재

▌소현세자의 편지

어제 귀하에게서 받은 천주상, 천구의, 천문서 및 기타 양학서는 전혀 생각 지도 못했던 것으로 기쁘기 짝이 없어 깊이 감사드립니다. ······ 이러한 것들은 본국에서는 완전히 암흑이라 해야 할 정도로 모르고 있는데, 지식의 빛이 될 것입니다. ······ 제가 고국에 돌아가면 궁궐에서 사용할 뿐만 아니라 이것들을 출판하여 학자들에게 보급할 계획입니다. 그리하면 사막과 같이 메마른 우리나 라가 학문의 전당으로 변하게 될 것입니다. 은총을 입은 우리 백성은 서양에서 배운 과학을 감사하게 생각할 것입니다.

『아담 샬의 회고록』

미래엔

○ 양 난 이후의 대외관계

▌ 백두산 정계비

오라총관 목극등이 황제의 뜻을 받들어 국경을 답사하면서 여기에 와서 살펴보니, 서쪽은 압록이 되고, 동쪽은 토문이 되므로 분수령 위 돌에 새겨 기록한다.	미래엔, 금성

▌ 조선 후기 통신사 기록

(일본의) 관사에 도착하자, 관원은 물론 심부름하는 일본인과 승려들이 종이와 벼루, 먹을 가지고 와서 날마다 글과 글씨를 청하므로 어쩔 수 없이 붓을 휘둘러 써 주느라 고역을 치러야 했다. <div align="right">『동사일록』</div>	지학사

○ 분석
 - 조선전기 10개
   미래엔 : 맹자 2
   금성출판 : 계해약조
   비상교육 : 세조실록
   지학사 : 태종실록, 대명회전, 세종실록 2, 세조실록
   천재교육 : 해동제국기

 - 임진왜란 12
   천재 : 징비록, 선조수정실록, 선조실록, 동사록
   미래엔 : 이충무공전서, 선조실록, 서애집
   지학사 : 이충무공전서, 선조실록
   비상 : 곽재우어록, 서애집 2

 - 호란과 북벌론 17

리베르 : 광해군일기

지학사 : 광해군일기, 인조실록, 연려실기술, 갑인봉사소

금성 : 연려실기술, 광해군일기, 송서습유

비상 : 인조실록, 송자대전

미래엔 : 지천집, 인조실록, 아담샬회고록

교학사 : 지천집, 인조실록

두산동아 : 지천집

천재 : 허생전

- 양난이후 3

미래엔 : 백두산정계비

금성 : 백두산정계비

지학사 : 동사일록

○ 총평

구분	미래엔	금성 출판	두산 동아	리베르 스쿨	교학사	비상 교육	지학사	천재 교육	계
조선전기	2	1				1	5	1	10
임진왜란	3					3	2	4	12
병자호란/북벌	3	3	1	1	2	2	4	1	17
양난이후	1	1					1		3
계	9	5	1	1	2	6	12	6	42

- 8종의 교과서에서 총 42개의 사료를 서술하고 있으나 사료인용의 기준이나 원칙이 없이 자의적으로 제시하고 있다.

4. 구성요소의 문제점

1) 분량의 문제

구분	미래엔	금성출판	두산동아	리베르	교학사	비상교육	지학사	천재교육
전기	2	2	1	2	2	3	3	2
양란	3	4	3	4	2	6	4	7
후기	3	0	0	1	3	3	3	1
계	8	6	4	7	7	12	10	10

- 조선전기의 사대교린과 4군 6진의 서술 분량이 적은 경우는 1쪽(두산동아), 많은 경우(비상교육, 지학사)는 3쪽으로 편차가 심하다.
- 임진왜란과 병자호란 양란의 기술은 적은 경우는 2쪽(교학사), 많은 경우는 7쪽(천재교육)으로 3.5배 이상의 서술 분량에 차이가 난다.
- 조선전기 대외관계 부분도 전혀 서술이 없는 경우(금성, 두산)도 있으며, 8종 중 4종이 3쪽 정도(미래엔, 교학사, 비상교육, 지학사)의 서술을 하고 있다.
- 조선시대 대외관계사 서술의 전체 분량은 적은 경우는 4쪽(두산동아)에서부터 많은 경우는 12쪽까지 3배 이상의 차이가 난다.

2) 구성체제의 문제

교과서별로 구성 체제를 도표화하면 다음 표와 같다.

구분	미래엔	금성출판	두산동아	리베르스쿨	교학사	비상교육	지학사	천재교육
중단원도입	3	0	1	1	1	4	3	3
사진	5	4	3	8	3	7	8	4
지도	2	4	4	3	5	4	5	4
삽화/그래픽	2						1	
읽기자료	5	6	3	1	7	7	4	7
탐구활동	1	1	1	1	3	3	3	2
특집자료	1							
중단원마무리		1		1		1	1	
계	19	16	12	15	19	26	25	20

- 기준이나 원칙이 없이 출판사의 자의에 의해서 서술되었으며, 출판사별로 편차가 심하다.

3) 본문 목차 비교

구분	미래엔	금성출판	두산동아	리베르	교학사	비상교육	지학사	천재교육
중단원	1	1	1	1	1	1	1	1
소단원	3	2	2	4	3	4	3	3
소항목	12	11	4	9	9	14	11	8

- 대부분의 교과서가 중단원의 명칭이 대외관계와 양란으로 되어 있다. 소단원은 조선전기, 임란, 양란의 3단원으로 되어 있으나, 2단원 내지 4단원으로도 구성되어 있다. 소항목은 적게는 4항목에서 많게는 14항목까지 편차가 매우 심하다.

4) 본문내용

〈사대교린〉

조선의 대외정책을 사대교린으로 기술하고, 사대외교와 조공책봉이 능동적이고 실리적인 성격을 갖고 있으며, 일본과 동남아시아에 대한 교린정책을 모두 서술하였다. 사대에 관해서는 모든 교과서에서 상세히 서술했으나 교린은 구체적으로 서술하지 않은 교과서(두산동아)가 있었으며, 1419년 이종무 장군의 쓰시마토벌을 대마도정벌, 쓰시마정벌, 쓰시마 토벌 등으로 사용하여 용어가 통일되어 있지 않다.

또한 대마도와의 교역형태를 조공형식이라고 서술(비상교육)하고 있으나 조공은 책봉이 전제가 되어야 하므로 조공형식이라는 표현은 그대로 사용할 수 없으며, 동남아 여러 나라와의 교역도 조공형식이라는 용어는 쓸 수가 없는 용어이다. 시정이 요구된다.

〈4군 6진〉

4군 6진의 설치를 적극적인 정책으로 평가하고 회유와 토벌의 양면정책의 결과로 서술했으며, 압록강과 두만강의 국경선의 획정과 사민정책을 통한 국경지역의 개발을 서술했다.

그러나 무역소에 관해서는 두산동아, 지학사, 천재교육에서는 서술이 없고, 북평관에 대해서는 금성출판에서만 서술했다. 또한 토관 임명에 관해서 미래엔, 리베르스쿨, 교학사, 천재교육은 서술이 없다.

〈일본의 통일〉

학계에서는 임진왜란의 발생 배경을 조선의 국방력 약화, 붕당정치에 의한 국론의 분열, 일본 전국통일을 달성한 도요토미 히데요시의 정권 안정 추구 및 정복욕 등을 꼽고 있다.

최근에는 조선과 명의 대일 무역 제한책이 주요한 배경이었다는 경제적인 이유를 들고 있는데, 4종의 교과서(두산동아, 미래엔, 비상교육, 지학사)에서 이 부분에 대한 언급이 없다.

〈의병〉

양반의 지도하에 의병이 향촌사회를 지켰고, 전쟁이 장기화되면서 의병부대가 관군에 편입이 되었고, 관군의 전투능력이 향상된 것으로 서술하였다. 의병부대가 양반의 지도하에 있었다는 표현이 적절한지 검토가 필요하다. 또한 의병부대가 관군에 편입된 사례가 있는지 확인할 필요가 있으며, 교과서에 따라 의병장과 승병의 이름을 넣기도 하고, 빼기도 하는 등 통일성이 없다.

〈수군〉, 〈한산도대첩〉

이순신이 이끄는 수군이 일본군 선단을 격파하고 남해안의 제해권을 장악함으로 바닷길을 이용하여 물자를 수송하려던 일본군의 계획을 좌절시켰다고 서술한 것은 타당하다. 옥포해전을 시작으로 사천, 당포, 한산도 대첩을 서술하지 않은 교과서(미래엔, 금성출판사, 교학사, 지학사)도 있으며, 한산도 대첩으로 표기하지 않고 단순히 지명만을 쓴 경우도 있고, 거북선의 활약상에 대해서도 언급하지 않은 교과서가 많다.

〈명군 참전〉, 〈평양성전투〉

대부분의 교과서들이 '명의 원군이 전쟁에 참여하면서'(비상교육)라는 서술로 명군 참전을 간단히 표현했다. 그러나 두산동아처럼 명군참전을 서술하지 않은 경우도 있었다.

평양성 전투에 대해 서술되어 있지 않은 교과서도 있으며, 전투의 상황이나 전후관계도 없고, 평양성 전투, 평양성 탈환 등 용어도 통일되어 있지 않다.

〈명량해전〉

명량대첩의 내용이 서술되어 있지 않으며, 결과에 대해서도 서술한 교과서와 서술하지 않은 교과서가 있다. 또 명량에서 승리, 명량해전, 명량대첩 등 용어가 통일되어 있지 않다.

〈후금의 성장〉

후금의 성장에 대하여는 각 교과서가 일정치 않다. 임진왜란의 결과 명의 국력이 쇠약해졌고, 이틈을 타서 여진족이 후금으로 성장한 배경을 대부분의 교과서가 서술하지 않았다.

〈광해군〉

임진왜란 이후의 광해군의 전후복구와 민생안정, 후금과 명 사이에서의 중립외교정책, 서인의 반발, 인조반정 등의 내용을 서술하였다. 교과서에 따라서 네 가지를 다 다룬 교과서는 미래엔, 두산동아, 천재교육 등이 있으나 그 외는 다루기도 했고, 다루지 않는 등 편차가 심하다.

〈후금(청)의 침략〉

정묘호란의 원인에 대해, 이괄의 잔당의 호소, 광해군의 복수를 위한 조선침공으로 서술하는 한편, 명과의 전쟁에 대비하여 물자를 확보하고 배후의 위협을 차단하려는 목적으로 서술하기도 했다. 청은 소현 세자와 봉림대군을 비롯하여 척화를 강경하게 주장했던 신하들을 인질로 데려갔다. 또한 수많은 사람이 청의 포로로 끌려갔다고 서술하였다(지학사).

반명 친명배금이 정묘호란의 원인이라고 서술했다(천재교육). 또 청의 조선에 대한 군신관계 요구가 명을 본격적으로 침략하기 전에 후방의 조선을 장악하려는 의도였다고 서술했고, 이를 거절하자 병자호란이 일어났다고 서술했다(천재교육).

〈주전론과 주화론〉

주전론과 주화론을 본본에 서술한 교과서(비상교육, 천재교육, 두산동아, 지학사)와 본문에는 서술하지 않고, 자료로 소개한 교과서가 있다. 주전론과 주화론의 내용을 서술한 경우도 있고, 척화론(주전론)으로 조선조정이 결정하자 병자호란이 일어났다고 서술하기도 했다.

〈북벌론〉

효종의 북벌 준비가 서인의 지지에서 이루어졌다고 서술하였다(미래엔). 북벌의 주역은 송시열, 송준길, 이완 등에 의해 이루어졌다고 서술하였다. 이후 윤휴에 의해 북벌의 움직임이 있었으나 현실적으로 실천에 옮기지는 못했다고 서술했다(금성출판사).

병자호란 이후 조선은 청을 오랑캐로 여기며 중화의 정통 계승자는 조선이라는 소중화론을 서술했고, 이러한 인식을 바탕으로 북벌운동이 추진되었다고 서술하였다(교학사).

북벌론의 배경이나 원인, 전개과정, 북벌론의 중심인물, 북벌론의 중단 등 다양한 내용들을 체계적으로 서술하지 못하고 있다.

〈통신사〉

조선후기 통신사를 회답겸쇄환사와 구분하지 않고, 총 12회로 서술하였고, 일본의 통신사 요청이 막부장군의 권위를 고양시키기 위한 것으로만 서술하여, 양국의 외교적인 목적을 언급하지 않았다. 그리고 조선통신사가 일본에 학문과 기술을 전한 것으로 서술하고 있으나 구체성이 없는 서술이다.

5) 읽기자료 사료분석

구분	미래엔	금성출판	두산동아	리베르스쿨	교학사	비상교육	지학사	천재교육	계
조선전기	2	1				1	5	1	10
임진왜란	3					3	2	4	12
병자호란과 북벌	3	3	1	1	2	2	4	1	17
양난이후	1	1					1		3
계	9	5	1	1	2	6	12	6	42

- 8종의 교과서에서 총 42개의 사료를 서술하고 있으나 사료인용의 기준
이나 원칙이 없이 자의적으로 제시하고 있다.

5. 맺음말

이상 현행 고등학교『한국사』교과서 8종의 조선시대 대외관계사 서술내
용을 분석한 결과 다음과 같은 문제점이 드러났다.

우선 구성 체제상의 편차가 너무 심하며, 내용면에 있어서도 많은 문제
점이 발견되었다.

그 내용을 보면, 사대교린 가운데 교린을 서술하지 않은 교과서(두산동
아)가 있었고, 쓰시마토벌에 대해서도 대마도정벌, 쓰시마정벌 등 용어가
통일되어 있지 않다. 대마도와 동남아와의 교역을 조공형식(비상교육)이라
고 서술하고 있으나 이는 사실의 오류이다.

4군 6진, 무역소, 토관 임명 등에 대한 서술이 없다(천재교육 등 4종).

임진왜란 배경으로 경제적인 이유에 대한 최근의 연구 성과가 반영되어
있지 않다(두산동아 등 4종). 의병장과 승병장의 이름이 빠진 교과서가 많
다. 한산도 대첩, 명량 대첩, 거북선에 대한 서술이 없거나 명칭이 다르다
(교학사 등 3종).

후금의 성장, 광해군의 중립외교, 서인의 반발, 인조반정, 북벌론 등에 대해 서술 방식에 편차가 크다.

조선후기 통신사를 금성출판사 외 7종에서 모두 회답겸쇄환사와 구분하지 않았다. 8종에서 모두 통신사에 대한 언급은 하였으나, 연행사는 두산동아를 제외한 7종이 모두 언급하지 않았다.

이러한 서술을 가지고는 조선후기 일본관계나 중국관계의 흐름을 통시적으로 파악하기가 어렵다. 이상의 문제점을 근거로 하여 고등학교『한국사』교과서의 질적인 향상을 위해 다음과 같은 제안을 하고자 한다.

첫째, 교육과정 및 집필기준, 주요 학습용어를 재정비해야 한다.

2009 교육과정의 경우, 학습요소를 정하지도 않았으며, 2015 교육과정의 경우도 사회경제사, 사상사 및 대외관계사를 강조하면서 총 55개 키워드 중에 정치사 31개, 경제사 9개, 사회사 4개, 문화사 11개로 역시 정치사에 편중되어 있다.

둘째, 출판사별로 본문 목차 및 분량, 구성 체제, 읽기 사료에 대한 전반적인 재검토가 필요하다. 특히 고교의 경우, 본문분량 31쪽~62쪽, 구성체제 103개~158개, 본문 목차(소항목) 33개~92개, 읽기사료 31~67개로 편차가 심하다.

셋째, 본문 내용도 편차가 너무 심하며, 내용 누락이나 용어도 통일되어 있지 않다. 각 분야별로 대표적인 예를 들면, 사대교린의 용어서술, 쓰시마 토벌의 용어 상이, 임진왜란 서술에서 발생의 원인, 한산도 대첩, 명량 대첩, 거북선에 대한 서술이 없거나 명칭이 다르다(미래앤 등 4종). 평양성전투, 북벌론의 상이한 서술, 통신사, 연행사 기술의 전무함 등이다.

넷째, 현행 검인정교과서『한국사』8종의 장점을 다양성으로 강조하지만, 구성, 체제, 내용에서 다양성보다는 혼란이 가중되었다. 학생들은 한권의 교과서를 학교에서 배운다. 따라서 학생 입장에서는 시험에 대비하여 오히려 모든 교과서의 수록 내용을 전부 파악해야 한다. 그 결과 모든 교과서의 내용을 전부 담고 있는 별도의 종합교재(예를 들면 EBS 유명학원 강사의 교재)를 학습해야 하는 부담을 갖게 되었다.

　다섯째, 이러한 이유들로 인해서 재정비된 교육과정과 집필규정 및 균형 잡힌 학습용어 및 요소가 제시되어야 하며, 그에 따른 '교과서 표준안' 또는 '표준 교과서'의 필요성이 제기된다.

찾아보기

ㄷ

손승철孫承喆

성균관대학교 사학과, 동 대학원졸업(문학박사)
일본 동경대학, 북해도대학, 구주대학 연구교수
한일관계사학회 회장
한일역사공동연구위원회 위원, 총간사
강원대학교 사학과 교수
(현) 한국이사부학회 회장
(현) 국사편찬위원회 위원
(현) 동북아역사재단 자문위원
(현) 강원대학교 사학과 명예교수

주요저서
『조선시대 한일관계사연구』(지성의 샘, 1994)
『근세조선의 한일관계연구』(국학자료원, 1999)
『近世の朝鮮と日本-交隣關係の虛と實-』(明石書店, 1998)
『조선통신사-일본에 통하다』(동아시아, 2006)
『한일교류와 상극의 역사』(공저, 경인문화사, 2010)
『조선전기 한일관계, 약탈과 공존』(경인문화사, 2017)
『조선후기 한일관계, 전쟁과 평화』(경인문화사, 2017)
『조선통신사, 타자와의 소통』(경인문화사, 2017)
『독도, 그 역사적 진실』(경인문화사, 2017)
『한일 역사교과서, 왜곡과 인식의 공유』(경인문화사, 2017) 외 다수

자료집
『조선유구 관계사료집성』(국사편찬위원회, 1997)
『한일관계사료집성』(전32권, 경인문화사, 2004)

한·일 역사교과서, 왜곡과 인식의 공유

초판 1쇄 인쇄 2017년 9월 07일
초판 1쇄 발행 2017년 9월 15일

지 은 이   손승철

발 행 인   한정희
발 행 처   경인문화사
총 괄 이 사   김환기
편   집   김지선 박수진 한명진 유지혜
마 케 팅   김선규 하재일 유인순
출 판 번 호   406-1973-000003호
주   소   (10881)파주시 회동길 445-1 경인빌딩 B동 4층
전   화   031-955-9300 팩스 031-955-9310
홈 페 이 지   www.kyunginp.co.kr
이 메 일   kyungin@kyunginp.co.kr

ISBN 978-89-499-4287-2 93910
값 26,000원